세계경제
새로운 태동

THE 15th WORLD KNOWLEDGE FORUM REPORT

세계경제
새로운 태동

제 15회 세계지식포럼 리포트

매일경제 세계지식포럼 사무국 지음

매일경제신문사

세계지식포럼은 지난 14년간 한국과 아시아에 지식을 전달해 왔습니다. 이를 통해 글로벌 금융위기 극복, G20 리더십 구축, 아시아 지역 공동체를 위한 '원아시아' 구상에 이르기까지 당면 과제 극복과 비전 제시를 위한 노력을 아끼지 않았습니다.

그러나 2008년 글로벌 금융위기의 파도를 넘는 듯했던 세계경제는 뚜렷한 회복 징후를 보이지 못하고 여전히 깊은 암흑의 터널에 갇혀 있습니다. 그리고 그 이면에는 베를린 장벽과 옛 소련의 붕괴 이후 30여 년 만에 다시금 고개를 들고 있는 지정학적 위기가 자리하고 있습니다. 미국과 중국을 중심으로 재편된 G2는 글로벌 헤게모니를 두고 물밑에서 치열한 다툼을 벌이고 있습니다. 더 나아가 우크라이나 분쟁으로 시작된 강성 러시아의 부활과 IS와 같은 신흥 테러조직의 부상 등 전 세계에서 각종 파열음이 끊이지 않고 있습니다. 남북 관계도 여전히 회복 조짐을 보이지 않은 채 경색 관계를 이어가고 있습니다. 이 같은 지정학적 위기는 단순히 관련국 간의 문제에 머물지 않고, 전 세계 경제로 공포를 전이시키고 있다는 데 문제의 심각성이 있습니다.

더욱이 선진국, 개발도상국 할 것 없이 소득 불평등과 일자리 부족 등 불안 요인은 더욱 커지고 있습니다. 특히 소위 '상위 1% VS 하위 99%'로 상징되는 양극화 논쟁은 막대한 사회 역량을 소모하고 있습니다.

반면 이들 난제를 해결할 수 있는 키워드인 '성장'은 요원한 상황입니다. 2011년 정점을 찍고 하락을 거듭해 7%대까지 경제성장률이 떨어진 중국, 양적완화와 재정투입, 구조조정이라는 세 개의 화살 이후 극적인 성장세를 보이지 못하는 일본, 저성장과 디플레이션의 공포에 시달리는 유럽 등 전 세계가 경기침체에 신음하고 있습니다. 논란의 여지는 있지만, 선진국 경제가 구조적 장기침체에 빠졌다는 진단까지 나올 정도로 한 번 식어버린 세계경제의 엔진은 부활의 기미를 보이지 않고 있습니다.

이에 열다섯 돌을 맞은 세계지식포럼은 '세계경제 새로운 태동(Invigorating the Global Economy)'를 대주제로 삼았습니다. 세계 경제가 유례없는 강력한 도전에 직면한 지금, 위기 극복을 위한 획기적인 솔루션을 제시하는 공론의 장이 절실하다는 판단에서입니다.

15회 세계지식포럼에 참가한 전문가들은 현재의 위기를 '3P의 저주'로 진단했습니다. 과도한 긴축에 따른 정책(Policy) 실패, 일자리와 노동인력(Population) 감소, 지정학적 위기를 상징하는 푸티니즘(Putinism)이 바로 그것입니다.

케네스 로고프 하버드대 교수와 타일러 코웬 조지메이슨대 교수는 중국 경제에 의존하면 큰 타격을 입을 것이라며 한국이 중국 쏠림현상을 벗어나 새로운 성장모델을 찾아야 할 것이라고 조언했습니다.

또한 세계지식포럼 사전행사에 참석한 피케티 교수는 1980년대 중반 이후 상위 1%가 차지하는 부의 비중이 급속도로 증가하고 있다며 글로벌 양극화가 심각한 수준에 이르렀다고 진단했습니다. 그는 양극화를 해소하기 위해선 지식기반 확대, 특히 공교육을 통해 소외계층에 많은 기회를 주는 노력이 필요하다고 강조했습니다.

그러나 무엇보다 세계경제 새로운 태동을 위해 우리에게 필요한 것은 바로 '파괴적 혁신'입니다. 본격화되는 사물인터넷 혁명을 기반으로 하는 공유경제 시대에 '선도자'가 되는 자만이 살아남을 것이란 제러미 리프킨 미국 경제동향연구소장의 말은 한국경제의 나아갈 방향을 정확히 지적했습니다. 이 외에도 많은 석학과 각 분야 전문가들이 세계지식포럼 연단에 서서 한국 및 아시아 청중들과 아낌없이 지식과 혜안을 공유했습니다.

세계지식포럼은 앞으로도 더 다양한 지식을 국내외 곳곳에 전하고 함께 소통하는 플랫폼이 되도록 노력하겠습니다. 이를 통해 당면한 위기를 극복할 솔루션을 마련하고, 미래를 선점할 수 있는 비전을 제시하며 세계경제의 새로운 태동을 위한 마중물 역할을 하도록 앞장서겠습니다.

앞으로는 세계경제 위기 돌파를 위한 리더십에 대한 요구가 더욱 거세질 것입니다. 세계지식포럼에 참석한 세계적인 정치·경제 분야 리더와 석학들이 새로운 리더십 창출을 위한 통찰력을 제시할 것이라고 확신합니다. 세계지식포럼이 지식창조, 그리고 지식 허브로 재탄생하도록 여러분들이 적극 동참해 주시기 바랍니다.

세계지식포럼 집행위원장 겸 매경미디어그룹 회장
장대환

2014년은 그야말로 위기의 해였습니다. 2008년 이후 경기침체가 장기간 이어지며 이제는 만성적인 저성장을 염려하는 구조적 장기 침체에 대한 우려가 높아지고 있습니다. 또한 지구촌 곳곳에서 전화가 끊이지 않은 가운데, 에볼라 공포마저 전 세계를 향해 급속도로 전이되고 있습니다. 국내로 눈을 돌려도 세계 경제의 성장판 역할을 해온 중국의 성장엔진이 조금씩 꺼져가는 가운데 아베노믹스발 엔저 공세에 갇힌 한국경제는 출구를 찾지 못하고 있습니다.

연이어 터지는 위기상황에도 불구하고 위기를 타개할 리더십은 아직 보이지 않고 있습니다. 정부는 물론 전문가들조차 진단과 처방에 대해 서로 다른 목소리를 내고 있고, 좌우 진영 논리에만 매몰돼 극단적인 공방을 벌이는 광경도 심심찮게 볼 수 있습니다.

이런 상황을 타개하는 방안을 모색하자는 의미에서 15회를 맞은 올해 세계지식포럼은 '세계경제 새로운 태동'을 대주제로 잡았습니다. 이를 위해 총 올해 세계지식포럼은 포용적 성장(Inclusive Growth), 원아시아(Investing in Asia), 사물인터넷(IoT), 국가혁신(State Reform), 파괴적 혁신(Disruptive Innovation), 비즈니스와 금융(Business and Finance), 인문

학(Beyond)을 7개의 소주제로 선정했습니다

2014년 10월 14일부터 16일까지 사흘간 서울 신라호텔에서 열린 세계지식포럼은 215명의 세계적 연사들이 참석한 3,600여 명의 청중에게 소중한 혜안과 통찰력을 제시했습니다. 이 책은 세계지식포럼에 참석한 글로벌 리더와 석학, CEO들의 강연과 인터뷰, 대담 등을 선별해 최고의 콘텐츠만으로 재구성한 미래보고서이자 이정표입니다.

이 책은 모두 9개의 장으로 구성돼 있습니다. 제1장은 다시 찾아온 경제위기의 원인과 해법을 담고 있습니다. 여기에는 진 스펄링 전 미국 국가경제자문회의의장, 케네스 로고프 하버드대 교수, 타일러 코웬 조지메이슨대 교수 등 수많은 경제석학들의 지식과 혜안이 담겨 있습니다. 특히 올해 《21세기 자본》으로 양극화 논쟁을 재현한 토마 피케티 파리경제대 교수가 직접 말하는 양극화의 실태와 해법, 자신을 둘러싼 오해와 진실에 답하는 생생한 목소리도 이 책을 통해 접할 수 있습니다.

'차이나 리스크'와 중국 경제의 전망에 대해 《10년 후 미래》의 저자인 대니얼 앨트먼 교수와 판강 중국국민경제연구소장이 벌인 토론도 청중들로부터 높은 관심을 받았습니다. 이 외에도 각각 리코노믹스와 아베노믹스의 설계자 역할을 해온 리이닝 베이징대 광화학원 명예원장과 하마다 고이치 예일대 명예교수의 강연과 대담은 아시아 경제의 미래에 대한 심도 깊은 메시지를 전하고 있습니다.

특히 장 클로드 트리셰 전 유럽중앙은행 총재, 시라카와 마사아키 전 일본은행 총재 등이 함께 했던 '중앙은행 총재 라운드테이블'은 향후 경제회복을 위한 통화정책 방향에 대한 수준높은 비전과 전망을 전해들을 수 있는 이번 포럼의 백미였다고 자부합니다.

제2장은 사물인터넷 등 IT 혁명이 불어올 '파괴적 혁신'에 대해 이야기합니다. 우선 저서《노동의 종말》,《제3차 산업혁명》등으로 유명한 제러미 리프킨 미국 경제동향연구소소장은 IoT 시대의 도래와 함께 한계비용이 '제로(0)'로 떨어지면서 공유경제와 하이브리드 경제로 변할 미래사회의 모습을 선명하게 예견했습니다.

또한 개인화와 연결, 맞춤이라는 3가지 키워드를 통해 전 세계 검색시장의 90%를 장악한 데 이어, IT혁명을 주도하고 있는 구글의 힘을 소개한《구글노믹스》의 저자 제프 자비스 뉴욕시립대 교수, 로봇과의 전쟁이 불러올 인간 노동력의 위기와 대안을 전한《제2의 기계시대》의 저자 앤드류 맥아피 MIT 수석연구원의 생생한 강의도 이 책에서 만날 수 있습니다.

이 외에도 인터넷 거버넌스를 새롭게 구축하는 데 앞장서고 있는 인터넷거버넌스위원회의 노력과 스마트카, 비트코인 등에 대한 세계 최고 전문가들의 강연도 담겨 있습니다.

제3장은 '저성장 시대의 신성장 전략'에 대해 소개합니다. 기존의 상식이 파괴되는 '뉴 노멀' 시대를 맞아 비즈니스와 금융 분야에서 두각을 나타내고 있는 명망 있는 CEO들이 직접 세계지식포럼에서 전한 주옥같은 메시지들을 이 책에서 만나보실 수 있습니다. '346년 장수기업의 비밀'을 주제로 강연한 요하네스 바일로 독일 E.머크 KG파트너위원회 회장을 비롯해 아시아 마이스(MICE) 산업의 중추로 부상한 마리나베이샌즈의 조지 타나시예비치 대표, 3D 프린팅을 통해 혁신과 '경험경제' 시대를 이끌고 있는 버나드 살레 다쏘시스템 대표 등이 말하는 저성장 시대 탈출을 위한 고심과 해법을 전해들을 수 있습니다.

제4장은 세계 위기 탈출을 위해 반드시 필요한 '리더십'을 직접 다루고

있습니다. 유럽병에 신음하는 '늙은 사자' 프랑스를 과감하게 수술대에 올려 국가 개혁을 추진한 니콜라 사르코지 전 프랑스 대통령은 합의만 기다리는 엘리트와 중간지도층이 개혁의 걸림돌이라며 한 발 먼저 결단하는 리더의 필요성을 강하게 역설했습니다. 또한 9·11 테러 당시 세계무역센터 구조현장을 지휘했던 조지프 파이퍼 뉴욕소방청 대테러본부장, 칠레 광산 매몰 사건 당시 현장 구조를 지휘했던 라우렌세 골보르네 전 칠레 광업부 장관 등이 전하는 감동적인 실화와 그들의 리더십도 이 책에 고스란히 담겨있습니다.

제5장은 2014년 한 해 핫이슈였던 '지정학 위기'를 세밀하게 분석했습니다. 실제로 러시아의 크림자치공화국 합병 등 제국주의 행보, 중동 지역의 긴장 고조, 일본의 우경화, 홍콩 사태는 등 세계 곳곳에서 분열과 파열음이 끊이지 않고 있습니다. 〈지정학의 부활〉이라는 기고문을 통해 시선을 끈 국제안보 전문가 월터 러셀 미드 교수는 세계가 힘의 균형점을 잃은 'G0' 시대를 맞아 카오스 상태에 빠진 세계정세를 진단했습니다. 여기에 문명사의 대가인 이언 모리스 스탠퍼드대 교수, 티에리 드 몽브리알 프랑스 국제관계연구소소장 등이 합류해 지정학적 위기 탈출을 위한 해법을 모색했습니다.

제6장은 침체에 빠진 경제 회복의 주요동력원으로 '창조경제' 실현 방안을 논의합니다. 박근혜 대통령은 세계지식포럼 개막식에 참석해 창조경제 실천을 위해선 창조적 성장, 균형 잡힌 성장, 기초가 튼튼한 성장 등 3가지 원칙이 지켜져야 한다고 직접 강조했습니다. 또한, 페이팔 매클루어 500스타트업 대표 등 실리콘밸리를 주름잡는 벤처기업인들이 직접 참석해 '창업-투자-성장전략-자금회수'에 이르는 단계별 성공전략을 국내 청

년기업인들에게 소개했습니다. 이뿐 아니라 이갈 에를리히 요즈마그룹 회장, 벤 카스노카 와사비벤처스 자문위원 등이 창조경제 성공전략도 상세하게 소개했습니다.

세계지식포럼은 경제·경영 분야를 넘어 각 분야 대가들이 전하는 삶의 지혜를 직접 전하는 장으로 삼았습니다. 세계에서 가장 행복한 나라로 꼽히는 부탄의 전 총리이자 '국가 행복 전도사'로 불리는 지그메 틴레미와블과 35세의 나이로 TED 강연을 통해 스타가 된 예술사학자 새라 루이스,《스포츠 유전자》를 발간해 맬컴 글래드웰의《1만 시간의 법칙》을 반박하며 화제를 모은 데이비드 앱스타인이 전한 다양한 강연도 이 책에 모두 담겨있습니다.

이렇듯 이 책은 15회 세계지식포럼의 정수를 담아놓은 결정판입니다. 이 책이 세계적인 석학들의 지혜와 혜안을 통해 불확실한 미래를 헤쳐나갈 수 있는 지침서 역할을 하기를 기대합니다. 위기의 시대에 모두가 '승자'가 되기를 기원합니다.

세계지식포럼 사무국

CONTENTS

01

세계경제
새로운 태동

세계경제가 '3P의 저주'에 빠지다

3P의 저주
- Policy(정책실패): 독일이 긴축 재정을 강조하며 성장률 하락
- Population(인구문제): 고령화 따른 노동인력 감소
- Putinism(민족주의): 전 세계 지정학적 위기 고조
- 트리셰 前 유럽중앙은행 총재 "일자리 확충이 가장 중요하다."
- 로고프 하버드대 교수 "작은정부와 세율인하가 필요하다."

"세계경제가 '3P의 저주'에 빠져 있다."

15회 세계지식포럼에 참석한 석학들이 위기의 세계경제를 진단하며 내놓은 분석이다. 3P는 △과도한 긴축에 따른 정책(Policy) 실패 △일자리와 노동인력(Population) 감소 △지정학적 위기인 푸티니즘(Putinism)을 말한다. 푸티니즘은 소련 해체를 '20세기 최대 지정학적 재앙'으로 규정한 블라디미르 푸틴 대통령이 옛 영토 회복을 위해 대외 팽창에 나서면서 높아진 민족주의적 성향을 의미한다.

장 클로드 트리셰(Jean Claude Trichet) 前 유럽중앙은행 총재는 '2015년 세계경제 전망 대토론회' 세션에서 "독일이 자국은 물론 유로존의 다른 국가에도 과도한 긴축정책을 강조하면서 성장을 방해하고 있다"고 일갈했다. 그는 "독일이 2010~2011년 남유럽 5개국에 긴급자금을 제공하며

긴축정책을 강요해 효과를 보자, 계속 이 방법만을 고집한다"며 "이들 국 가에서는 긴축 스트레스가 사회 전반으로 퍼져 성장률이 하락하는 새로 운 위기가 나타났다"고 주장했다.

판강(樊剛) 중국국민경제연구소장은 "중국의 내년 경제성장률도 올해 와 비슷한 7%대에 그칠 것"이라며 "가장 우려하는 점은 중국정부의 정책 기조가 너무 긴축적이라는 점이다"라고 강조했다. 그는 "중국 은행들의 지급준비율이 과거보다 절반가량 낮아졌지만 다른 나라와 비교하면 여전 히 높다"며 "현재 연 3%대인 기준금리도 전 세계 주요국이 사실상 금리가 '0'인 점을 감안해 통화를 풀어 금리를 더 낮출 필요가 있다"고 덧붙였다.

인구 감소에 따른 노동력 부족 같은 구조적인 문제가 일본 등 각국 경 제 성장을 가로막는 복병이라는 지적도 나왔다. 시라카와 마사아키(白川 方明) 前 일본중앙은행 총재는 "일본은 경제활동 인구가 최근 급감했지 만, 고령층 소비 증가 등 수요 측면은 줄지 않아 생산과 소비 간 격차가 커 지고 있다"며 "특히 중소기업에서 노동력이 부족해 생산 활력이 떨어지는 게 문제"라고 말했다.

제이콥 프렌켈(Jacob Frenkel) JP모건체이스 인터내셔널 회장은 지정학 적 리스크가 세계경제 성장을 가로막는 추가 요인이라고 지목했다. 그는 "국제통화기금(IMF)이 올해 러시아 경제성장률을 0.2%로 낮춘 이유는 푸틴이 일으킨 우크라이나 사태 때문이다"며 "유가까지 하락해 러시아 경 제가 추락하면 세계경제의 그늘도 더 커질 것"이라고 말했다.

특히 세계 각 대륙의 경제 지도자들은 유럽·일본의 잘못된 정책이 세계 경제에 암운을 드리운 상태라고 경고했다. 유럽은 각국 정부의 부채 위기 만 직시해 긴축재정을 추진함으로써 경기 회복에 탄력을 주지 못했고, 일본에서는 아베노믹스의 무리한 '엔저 정책'이 효과를 내지 못하고 있다는 지적이다. 이에 따라 지금이라도 세율 인하, 규제 완화, 재정지출 확대에 전력을 기울여야 한다는 해법을 제시했다.

트리셰 전 총재는 "유럽경제 침체는 각국 정부의 부채 위기가 드러난 2010년부터 시작됐다"며 "특히 그리스 등 유로존 5~6개국의 문제가 워낙 심각했고, 이를 극복하려는 과정에서 엄청난 조정 국면을 겪을 수밖에 없었다"고 설명했다. 이어 "이 위기가 준 스트레스가 각국 사회 전반에 미쳤고 나아가 이웃 나라로 퍼지면서 독일처럼 재정 여력이 있는 국가, 금융 시스템이 잘 정립된 나라들도 어려움을 겪기 시작해 경제성장률이 하락하는 상황"이라고 진단했다.

프렌켈 회장은 "세계경제를 위협하는 첫 번째 걱정거리는 유럽"이라며 "특히 유럽의 높은 실업률이 문제다. 이는 경제뿐 아니라 사회·정치적 심리 위축으로 이어지기 때문에 쉽게 극복되지 않는 장기적인 불안 요소"라고 지적했다.

일본 경제에 대해 시라카와 전 총재는 "엔화 약세에 따른 수입 가격 상승으로 일본 중소기업들이 어려움을 겪고 있다"며 "여기에 최근 소비세 인상으로 내수 시장이 위축되면서 일본 경제 회복세가 둔해지고 있는 상황"이라고 전했다.

경제 지도자들은 세계경제에 드리운 '먹구름'을 걷어내려면 더 적극적인 정책이 필요하다고 입을 모았다. 시라카와 전 총재는 "이 같은 위기는 통화정책만으로 해결할 수 없다"며 "유연한 사고방식으로 가능한 수단을 모두 동원해 구조적 개혁 방안을 모색해야 한다"고 말했다. 트리셰 전 총재는 "특히 일자리 확충이 가장 중요하다"며 "유럽 각국 정부는 균형재정에만 집착하지 말고 재정 집행 확대, 사회 기반시설 투자 등에 나서 경제에 성장동력을 주입해야 한다"고 주장했다.

케네스 로고프(Kenneth Rogoff) 하버드대 교수는 "유럽은 정부의 덩치가 너무 크고 세율이 높다"고 지적하며 "앞으로는 '작은 정부'를 추구하고 세율 인하 등으로 경기 부양을 적극 추진해야 한다"고 제안했다.

유럽만큼은 아니지만, 중국정부도 확장 정책을 펼 필요가 있다는 주장도 제기됐다. 판강 소장은 "그동안 중국정부는 경기 과열을 막는 데 주력

15회 세계지식포럼 '2015 세계경제 전망 대토론회'에서 패널들이 세계경제에 대해 엇갈리는 전망을 놓고 열띤 토론을 벌이고 있다. (왼쪽부터) 스티븐 던바 존슨 인터내셔널 뉴욕타임즈 회장, 케네스 로고프 하버드대 교수, 시라카와 마사아키 전 일본 중앙은행 총재, 판강 중국 국민경제연구소장, 장 클로드 트리셰 전 유럽 중앙은행 총재, 제이콥 프렌켈 JP모건체이스 인터내셔널 회장

했다"며 "특히 2008년 글로벌 금융위기 후 지방자치단체의 과잉 부채 문제를 해소하는 데 집중했다"고 그동안의 상황을 설명했다. 이 같은 정책이 지나치게 소극적이었다고 지적한 판 소장은 "내년 중국경제를 위협할 수 있는 리스크는 지나친 긴축정책"이라며 "이를 해소하기 위해 그동안 높게 잡았던 긴축의 기치를 내려 잡을 필요가 있다"고 주장했다.

리더들은 미국 경제가 강한 회복세를 보이고 있는 것이 그나마 다행이라고 입을 모았다. 로고프 교수는 "미국 경제는 견고한 회복세를 보이고 있고 더 강해질 전망"이라며 "이 같은 미국 회복세가 세계경제에 긍정적 효과를 줄 것"이라고 예측했다. 그는 이어 "특히 미국 경제계에는 기술과 창의성을 중요시하는 문화가 자리 잡고 있어 구조적 개선이 지속되고 있다"며 "그 덕분에 미국 경제는 구조적 장기 침체(secular stagnation)에 빠지지 않을 것"이라고 확신했다.

아울러 리더들은 세계경제가 장기 성장동력을 확보하려면 경제활동인구를 지속해서 늘려야 한다고 강조했다. 프렌켈 회장은 "이런 측면에서 아프리카가 중요하다"며 "2035년 아프리카 인구는 지금보다 5억 명가량 증가할 전망"이라고 말했다. 여성 활동 촉진도 중요한 요소다. 로고프 교수는 "인구 고령화 문제를 안고 있는 한국·일본 등은 여성 인력 증가를 중요한 도전과제로 삼아야 한다"고 조언했다.

유럽이 당면한 문제는 미국, 일본과 다르지 않다. 글로벌 금융위기의 여진이다.

The problem EU has confronted is not much different from what US and Japan are facing. It's an aftereffect of the global financial crisis.

- 트리셰 前 유럽중앙은행 총재

중앙은행 총재들과
'아베노믹스 효과'

전 중앙은행 총재들이 패널로 참석한 '중앙은행 총재 라운드테이블'에서는 일본 아베노믹스를 둘러싼 논쟁이 벌어졌다. 김중수 前 한국은행 총재가 좌장으로 시라카와 전 일본은행 총재, 제이콥 프렌켈 전 이스라엘 총재, 장 클로드 트리셰 전 유럽중앙은행 총재 등이 연사로 나선 가운데 청중으로 등장한 '아베노믹스의 창시자' 하마다 고이치(浜田宏一) 예일대 명예교수가 던진 질문이 이를 촉발했다.

하마다 명예교수는 세계지식포럼 중앙은행 총재 라운드테이블에서 "아베노믹스는 의심의 여지 없이 성공했다"며 "리먼 금융위기 이후 일본 국민총생산(GDP) 감소 폭은 영국·미국의 4%의 두 배, 8%에 달했다"고 말했다. 시라카와 전 총재는 금융위기 당시인 2008년에 일본은행 총재에 취임해 아베노믹스가 본격화한 직후인 2013년 3월 일본은행 총재에서 물러난 바 있다. 하마다 교수는 리먼 위기 직후 일본 경제가 상대적으로 더 타격을 받았다는 사실을 지적하며 시라카와 전 총재를 비판한 것이다.

이어 하마다 교수는 "중앙은행 전 총재들이 통화정책을 위기에서 시간을 벌어주는 수단에 불과하다고 생각하는 것 같다"고 말했다. 아베노믹스의 핵심은 시장에 돈을 무제한 풀겠다는 것이다. 통화량을 늘려 시중 인플레이션을 유도해 디플레이션을 탈출하겠다는 전형적인 통화정책이다. 하마다 교수는 중앙은행 총재 라운드테이블 참석자들을 대상으로 '아베노

세계지식포럼 '중앙은행 총재 라운드테이블' 세션에서 패널들이 경제위기 해결을 위한 중앙은행의 역할에 관해 토론을 벌이고 있다. (왼쪽부터) 김중수 전 한국은행 총재, 제이콥 프렌켈 JP모건체이스 인터내셔널 회장, 시라카와 마사아키 전 일본은행 총재, 장 클로드 트리셰 전 ECB 총재

믹스야말로 통화정책의 최고봉'이라는 점을 강조한 셈이다.

이에 대해 트리셰 전 유럽중앙은행 총재는 "리먼 금융위기 직후 유동성 측면에서 전 세계 중앙은행들의 공조가 위기해결에 큰 역할을 했다"며 "통화정책의 중요성에 대해서 부인하지 않았다"고 말했다.

하지만 김중수 전 한국은행 총재는 "정책의 성공 대가가 주변국의 피해로 이어지면 안 된다"며 "중앙은행 총재 간 국제공조가 중요한 이유가 여기에 있다"고 말했다. 김 총재는 "아베노믹스가 남한테 피해를 준다고 얘기한 것은 아니다"라며 선을 그었지만, 암묵적으로 아베노믹스의 부정적 여파 가능성에 대해 언급한 것으로 풀이된다.

차이나 리스크가 몰려온다

- 차이나 리스크, 세계경제의 가장 큰 위협요소
- 중국경제 하락 예상보다 심각…부패 관료·부채·거품경제가 복합적 요소로 작용
- 중국 위기 신흥국에 직격탄 될 것…미국경제 반등은 한국에 기회

'차이나 리스크와 미국의 반격'

제15회 세계지식포럼을 위해 방한한 경제 석학들은 "중국의 경기침체 가 글로벌 금융위기의 새로운 진앙이 될 것"이라고 경고했다. 반면 G2의 또 다른 축인 미국은 국제통화기금(IMF) 전망보다 훨씬 나은 실적을 보이며 급속히 회복될 것으로 기대했다. 갈수록 중국 의존도가 커지고 있는 한국경제는 어떤 길을 가야 할까?

케네스 로고프 교수는 '차이나 리스크'를 세계경제의 가장 큰 위협 요소로 지목했다. 그는 "중국경제 내림세가 예상보다 심각하다"며 "중국에 자원을 수출하는 브라질, 러시아 등 신흥국가들이 연쇄적 타격을 받을 것"이라고 경고했다. 그는 "올해 중국경제성장률은 7%에 훨씬 못 미칠 가능성이 높다"며 최근 리커창 총리가 독일에서 "올해 경제성장률 7.5%는 문

제없다"고 한 말을 일축했다.

타일러 코웬(Tyler Cowen) 조지메이슨대 교수도 "세계 금융위기는 아직 끝나지 않았다"며 "유럽에서는 여전히 금융위기가 진행 중이고 다음엔 중국에서 위기가 이어질 것"이라고 밝혔다. 코웬 교수는 중국을 비롯해 동남아시아 등 저임금 노동력에 기반을 둔 신흥국가들의 위기를 끊임없이 강조했다.

석학들은 미국 경제가 양적완화 효과와 고용시장 안정화로 계속 순항할 것으로 봤다. 로고프 교수는 "IMF는 올해 미국 경제성장률을 2.2%로 예상하고 있다"며 "개인적으론 올해 3%에 근접한 뒤 내년에 3.3% 성장할 것으로 본다"고 강조했다.

그는 "미국 경제는 강력한 회복세를 보이고 있어 금리 인상 시기도 앞당겨질 것"이라며 "한국에게는 미국의 경제 성장이 중국에서 받은 타격을 만회하는 계기(모멘텀)가 될 것"으로 내다봤다.

코웬 교수는 "중국의 경제 침체로 한국도 도전을 받게 될 것"이라면서도 "한국은 IT와 제조업 분야에서 강점을 가진 만큼 (향후) 위기를 극복할 수 있을 것"으로 전망했다.

중국경제에만 의존한다면 타격을 피할 수 없다

"중국경제에 의존하는 국가들은 타격이 불가피하다. 하지만 미국에 의지하는 국가들은 강한 회복세를 누릴 수 있을 것이다." 로고프 하버드대 경제학과 교수는 매일경제신문과의 인터뷰에서 불안한 중국경제가 세계경제에 암운을 드리운다고 우려했다. 이에 반해 미국 경제가 강한 회복세

케네스 로고프 하버드대 교수가 세계경제의 현 상황에 대해 평하며 중국을 2015년 세계경제 최대의 위험요인으로 꼽았다

를 보이고 있기 때문에 경제 전략의 추를 미국 쪽으로 옮겨야 한다고 주장했다.

로고프 교수는 "세계경제에 가장 큰 걱정거리는 중국"이라며 "중국경제의 하락세가 예상보다 심각하다"고 경고했다. 이어 "중국 성장률은 7%에 훨씬 못 미칠 가능성이 높다"며 "이에 따라 중국에 자원을 수출하는 신흥국가들이 연쇄적으로 타격을 받을 것"이라고 전망했다. 또한, 중국의 경제 부진은 자원 수요 감소로 이어져 관련 국가들이 타격을 받을 것이라고 분석했다. 특히 "자원 수출국인 브라질, 아르헨티나, 러시아, 캐나다, 호주 등에 큰 타격이 될 것"이라고 꼬집었다.

그는 "중국이 7% 성장률을 발표해도 의문을 지울 수는 없을 것"이라며 "중국의 통계에 의문을 가진 시각이 많다. 중국에서 성장률이 1% 감소한다고 발표한다면 미국식으로는 훨씬 큰 폭일 가능성이 높다"고 부연했다.

중국 경기 하강 외에 불안한 국제 정세도 걱정거리다. 중동에서 벌어지는 전쟁과 러시아와 우크라이나의 대치 등이 세계경제에 위협을 주고 있다. 하지만 로고프 교수는 "차이나 리스크보다 더 강력한 파급효과를 지닌 것은 아니다"라고 단언했다.

미국 경제는 기대보다 더 빠른 회복세를 보이고 있는 것으로 분석됐다. 특히 고용시장이 탄력적으로 회복되고 있어 연방준비제도이사회(FRB)가 기준금리 인상 시기를 앞당길 가능성이 높은 것으로 전해졌다.

로고프 교수는 "국제통화기금(IMF)은 2014년 미국 경제성장률을 2.2%로 예상하고 있지만 이보다 더 높을 것으로 예상한다"며 "2014년 미국 성장률은 3%에 근접하고 2015년에는 더 좋아져 3.3%에 이를 것으로 전망한다"고 밝혔다.

그는 "미국 고용시장이 강한 회복세를 보이고 있다"며 "이 덕분에 미국 금리 인상 시기도 앞당겨질 것으로 본다"고 말했다. 이어 "현재 시장은 미국의 금리 인상을 2015년 9월로 예상하고 있지만 2~3개월 앞당겨질 가능성이 있다"고 덧붙였다.

미국 금리 인상에 따른 신흥시장 충격은 단기에 그칠 것이라는 전망도 덧붙였다. 로고프 교수는 "그동안 신흥시장의 고금리를 좇았던 국제 자금들이 단기적으로 미국으로 역류할 수 있지만, 장기적인 현상은 아니다"라며 "미국 경기가 살아나면 신흥국들을 위한 수요가 살아날 것이기 때문에 길게 보면 신흥국에 긍정적"이라고 분석했다.

특히 한국에서 자본 유출은 심각하지 않으리라고 예측했다. 그는 "한국은 자원 수출국이 아니므로 중국의 악영향이 제한적"이라며 "오히려 미국 경기 회복세에 더 민감하게 반응해 안정적인 모습을 보일 가능성이 높다"

고 전했다.

하지만 당분간 '엔화 약세' 부담은 고려해야 한다고 지적했다. 로고프 교수는 "최근 잠시 엔화가 강세를 보이고 있지만, 다시 약세로 돌아설 것으로 본다"며 "한국경제에는 나쁜 소식(bad news)"이라고 말했다. 이어 "단기적으로 한국 기업들의 이익률에 악영향이 불가피하다"며 "하지만 장기 경쟁력에는 변화가 없을 것이다. 장기적으로 일본 경제가 회복되면 한국에도 도움이 될 것"이라고 덧붙였다.

그는 한국경제에 대한 조언도 아끼지 않았다. "한국의 미래는 제조업이 아니다"며 "엔터테인먼트, 과학 등 서비스 분야의 강점을 살리는 방향을 정책 목표로 삼아야 한다"고 로고프 교수는 제안했다. 이어 "한국은 '인재' 가 첫 번째 자산이다. 이들을 격려해 창조력을 이끌어내면 새로운 성장 동력을 발견할 수 있을 것"이라며 "삼성 시험에 수십만 명이 몰리는 건 바람직하지 않다. 창조 정신을 가로막는 규제, 정치 환경을 개선해 인재들이 기업가 정신을 발휘할 수 있도록 해야 한다"고 덧붙였다.

중국에는 2년 내 금융위기가 오며 한국의 충격이 가장 클 것이다

"중국은 2년 안에 마이너스 성장(negative growth)으로 돌아서며, 심각한 금융위기가 발생할 것이다."

지난 2011년 영국의 권위 있는 경제주간지 〈이코노미스트〉에서 '최근 10년간 가장 영향력 있는 경제학자'로 꼽은 타일러 코웬 미국 조지메이슨대 교수가 중국경제의 추락을 예상했다. 그는 2011년에 글로벌 금융위기의 원인을 규명한 저서 《거대한 침체》를 발간해 '세계의 위대한 사상가

타일러 코웬 조지메이슨대 교수가 세션에서 중국발 금융위기를
경계해야 한다고 강조했다

100인'으로 뽑힌 바 있다.

코웬 교수는 "중국은 수요가 없는데도 GDP의 50% 이상을 인프라 등에
투자하고 있다. 이는 과포화 상태를 넘어선 심각한 수준"이라고 말했다.
그는 "부패한 관료, 막대한 부채, 거품경제로 중국의 금융위기는 이미 시
작됐다"고 단언했다.

그는 중국에서 금융위기가 발생할 수밖에 없는 또 다른 근거로, "인류사
에서 어떤 나라도 35년 이상 급격하게 성장하면서 위기를 겪지 않은 나라
가 없었다"며 "경제성장은 실패 이후 새로운 혁신의 돌파구를 찾는 데서
나타난다"고 말했다.

코웬 교수는 앞으로 10년 안에 중국이 미국을 앞지른다는 일부의 예측
을 일축했다. 그는 "이미 1930년대 미국 대공황에 버금가는 위기가 중국
에서 시작됐으며, 지금 중국의 지배구조와 경영능력으로는 부패 문제를

해결할 수 없다"며 "반면 미국은 드론 배송, 무인자동차 등 물류·교통 혁신을 주도하면서 인터넷 산업보다 더 많은 고용을 창출할 것이며, 이는 빠른 경제 성장의 원동력이 될 것"이라고 전망했다.

중국에서 금융위기가 발생하면 여러 나라 가운데 한국이 받을 충격이 가장 클 것이라고 코웬 교수는 내다봤다. 중국발 위기를 최소화하려면 한국경제는 중국경제 의존성을 줄이고, 낙후된 서비스업, 낮은 여성 고용률, 낮은 중소기업 수출 경쟁력이라는 세 가지 고질적인 문제를 해결해야 한다고 강조했다.

한국의 새로운 성장 동력에 대해선 헬스케어 등 고령층을 대상으로 한 서비스업을 꼽으며 "서비스업에서 돌파구를 찾지 못하면 대만과 말레이시아에 5년 이내에 추격당할 것"이라고 강하게 경고했다. 이어 "한국은행의 금리 인하는 단순히 상처에 반창고를 붙여두는 수준일 뿐"이라고 했다.

한국의 낙후한 금융산업에 대한 충고도 잊지 않았다. 그는 "한국의 은행들은 과도한 규제로 후진적이다"며 "정부가 은행들에게 과도한 위험을 떠안으라고 하는 것은 말도 안 된다"고 비판했다. 그는 "벤처는 벤처캐피털이 자발적으로 육성토록 해야 한다"며 "현재의 창조경제 같은 정책은 성공 가능성이 크지 않다고 본다"고 말했다.

최근 디플레이션 문제가 불거진 유럽에 대해선 코웬 교수는 "유로존은 이미 일본의 '잃어버린 20년' 시절보다 훨씬 심각한 처지에 놓였다"며 "그리스나 이탈리아 같은 나라는 부채를 끝내 갚지 못하고 추락할 것이며, 양극화가 심해진 유로존은 거대한 침체에서 탈출하지 못하고 어느 순간 해체될 것"이라고 전망했다.

코웬 교수는 세계 시장의 달러 강세 현상에 대해선 "값싼 자금이 넘쳐나는 '칩 머니 시대(cheap money era)'는 계속될 것"이라며 "양적완화 정책을 종료하면서 미국 연방준비제도(Fed)가 달러 강세 현상을 최소화하는 방안을 내놓을 것"이라고 예견했다. 나아가 "내년부터 미국 경제가 본격 회복하면 달러 유동성이 시장에 풍부해질 것이고, 이에 따라 달러 약세로 돌아설 것"이라고 전망했다.

중국경제는 경착륙할 것인가?

- 대니얼 앨트먼 뉴욕대 교수 "구조개혁 실패 때는 역성장을 맞을 수 있다"
- 판강 중국국민경제연구소 소장 "연 7% 성장이 5~10년 지속될 것이다"
- 쉬청강 홍콩대 교수 "부조리가 민간성장을 가로막고 있다"

제15회 세계지식포럼에 참석한 세계 석학들이 중국경제의 경착륙 가능성을 두고 설전을 벌였다. '중국경제 경착륙인가 연착륙인가' 세션에서 판강 소장은 "중국경제가 이미 연착륙했다"고 주장했지만 다른 석학들은 섣부른 판단이라고 반박했다. 중국경제의 잠재력이 엄청나다는 점에는 모두 동의했지만, 경제·사회적으로 불합리한 부분을 개혁하지 않으면 경착륙을 피할 수 없다고 지적했다.

먼저 판 소장은 현재 중국 경기 부진의 원인을 설명했다. 그는 "최근 두 차례 경기 과열을 경험한 중국정부가 버블을 없애려고 긴축정책을 택했기 때문"이라며 "전환기에 나타나는 일시적인 현상"이라고 진단했다.

판 소장이 밝힌 두 차례 과열 중 첫 시기는 2004~2007년이다. 당시 내수 부양 효과와 미국 부동산 호황 등 외부 영향으로 경기 과열 양상이 전개됐다. 두 번째는 글로벌 금융위기를 극복하려 부양책을 썼던 2009~2010년이다. 이 두 시기를 거치며 기업들의 과잉 투자, 지방자치단체의 과잉 지출(차입) 부작용이 나타났다.

판 소장은 이를 두고 "여러 가지 부양책들이 중국경제에서 판도라의 상자를 열었던 것"이라고 표현하며 "그 폐해가 현재의 경기 부진을 초래했다"고 말했다. 중국경제가 경착륙할 것이라는 우려에 대해서도 "그런 일은 없을 것"이라고 자신했다. "세계 각국 중 경기 부양책을 가장 먼저 종결한 나라가 중국이다. 두 번째 과열 기간에 문제의 심각성을 인식한 중국정부가 2010년부터 부양책을 종결하고 4년째 긴축정책을 쓰고 있다"고 말했다. 이어 "그래서 버블이 있었지만, 너무 커지지는 않았다. 이 정도 버블은 경착륙을 꼭 겪어야만 하는 수준은 아니다"라며 "지난 4년간 연착륙 과정이 계속되고 있다. 이 때문에 경제성장률은 약간 둔화되면서 안정화되고 있다. 과잉 설비 문제의 경우 철강을 제외한 자동차, 기계 등 주요 산업은 이미 극복했다"고 주장했다. 판 소장은 올해 중국경제의 성장률이 7.3~7.4%를 기록한 뒤 내년에도 7%대를 기록하리라 전망했다.

하지만 쉬청강 홍콩대 교수는 중국 경기 둔화 배경에는 수십 년째 누적된 구조적 원인이 있기 때문에 쉽게 낙관할 수 없다고 반론했다. 그는 "구조적 문제의 핵심은 민간 부문의 성장 부진"이라며 "특히 불합리한 제도적 문제들이 민간 부문 성장을 가로막고 있다"고 말했다.

쉬 교수는 제도적 문제로 민간 재산권 보호에 미흡한 사법제도, 사법권의 독립성 부재, 민간 부문을 차별하는 금융시스템, 정부의 민간 부문 차별 등 4가지를 특정했다. 그는 특히 "중국의 민간기업은 정부와 친해야 법적 리스크를 해소할 수 있다"고 주장하며 "국유기업이 가지고 있는 진입

2011년 이후 하락세를 보이고 있는 중국경제의 미래를 전망하기 위한 '중국경제 경착륙하나' 세션에서 참석자들이 중국경제 전망에 대한 열띤 토론을 벌이고 있다. (왼쪽부터) 제임스 킨지 파이낸셜타임스 신흥시장 담당 부장, 쉬청강 홍콩대 교수, 판강 국민경제연구소장, 대니얼 앨트먼 뉴욕대 교수, 조윤제 서강대 교수

장벽과 독점이 가장 큰 문제"라고 꼬집었다. 이어 "만약 중국정부가 제도적 문제를 해소하지 않고 오류를 범한다면 경제 위기를 맞을 수도 있다"며 "제도적 개혁을 철저히 이뤄내면 중국은 앞으로 수십 년간 좋은 성과를 낼 수 있겠지만, 지금까지는 개혁안 실행을 크게 낙관하지 않는다"고 덧붙였다.

쉬 교수 발언 중간에 판 소장은 "민간기업이 어렵다고 말했는데, 요즘 잘나가는 화웨이 등에 대해서는 어떻게 설명할 것인가?"라는 화두로 설전을 벌였다. 이에 쉬 교수는 "지난 2002년부터 공산당 헌장이 개정되면서 당에 가입한 민간기업은 자본 보조 등의 혜택을 받았다. 당과 좋은 관계를 형성한 민간기업은 성과가 좋다"고 받아쳤다.

대니얼 앨트먼 교수는 "중국정부가 개혁에 실패한다면 정치적 위기를 맞을 수도 있다"며 "가능성은 낮지만, 성장률이 마이너스(-)로 가는 것도 배제할 수 없다"고 말했다. 이어 "최상의 시나리오는 경제·사회 구조 개혁이 성공해 외국인 투자자들도 중국경제에 대한 신뢰를 회복하는 것"이라며 "이러면 두 자릿수 성장률도 가능하다"고 전했다.

조윤제 서강대 교수도 중국의 구조 개혁이 절실하다고 주장했다. 그는 "중국의 잠재력을 현실화하려면 신중한 제도적 개혁이 필요하다"며 "이를 위해 중국 지도부와 국민의 강력한 의지가 절실하다"고 말했다. 이어 "개혁의 방점은 국유기업의 지배구조 개선에 있다"며 "얼마나 오래 걸릴지 모르겠지만, 중국인들이 잘해낼 것으로 기대한다"고 덧붙였다.

리코노믹스 vs 아베노믹스

- 중국 "정부 간섭 최소화" vs 일본 "정부 과감한 개입"
- 리이닝 명예 원장 "성장보다 중요한 건 경제 기초체력 '중국 리스크' 걱정할 수준 아니다"
- 하마다 예일대 교수 "양적완화·재정확대 '두 화살' 성공…구조개혁 핵심은 법인세 인하"

아베노믹스와 리코노믹스를 만든 두 경제학자가 세계지식포럼 '리코·아베노믹스' 세션에서 만났다. 리이닝(厉以宁) 베이징대 광화학원 명예 원장은 '중국 현대경제학의 태두'로 불리며 리커창 중국 총리, 리위안차오 부주석의 스승으로 중국경제에 막대한 영향력을 끼치는 인물이다. 하마다 고이치 명예교수는 아베 신조 일본 총리의 스승으로, '아베노믹스의 입안자'로 불릴 정도로 전반적인 틀을 제시했다는 평가를 받는다. 제자였던 시라카와 전 일본은행 총재가 조기 퇴진한 배경에는 하마다 교수의 입김이 작용했다는 이야기가 있을 정도다.

양적완화와 재정확대를 골자로 한 아베노믹스에 대한 일본의 기대감은 여전했다. 하마다 교수는 '세 개의 화살' 중 이미 쏜 양적완화와 재정확대는 성공적으로 정착했다고 평가했다. 마지막 화살인 구조 개혁만 제대로

세계지식포럼 '리코·아베노믹스'세션에서 패널들이 열띤 토론을 벌이고 있다. (왼쪽부터) 진행을 맡은 전광우 연세대 석좌교수, 하마다 고이치 예일대 교수, 리이닝 베이징대 광화학원 명예원장

따라주면 된다는 의견이다. 법인세 인하와 소비세 인상, 고령화 문제 해결을 위한 이민정책 확대, 여성 사회활동 독려 등 핵심 정책이 '늙은 일본'을 살릴 것이라고 확신했다.

중국은 다르다. '젊은 중국'은 이제 반환점도 채 돌지 않은 마라톤 선수다. 초반에는 스퍼트를 바싹 올렸지만 이제 숨 고르기에 들어갔다. 곳곳에서는 '차이나 리스크'에 대한 경고음을 울리고 있지만 리이닝 명예원장은 이를 단호하게 부인했다.

리 원장은 "현재 중국은 기초체력을 키우는 중"이라며 "경제성장률 하락은 필연이며 지속성 확보를 위한 것"이라고 말했다. 그는 "10%대 경제성장률보다 중요한 것은 앞으로 중국경제를 지탱할 기초체력을 키우는 것"이라고 말했다. 정부 간섭 최소화, 소득 분배 불균형과 도농 격차 해소,

부정부패 척결이 더 중요하다고 그는 주장했다. 중국경제성장률이 2012년 이후 계속 8%를 밑돌고 있지만 이를 '차이나 리스크'로 보면 안 된다는 얘기다.

리 원장은 "중국경제는 이제 새로운 정상 상태인 '뉴노멀(New Normal)' 시대로 진입했다"면서 "낮아진 경제성장률을 경기 둔화로 보기보다는 경제발전 단계상의 '근본적 전환'으로 보는 것이 타당하다"고 말했다. 이런 일련의 과정이 진짜 장기 성장으로 이어지기 위해서는 기득권 집단 간섭을 배제하고 기업의 자주적 역할과 경영활동을 확대해야 한다고 주장했다.

하마다 교수는 "일본 경제의 추락은 통화정책 실패 때문"이라며 아베 정권이 정부 개입, 확장적 통화·재정정책 펴기를 포기하지 않을 것이라고 했다. 그는 "엔고로 수출기업 경쟁력이 급락하면서 엘피다, 샤프, 파나소닉 등이 무너졌다"며 "과거 정부의 이 같은 정책으로 득을 본 건 삼성전자와 같은 한국 전자기업이었다"고 말했다.

하마다 교수는 "아베 정권이 양적완화와 확장적 재정정책을 펴고 엔화 가치를 떨어뜨리면서 이제 일본 수출기업들이 다시 힘을 받기 시작했다"면서 "아베 정부가 3개의 화살 중 2개를 잘 쏜 것"이라고 평가했다.

하마다 교수는 "일본 기업들이 자꾸 밖으로만 나가려고 하는 것은 다른 나라에 비해 지나치게 높은 법인세 때문"이라며 "일본 법인세(실효세율 34.62%)를 한국 수준인 20%대까지 낮출 필요가 있다"고 말했다.

그는 특히 최근 일본 내 주 관심사로 떠오른 소비세 인상에 대해 "법인세율을 낮추면 소비세율을 조금 높인다고 해도 큰 무리가 없을 것"이라고 전망했다.

시장 신뢰를 바로 찾고, 국유기업 개혁, 지방정부 부채 감소 등을 통해 경제 체력을 단단히 하는 것이 구조 개혁의 핵심이다.

"The key to the structural reform lies in strengthening the economic fundamentals by regaining market trust, overhauling public sector and reducing local government debt, etc."

- 리이닝 베이징대 광화학원 명예원장

아베 총리가 통화정책을 통한 경기 회복이라는 아베노믹스를 실행하면서 일본 경제는 예전으로 돌아오기 시작했다.

"After Mr. Abe started Abenomics, recovery through monetary policy, Japanese economy came back."

- 하마다 고이치 예일대 명예교수

"
엔高로 망한
엘피다를
교훈으로 삼아라
"

하마다 고이치
명예교수

'아베노믹스의 설계자'로 유명한 하마다 명예교수는 글로벌 화폐전쟁과 관련해 "일본의 반도체 기업 엘피다가 파산한 것은 원화 약세(엔화 강세) 때문이었다"며 "똑같은 일이 한국에서도 일어날 수 있다"고 경고했다. 엘피다가 세계 반도체 시장에서 삼성전자의 기술력에 뒤처지고 가격 경쟁력에서도 밀리면서 파산했듯이 한국 기업들도 위험해질 수 있다는 지적이다.

하마다 교수는 〈매일경제〉와의 인터뷰에서 "최근 엔화 약세 여파로 한국의 자동차·화학 등 수출 위주 경제가 타격을 입을 수 있다"며 "(일본은행 총재처럼) 한국은행 총재도 원화 강세(엔화 약세)를 멈추게 할 방법이 있다"고 강조했다. 그는 이어 "한국은행이 (2014년 9월 말 기준 2.25%인) 금리를 더 내릴 필요가 있다"며 "경기 회복의 첫 번째는 통화정책이며, 재정정책은 그다음"이라고 조언했다.

하마다 교수는 "(글로벌 금융위기를 부른) 리먼브러더스 사태 이후 한국의 원화 약세로 수출 위주의 한국 기업은 큰 혜택을 봤지만, 일본은 타격을 입었다"며 "최근 일본의 엔화 약세 정책은 한국이 먼저 도입했던 조치"라고 설명했다.

아베노믹스 평가와 관련해 하마다 교수는 "아베노믹스에 학점을 주면 'ABE(아베)'라고 농담하곤 한다"고 말했다. 그는 "통화정책은 A학점, 재정정책은 B학점"이라며 "구조 개혁은 노력하고 있지만 어려운 면이 있다는 점에서 F보다 조금 나은 E"라고 덧붙였다.

하마다 교수는 통화정책과 재정정책이 성공이라는 데는 의심의 여지가 없다고 거듭 강조했다. 그는 "통화정책 부문은 완벽에 가까울 정도로 잘하고 있으며, 확장적 재정정책도 잘 쓰고 있다"고 의견을 말했다. 하마다 교수는 "통화정책을 잘못 편 전 정권 때문에 엘피다가 망했고, 샤프와 파나소닉이 무너졌으며, 한국 전자산업은 부흥했다"고 강조했다.

특히 하마다 교수는 "아베 총리 이전에 보수적인 통화정책으로 총수요가 사라진 상황에서 아베노믹스의 첫 번째 화살, 통화정책이 중요했다"며 "기대 이상의 통화정책이 나와 이제 총수요가 총공급을 넘어서고 있고 GDP 갭(실제 GDP와 잠재 GDP 간의 차이)도 거의 제로에 가까워졌다"고 평가했다.

하마다 교수는 "일본의 잠재성장률은 1% 미만"이라며 "생산성을 높이지 못하면 장기적인 관점에서 성장 전망이 낙관적이지 않다. 이제부터 일본 경제는 '구조 개혁'으로 정책의 중심(pivot)을 바꿔야 할 때"라고 강조했다.

아베노믹스의 세 번째 화살, 구조 개혁과 관련해 하마다 교수는 "일본의 고령화 문제가 심각한 만큼 사회문제를 유발할 가능성이 있지만 이민정책이 중요하다"고 말했다. 그는 또 "지난해 게이단렌(經團連, 한국의 전경련과 비슷한 일본의 재계 단체) 회의에 참석한 적이 있는데 50~60명의 참석자 중 여성이 한 명도 없었다"며 "사회에서 활약하는 여성 인력을 키우는 것도 필요하다"고 강조했다. 아울러 환태평양경제동반자협정(TPP)과 노동 시장 규제 완화도 꼽았다.

하마다 교수가 구조개혁을 위해 제안하는 또 다른 정책은 이민자 포용 정책이다. 그는 "급격한 고령화로 인해 노동 가능 인구 자체가 해마다 줄어들고 있고, 여성들은 육아나 가사에 얽매여 제대로 일하지 못하는 것이 일본의 현실"이라면서 "이를 위한 가장 빠르고 효과적인 방법은 이민자를 많이 받아들이는 것"이라고 주장했다.

그러나 하마다 교수는 구조 개혁 가운데 가장 중요한 것은 "법인세의 과감한 인하"라고 단언했다. 그는 "일본의 법인세(실효세율 34.62%)는 한국이나 영국보다 훨씬 높다"며 "1~2%포인트가 아니라 한국과 영국 수준으로 내려야 한다"고 말했다. 그는 또 "법인세를 낮추면 해외로 떠났던 일본 기업이 되돌아오고, 외국인 투자도 늘어나게 될 것"이라고 내다봤다.

그는 법인세 인하 주장을 일본 내에서 뜨거운 감자로 떠오르는 소비세 인상과 연결했다. "소비세 인상은 일본 경기 등을 종합적으로 보고 판단할 문제지만, 법인세 인하가 가능하다면, 소비세 인상에도 찬성할 수 있다"는 견해를 밝히기도 했다.

일본 정부는 2014년 4월 소비세를 8%로 인상한 데 이어 이듬해인 2015년 10월에는 10%로 2%를 추가 인상할지 올해 말까지 결정한다. 이에 대해 하마다 교수는 "정보가 부족해 지금 얘기하긴 힘들다"며 "12월 경기지표를 보고 최종적으로 결정해야 할 것"이라며 선을 그었다. 그는 다만 "경기가 좋다면 인상 결정을 해도 좋지만, 지표가 좋지 않으면 소비세 인상을 멈추는 것이 좋다"며 "중요한 것은 법인세 인하에 더 신경을 써야 한다는 점"이라고 강조했다.

250%에 달하는 일본 정부의 부채비율이 악화되지 않느냐는 반문에 하마다 교수는 "일본 부채비율은 상당히 과장돼 있다"고 단언했다. 또 "법인세를 낮추더라도 경기가 부양되면 세수가 늘어나는 '법인세 패러독스(paradox)'가 있고, 일본의 현세대는 다음 세대까지 충분한 해외 자산도 보유하고 있다"며 "일본 재무상이 선전전을 잘해 국제기관과 각국을 세뇌하고 있다"고 설명했다.

앞으로 일본 경제의 성장률 전망에 대해선 "앞으로도 일본의 경제성장률은 계속 둔화될 것이다. 인구증가세가 둔화되는 것에 따라갈 수밖에 없을 것"이라면서 "최대로 잡아봤자 3% 정도 수준일 것으로 본다"고 답변했다.

피케티 교수,
양극화 문제를 말하다

- 1% 억만장자 재산 年 6.8% 늘었지만, 세계경제성장률은 3.3%에 그쳐
- 한국에서 부의 불균형을 해소하려면 공교육을 늘려 소외계층에 기회를 줘야
- 금융 규제 완화는 실물경제에는 도움되지 않는다
- 한국은 5~10년 내 선진국, 불평등은 남의 일 아냐, 최상위계층의 한계세율은 오히려 떨어져
- 국내 학자들도 논쟁 "피케티가 제기한 문제는 한국에서도 의미가 있다"
  vs "이론의 가정과 해결책이 비현실적이다"

"교육 개혁이 성장을 이끌고 소득 불평등을 줄이는 가장 효과적인 방법이 될 수 있다."

'피케티 신드롬'이 한국에 전격 상륙했다. 《21세기 자본》의 저자 토마 피케티(Thomas Piketty) 파리경제대학 교수는 2014년 9월 서울 신라호텔에서 매일경제 세계지식포럼 사전행사로 열린 '1% 대 99% 대토론회 1부 : 피케티와의 대화'에서 주제발표를 하고 패널 및 청중과 토론했다.

'자본주의의 구세주'에서 '설익은 좌파 경제학자'에 이르기까지 그를 둘러싼 수많은 말을 의식한 듯 피케티 교수는 자신의 연구와 세간의 평가에 대해 소신 있게 털어놨다.

그는 "한국에서는 지식기반을 확대해 생산성을 높이고 경제 성장을 유도하는 것이 소득 불평등을 줄이는 효과적인 방법이 될 수 있다"고 밝혔

토마 피케티 파리경제대 교수가 15회 세계지식포럼 사전행사에서 강연을 하고 있다. 이날 사전 행사에는 경제학자, CEO 등 650여 명의 국내외 오피니언 리더들이 참석했다

다. 그는 이어 "교육 혁신을 통한 생산성 증대는 한국 내에서 소득 불평등을 줄여줄 수 있을 뿐만 아니라 선진국과의 격차도 줄이는 방법"이라고 강조했다.

특히 전 계층이 좋은 교육서비스를 받을 수 있는 공교육 제도를 만들고, 교육에 대한 기회를 공평하게 제공하는 것이 무엇보다 중요하다고 지적했다. 세금을 통한 불평등 해소 방법에 대해서도 한층 구체적으로 제시했다. 피케티 교수는 "연 소득이 1억 원, 10억 원, 100억 원인 사람에게 같은 세율을 부과하는 것은 바람직하지 않다"며 "상위 소득 계층에 대한 한계 소득세율을 높여야 한다"고 주장했다.

그는 또 "자산에서 부채를 뺀 순자산에 대해서도 누진적으로 세금을 부과하는 것이 중요하다"며 "과세 표준을 순자산으로 할 경우 90%가 넘는 사람들이 세금 부과 대상에서 제외될 것"이라고 말했다. 그는 아울러 "인구 고령화는 성장을 정체시키고 상속 등을 통한 소득 불평등을 확대할 수 있다"며 "이에 대한 대책을 마련하는 것도 시급하다"고 지적했다.

피케티 교수는 '좌파 경제학자'로 인식되는 것에 대한 거부감을 피력했다. 그는 "내 연구의 가장 큰 성과는 역사적인 데이터를 분석해 자본주의 경제의 문제점을 지적한 것"이라며 "나를 좌파나 우파 어느 쪽으로도 분류하지 말았으면 한다"고 말했다.

행사에서는 피케티 교수 강연에 이어 국내외 패널리스트들과의 토론이 이어졌다. 이지순 서울대 교수의 사회로 진행된 토론에는 로런스 코틀리코프 보스턴대 교수, 조원동 중앙대 석좌교수(전 청와대 경제수석), 유종일 KDI 교수, 신관호 고려대 교수가 참여했다.

성장률보다 높은 자본수익률이 부의 불평등을 키운다

"부의 불평등은 심화될 수밖에 없다. 누진적 자본세제를 도입하고 소수만을 위한 엘리트 교육이 아니라, 계층 간 신분 상승이 가능한 포용적인 교육이 이뤄져야 한다." 그는 지난 15년간 수집한 통계자료를 바탕으로 시종일관 분명하고도 확신에 찬 주장을 펼쳤다. "방대한 과거 통계자료를 통해 민주적인 토론이 촉발된 것으로도 만족한다"며 "경제 발전의 성공 사례인 한국에서도 앞으로 부의 불평등 문제가 중요한 화제가 될 것으로 생각한다"고 말문을 열었다.

그는 강연에서 자본과 소득 비중이 장기적으로 어떻게 바뀌어 왔는지, 부의 집중에 어떤 영향을 미쳤는지를 집중적으로 다뤘다. 피케티 교수에 따르면 세계적으로 소득 불평등은 심화되는 추세다. 미국은 1910년대 이후 소득 상위 10% 계층이 전체 소득 중 40~50%를 차지했다. 이는 1940년대 들어 30%대로 떨어졌다가 1980년대 이후 급격히 증가해 최근에는 50%를 넘어섰다.

피케티 교수는 "상위 10%가 국가 소득 중 50%를 차지한다는 것은 경제 발전에 따른 혜택 중 많은 부분을 독점한다는 의미"라며 "경제성장률이 5% 수준이라면 성장분 중 70%를 상위 10%가 가져가더라도 나머지 30%를 갖고 하위 90%가 성장할 수 있겠지만, 미국은 1990~2010년 성장률이 1.5%에 그쳤기 때문에 하위 90%의 상황이 취약해졌다"고 말했다.

결국, 이런 현상은 경제 전체에 위험요소가 될 수 있다는 지적이다. 유럽과 일본도 소득 불평등 정도가 미국보다 높진 않지만 증가하는 추세다. 그는 이러한 현상이 생기는 요인에 대해 "세계화와 기술 발전 등으로 노동력에 대한 수급 상황이 바뀌었기 때문"이라고 분석했다. 각기 다른 능력을 갖춘 노동자 중 기업이 필요로 하는 노동력을 확보하기가 어려울수록 임금 격차가 커진다는 것이다.

피케티 교수는 "21세기에는 경제성장률이 1.5%를 넘기 어려울 것"이라고 단언하면서 "앞으로 '국민소득 중 자본에 돌아가는 몫'이 점차 높아질 것"이라고 염려했다. '자본수익률'은 대체로 일정하지만, '자본소득비율'

이 점차 높아질 것으로 보기 때문이다.

그는 "자본수익률이 경제성장률보다 크면 국민소득 중 자본에 돌아가는 몫이 높아진다"며 "역사적으로 자본수익률은 대부분 4~5%에 머문 반면 경제성장률은 20세기 중반 3%를 달성한 시기를 제외하면 그보다 훨씬 낮았다"고 말했다. 즉, 앞으로 인구 증가와 기술 진보가 한계에 도달하면서 경제성장률은 낮아질 수밖에 없고 이 때문에 자본소득비율이 커질 수밖에 없다는 주장이다.

실제로 1987년 이후 지금까지 소득 상위 1% 억만장자가 차지하는 부는 매년 6.8%씩 성장했으나 세계경제성장률(GDP)은 3.3%에 그쳤다. 피케티 교수는 "그나마도 GDP 성장률 중 절반은 세계 인구 증가로 말미암은 것"이라고 말했다. 또 "이 같은 자본소득비율 증가가 언제까지 이어질지 알 수 없지만, 합리적인 수준까지만 격차가 벌어져야 한다는 것은 분명하다. 장기적으로 상위계층 부의 성장률은 세계 평균 성장률과 같이 움직이는 것이 옳다"고 강조했다.

그렇다면 경제 불평등을 완화할 방법은 무엇일까? 피케티 교수는 "성장을 위해서는 어느 정도 불평등을 감수할 수밖에 없다는 것은 안다"면서도 "하위층뿐만 아니라 중산층이 차지하는 부의 비중도 높지 않다는 것이 문제"라고 말했다.

피케티 교수는 먼저 '누진적 자본세'를 제안했다. 그는 "시장개방 자체는 지지하지만, 어느 시점에서 불평등 격차가 지나치게 크게 벌어지면 이를 조정할 개입이 요구된다"며 "소득수준별로 누진적 자본세를 매김으로써 새로운 자본축적을 촉진하면서도 불평등의 악순환을 피할 수 있다"고 조언했다.

| 토마 피케티 교수가 말하는 부의 불평등 원인과 해결책 |

원인
• 인구 성장, 기술 진보 한계 → 낮은 경제성장률
• 경제성장률보다 높은 자본수익률

결과
• 자본소득비율의 지속적인 증가

해결책
• 누진적 자본세 도입
• 포용적인 교육제도

이러한 제도를 도입함으로써 얻게 된 소득과 부의 분포 자료를 활용해 더욱 민주적인 토론이 가능하다는 부수적인 효과도 기대할 수 있다. 그는 또 소수 계층만을 위한 엘리트 교육이 아닌 하위계층까지 포용하는 교육 제도야말로 한 국가 내에서, 나아가 국가 간 소득 불평등을 줄이는 가장 강력한 방법이 될 수 있다고 제시했다.

공교육 투자를 늘려야 하는 이유

"공공교육에 대한 투자를 확대해야 소득 불평등을 해소할 수 있다."

피케티 교수는 한국에서 소득 불평등 해소를 위해 무엇보다도 공공교육을 확대해야 한다고 주장했다. 그는 "교육에 대한 투자는 장기적으로 소득 불평등을 해소할 수 있는 근본적인 해결책이 될 수 있다"며 "한국에서는 사교육에 대한 지출이 높은데 이보다 공공교육에 대한 지출을 늘려서 교육에서 소외되는 계층이 없도록 해야 한다"고 주장했다.

교육 기회의 불평등은 소득 불평등의 주요 원인이며, 부유층만 양질의 교육을 받게 되고 소외계층은 교육에서도 소외됨에 따라 불평등이 확산되는 악순환이 형성된다는 주장이다. 그는 "교육에 대한 투자로 생산성이 높아지면 경제성장률 상승으로 이어질 수 있다"고 강조했다.

피케티 교수는 조만간 선진국형 소득 불평등 현상이 한국에서도 나타날 것이라고 강조했다. 그는 한국경제에 대해서 '부유한 개발도상국'이라는 표현을 썼다. 피케티 교수는 "한국의 경제 수준은 선진국의 70%라고 생각한다"며 "앞으로 5%대 성장이 이어지면 5~10년 사이에 일본, 유럽 수준으로까지 경제가 성장할 것"이라고 밝혔다.

하지만 시간이 지날수록 경제성장률은 다른 선진국 수준으로 떨어질 수밖에 없다고 예상했다. 그는 "한국도 선진국처럼 성장이 정체되면서 부의 불평등에 대한 관심도 높아질 수밖에 없다"며 "다른 국가에서 벌어지는 불평등 현상을 분석하고 이제 해결책을 대비해야 할 시기"라고 강조했다. 또한, 한국에서 고령화가 빠르게 진행되면서 성장 정체도 예상보다 빨라질 수 있다는 점도 지적했다.

피케티 교수는 한국에서 진행 중인 규제 완화의 방향성을 긍정적으로 평가했다. 규제 완화를 통해 시장에서 자율적인 경쟁이 이뤄질 수 있고 이는 경제성장률을 높이는 데 도움이 될 수 있다는 평가다. 규제 완화가 단기적인 성장에는 도움이 되지만 장기적으로 불평등 해소의 근본 해결책이 될 수 없다는 점도 명확히 했다. 그는 "규제 완화로 인한 성장은 한계가 있다"면서 "장기적으로 불평등 해소를 위해서는 교육 확대 등 근본적인 해결책을 제시해야 한다"고 밝혔다.

다만 금융산업에 대한 규제 완화는 조심스럽게 접근해야 한다는 태도를 보였다. 그는 "금융 규제 완화는 실물경제 성장에 전혀 도움이 되지 않는다"고 강력하게 주장했다. 금융 규제 완화가 성장보다는 불평등을 심화시키는 부작용을 낳는다는 주장이다. 그는 "금융시장이 발전한다고 해도 중산층이 얻을 수 있는 저축 이자는 한계적일 수밖에 없다. 국민 소득 증가에는 큰 영향을 미치지 못하고 금융산업으로 부가 집중되는 현상만 가져오게 된다"고 밝혔다.

미국 등 선진국에서는 금융산업이 성장하면서 금융사 임원들에게 과도한 보수를 지급해 불평등이 심화됐고, 한국에서도 비슷한 현상이 나타날 수 있다고 지적했다. 피케티 교수는 한국도 소득 최상위 계층에 대한 한계 세율을 높여야 한다고 조언했다.

그는 "한국이 경제 성장을 일궈내는 동안 최상위 계층의 소득 비중은 증가했다. "하지만 최상위 계층의 소득 한계 세율은 최근 몇십 년간 오히려 하락한 것으로 드러났다"고 지적했다. 한국의 소득세 구조가 시대에 역행하고 있다는 주장이다. 소득세를 누진적으로 확대 개편해야 불평등을 막을 수 있다는 지적이다.

소득 불평등은 심화되고 있나? 피케티 vs 코틀리코프

"피케티 교수의 주장은 이론적으로 틀렸다. 그의 생각처럼 부의 불평등이 반드시 심화되지는 않는다."

(로런스 코틀리코프 보스턴대 교수)

"불평등이 점점 더 심각해지고 있음을 나타내는 실증적 데이터를 보라."

(토마 피케티 파리경제대 교수)

토론회에서는 로런스 코틀리코프 보스턴대 경제학과 교수가 토마 피케티 파리경제대 경제학과 교수의 '저격수'로 나섰다. 하버드대에서 경제학 박사학위를 받은 코틀리코프 교수는 로널드 레이건 정권 당시 경제자문위원회 시니어 이코노미스트를 역임했으며, 국제통화기금(IMF)과 세계은행 자문위원, 〈월스트리트저널〉과 〈파이낸셜타임스〉의 칼럼니스트로 활동하며 우파 행동주의 경제학자로서 명성을 쌓아 왔다. 특히 2012년 미국 대선 후보로 출마하여 미국 내 인지도도 높다.

둘 사이에는 이론적 분석에 대한 오류부터 경제학자가 지녀야 할 자질에 대한 논란까지 불꽃 튀는 신경전이 벌어졌다. 코틀리코프 교수는 우선 피케티 주장의 핵심인 '자본수익률(r)이 항상 경제성장률(g)보다 높으므로 시간이 갈수록 부의 불평등이 증가한다'는 논리 자체가 잘못됐다고 지적했다. 이자나 배당금 등 자본수익보다는 오히려 임금 격차가 소득 불평등의 주요인이라는 것이다.

그는 피케티 모델이 "(현세대가) 모든 재산을 모아 그대로 후손에게 물려줄 때나 가능한 극단적 주장"이라고 말했다. 이에 대해 피케티 교수는 "내 책에도 소득 불평등 원인에 대해 자본수익률과 경제성장률의 차이뿐만 아니라 교육제도 성격, 노동시장 수급 상황 등 다른 요인이 많이 설명돼 있다"고 반박했다. 하지만 그는 여전히 "장기간의 실증적 데이터를 보면 자본수익률과 경제성장률의 차이 때문에 상위계층으로 부의 집중이 이뤄진다고 봐야 한다"고 강조했다.

부의 이동성에 대해서도 코틀리코프 교수는 "2001년 나온 〈포브스〉의

코틀리코프	구분	피케티
	| 코틀리코프와 피케티의 공방 |	
임금 소득 차이 등 다양하다	불평등의 원인	자본수익률(r) > 경제성장률(g), 교육제도, 노동시장 상황 등도 원인
사회보장제 통해 안정적인 부의 재분배	현재 부의 이동성	최상위 계층 소득 집중도 여전히 심화
이미 충분히 많은 조세·준조세 있다	누진적 자본세 도입	순자산에 대한 추가적인 누진적 자본세 부과 필요
이론 무시하면 안 돼	경제학에 대한 인식	실증 자료 없는 이론은 공허

세계 400대 부자에는 1989년에 나온 자료에는 없던 사람이 무려 60%나 등장했다"며 "최상위 부유층 사이에서도 부의 이동이 많다"고 주장했다. 최상위 계층이 높은 자본수익률의 혜택을 봤다면 이런 일이 벌어지지 않았을 것이란 분석이다. 그는 또 "부의 불평등의 원인은 임금, 환경, 직업선택, 상속, 세금정책 등으로 다양하다"고 강조했다.

특히 그는 "미국의 경우 의료보험과 퇴직연금, 저소득층 지원 등을 통해 부자들이 가진 부의 상당 부분이 빈곤층으로 이전되고 있다"고 설명했다. 이에 대해 피케티는 "(부유층에서 빈곤층으로) 부가 이전되는 프로그램이 제대로 작동했다면 하위 50% 계층이 전체 국민소득에서 차지하는 비중이 늘었어야 하지만 지난 30년간 그렇지 못했다"고 반박했다. 피케티는 부의 불평등 원인이 다양하다는 코틀리코프의 교수의 지적을 인정하면서 "교육이나 최저임금제 등 여러 제도를 통해 빈곤층이 제대로 된 임금을 받을 수 있는 상황을 만드는 게 중요하다"고 덧붙였다.

피케티의 누진적 자본세 도입 주장에 대해서도 코틀리코프 교수는 "미국의 경우 이미 충분히 많은 조세와 준조세를 갖고 있다"고 주장했다. 주소득세, 연방소득세뿐만 아니라 각종 연금 등을 고려하면 미국의 세제는 부유한 사람에게 더 많은 희생을 요구하는 누진적 성격을 갖고 있다는 것. 그는 "빌 게이츠나 워런 버핏은 부의 상당 부분을 빈곤층에게 나눠주고 있다. 불평등 해소방법은 피케티가 생각하는 것만큼 간단하지 않다"고 말했다.

이에 대해 피케티는 순자산에 대한 누진세를 매기는 방안이 부자들이 보기에도 잘못된 세금 제도를 개선할 수 있는 묘책임을 강조했다. 그는 미국의 재산세가 정률세로 부과되며, 50만 달러짜리 집을 가진 사람이 40만 달러의 대출을 받고 있음에도 재산세는 50만 달러에 대해 부과된다는 예를 들었다.

코틀리코프는 "이론을 무시하는 경제학자들은 위험하다"며 피케티의 경제학자로서의 자질을 공격했다. 이에 대해 피케티는 "불평등을 얘기하는 데 이론도 뒷받침돼야 하지만 역사적 데이터를 보면서 실증적인 분석을 해야 한다"고 반박했다.

국내 경제학자들 '1대 99' 뜨거운 논쟁

"피케티 교수의 정책적 제언은 한국에서도 의미가 있다. 양질의 교육에 대한 접근성을 확대해야 불평등을 해소할 수 있다."

(유종일 KDI 교수)

"최상위 계층에 대한 부유세 도입이 한국의 불평등 해소에 대한 해법이 될 수는 없다. 노동시장 개편, 중산층 확대가 더욱 중요하다."

(신관호 고려대 교수)

토론회에서는 토마 피케티 교수가 제시한 이론에 대한 한국 경제학자들의 치열한 토론이 이어졌다. 무엇보다 피케티 교수의 분석이 한국경제 상황에도 적용될 수 있는지, 그리고 그의 해법이 한국경제에도 도움이 될 수 있는지가 주 관심사였다.

전 청와대 경제수석인 조원동 중앙대학교 석좌교수는 '자본수익률이 경제성장률보다 높다'는 피케티의 가정이 한국에서는 적용되지 않는다고 주장했다. 그는 "2000년대까지 한국에서 자본수익률은 경제성장률보다 대체로 낮게 나타났다. 최근 들어서는 자본수익률이 높은 추세를 보이고 있지만, 이 또한 확정적인 추세로 볼 수는 없다"고 밝혔다. 그는 소득에 높은 세금을 매겨야 한다는 피케티 교수의 주장에 정면으로 반박했다.

조 교수는 "한국에서는 이미 부동산에 세금을 많이 부과하고 있는데 다른 자본에까지 높은 세금을 부과하는 것에 대해서는 부정적으로 생각한다"며 "누진적인 부유세를 도입하는 것은 기업활동을 억제하는 부작용을 낳을 수 있다고 생각한다"고 밝혔다. 부유세는 부동산 이외의 자본 축적에 부정적인 영향을 끼칠 수 있다는 주장이다.

이에 대해 피케티 교수는 누진세 도입은 '부의 이동성' 증가에 영향을 주는 것이지, 경제 성장에 악영향을 끼치지는 않는다고 반박했다. 그는 "누진적인 자본세는 자본 축적 자체에 불이익을 주는 것이 아니라 부의 이동성을 일으키기 위한 것"이라고 밝혔다.

신관호 교수 역시 피케티 이론을 한국에 그대로 적용하기에는 다소 무리가 있다고 진단했다. 피케티 교수는 1930년에서 1970년대까지 소득 불평등은 크게 완화됐다고 설명했다. 이는 세계대전과 대공황으로 인해 부의 대량 파괴가 나타났고 자본 과세가 이어지면서 나타난 이례적인 현상이라고 설명했다. 자본수익률이 떨어지면서 소득 불평등이 완화됐다는 설명이다.

신 교수는 "한국에서 1990년대 후반 IMF 사태가 나타나면서 재벌 기업들은 파산했고 부동산 가격은 폭락했다"며 "이 때문에 자본수익률은 큰 폭으로 내렸지만, 한국에서 소득 불평등은 IMF 이후 더욱 큰 폭으로 나타났다"고 설명했다. 피케티의 가정과는 반대되는 현상이 나타나고 있다는 지적이다.

그는 "물론 장기적으로 보면 피케티 교수의 이론이 맞을 수 있다고 보지만 지금 한국에서는 장기적인 해결책보다 단기적인 해결책이 필요한 시기"라며 "단기 문제 해결을 위해서 불평등이 왜 심화됐는지를 명확히 보는 것이 중요한데 한국에서는 중산층 감소와 정규직과 비정규직 노동시장 구조의 폐해가 불평등의 원인이라고 볼 수 있다"고 밝혔다. 피케티 교수는 신 교수의 의견에 동조하며 "노동시장의 상황 또한 소득의 불평등을 가져오는 중요한 원인이 될 수 있다"고 덧붙였다.

유종일 한국개발연구원(KDI) 국제정책대학원 교수는 "한국은 경제협력개발기구(OECD) 국가 중 미국, 이스라엘에 이어 소득 불평등 수준이 가장 높다"며 "게다가 한국 부유층의 부는 미국과는 달리 세습으로 이뤄진 경우가 많다"고 밝혔다. 이처럼 소득 불평등이 확대되다 보니 사회적인 갈등이 심화되고 있다고 지적했다. 그는 "예전에는 개인의 부지런함이 중요하다고 했지만, 최근에는 성공을 위해서는 집안의 배경, 학력이 중요하다고 생각하는 사람이 많아졌다"고 말했다.

사회로 나선 이지순 서울대 경제학과 교수는 "최상위층에만 부가 집중되고 부익부 빈익빈 현상이 심각해지고 있다는 피케티 교수의 진단은 분

명 의미 있는 지적이라고 생각한다"며 "피케티 교수의 지적을 바탕으로
한국경제의 성장을 위한 발전적인 해결책이 나올 수 있을 것으로 기대된
다"고 밝혔다.

피케티가 제시한 양극화 문제 해법

• 저소득층 교육 기회 확대

• 기술·지식 확산으로 성장률 제고

• 순자산에 누진적 자본세 부과

• 최상위 계층 한계소득세율 인상

• 고령화 사회 진입에 대한 대책 필요

"
부자 증세만큼
성장도 해법이
될 수 있다
"

토마 피케티
파리경제대 교수

"나의 주장은 시대와 국가와 관계없이 자본주의에선 무조건 소득 불평등이 확대된다는 게 아니다. 오히려 소득 불평등을 완화하는 반대 메커니즘도 분명 존재한다는 점이 중요하다."

피케티 교수는 〈매일경제〉와의 인터뷰에서 "한국에서도 지난 20년간 상위 1%와 10% 계층의 소득이 전체 소득에서 차지하는 비율이 계속 늘어나는 등 소득 불평등도가 확대되고 있다"고 전제하고 "그러나 그 정도는 미국보다는 나쁘지 않고, 일본이나 유럽과 비슷한 수준"이라고 분석했다. 피케티 교수는 이어 "정책 처방과 관련해서도 높은 세금을 매겨 자본수익률을 떨어뜨리는 것만이 해답이 아니다"며 "소득 불평등 해소를 위해 경제성장률을 높이는 노력이 똑같이 중요하다"고 말했다.

그는 유럽과 미국에서 과거 150여 년간 자본수익률이 경제성장률보다 높았기 때문에 소득 불평등이 심화됐다는 점을 방대한 역사 자료 분석을 통해 보여줬다. 이 같은 실증연구를 바탕으로 그는 '글로벌 부유세' 등을 신설해 자본수익률을 낮춰 불평등도를 줄여야 한다고 주장했다. 하지만 그가 한국에 대해 내놓은 해법은 미국과 유럽에 관해 주장했던 '증세론'과는 다소 달랐다.

피케티 교수는 "자본주의경제 내에서도 소득 불평등을 줄이기 위한 효과적인 메커니즘이 존재한다"며 "특히 고급 지식과 교육의 확산이 경제적 불평등 해소를 위해 중요하다"고 강조했다. 지식과 교육 개발을 통해 개발도상국이 선진국을 따라잡을 수 있고 한 국가 내에서도 하위 계층의 소득을 증대시킬 수 있다는 주장이다. 그는 경제적 불평등 해소를 위해 교육 서비스가 모든 계층에 포괄적으로 제공될 수 있는 제도를 마련하는 것이 중요하다고 역설했다.

토마 피케티 교수는 한국에서 조세 체계를 보다 누진적으로 만들어 자본 수익률을 낮추는 정책도 병행돼야 한다고 지적했다. 그는 "성장의 과실이 소수 계층에 집중되지 않도록 조세제도를 누진적으로 개편하는 것이 필요하다"고 했다. 이 같은 조세제도의 개편은 그가 《21세기 자본》에서 주장한 내용과 일맥상통한다. 조세제도 개편을 통해 자본 수익률을 다소 낮추고 지식 개발 등을 통해 경제성장률을 높이면 한국에서의 소득 불

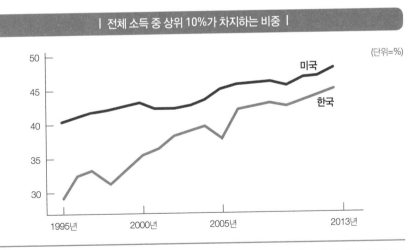

| 전체 소득 중 상위 10%가 차지하는 비중 |

자료: 김낙년·김종일 동국대 교수

평등도는 크게 개선될 것이라는 분석이다.

또 피케티 교수는 현실을 감안할 때 '글로벌 부유세'가 조만간 실현되기는 어렵다는 점을 인정했다. 그는 "전 세계 모든 국가가 통일된 부유세를 조만간 시행할 것이라고는 기대하지 않는다"며 "하지만 금융제도를 투명화하고 조세 피난처를 줄이기 위한 국제 공조는 필요하다"고 지적했다. 그는 개별 국가 내에서도 현재보다 더 공평한 조세제도를 구축하는 것이 필요하다고 강조했다.

'과격한 증세론자'라는 세간의 지적에 대해서도 해명했다. 그는 우선 근로자들의 노동 소득에 대해서는 세금을 줄여야 한다고 지적했다. 피케티 교수는 "근로자들이 노동력을 제공하고 받는 노동 소득에 대해서는 세율을 0%에 가깝게 줄여줄 필요가 있다"고 했다. 또 그는 "자기가 살 집을 모기지론 등을 통해 구입한 사람들에 대해서도 세금을 낮춰줘야 한다"고 강조했다. 피케티 교수는 "내가 주장하는 부유세는 재산에서 부채를 뺀 순자산에 부과하는 것"이라고 개념을 정리했다. 그는 "순자산이 매우 많은 사람에 대해서만 더욱 높은 세율을 적용하자는 것이 내가 주장하는 부유세의 원리"라고 밝혔다.

피케티 교수는 부유층과 저소득층 간 계층 이동의 중요성에 대해서도 역설했다. 경제학계 일각에서 제기되고 있는 '피케티의 이론은 계층 간 이동을 도외시한 이론'이라는 비판에 대한 해명이다. 그는 "사회적인 계층 이동이 현재보다 역동적으로 발생할 수 있는 시스템을 만드는 것"이라고 했다. 뒤이어 "상속 재산이 거의 없고 자신의 근로소득만으로 살아가는 사람들도 부를 쌓을 수 있도록 도와주는 시스템을 구축하는 것이 매우 중요하다"고 강조했다.

한국이 최근 도입한 '기업소득 환류세제'에 대한 입장도 밝혔다. 기업소득 환류세제는 기업들이 배당이나 임금 지급을 하지 않고 이익을 과도하게 회사 내에 쌓아둘 경우 세금을 물리는 제도다. 피케티 교수는 "특정 기업이나 특정한 경우에 대해 세금을 부과하는 시스템에 대해서는 회의적인 생각을 하고 있다"며 "모든 소득과 이윤에 대해 일괄적인

피케티 교수는 세계지식포럼 사전행사의 강연을 통해 "지금은 민주주의와 부의 분배, 시장의 힘이 더 필요한 시기"라고 강조했다

세율을 부과하는 제도가 더욱 바람직하다"고 했다.

기업에 세금을 더 부과하기 위해서는 법인세 인상 등 보편적 증세를 통해 세금을 더 거둬들여야 한다는 지적이다. 그는 특정 기업이나 개인을 겨냥한 세금제도를 만들어 놓으면 기업들이 세금을 회피하기 위해 제도를 악용하는 부작용이 발생할 수 있다는 점을 강조했다.

피케티 교수는 "한국을 포함해 많은 나라에서 소득과 부가 형성되는 역사를 연구함으로써 배울 수 있는 점이 상당히 많다"고 말했다. 그는 이어 "경제적 불평등의 문제는 영원히 우리가 해결해야 할 과제"라며 "가장 좋은 대책을 만들기 위해 각국의 역사를 공부하는 것이 매우 중요하다"고 밝혔다.

"
소득 불평등
해소 위해선
임금 격차부터 줄여야
"

로런스 코틀리코프
보스턴대 경제학과 교수

로런스 코틀리코프 교수는 로널드 레이건 정권 당시 경제자문위원회 시니어 이코노미스트를 역임한 우파 경제학자로 이름이 높다. 2012년 미국 대선 당시 제3후보 운동에 동참해 대선 후보로 출마했던 그는 지금도 조세연구센터장 등을 맡아 현실경제에 깊이 관여하고 있다.

그는 "자본 축적은 이자율 하락으로 이어져 자본 격차를 해소하는 효과가 있다"며 "상대적으로 임금 격차 해소가 더욱 시급한 과제"라고 거듭 강조했다. 이어 "장기간을 놓고 봤을 때 '슈퍼리치'의 사회적 이동성이 높다는 것 자체가 임금이 부를 결정하는 핵심 변수임을 보여주는 것"이라고 덧붙였다.

또한 미국 실증 데이터를 인용하며 "상속·증여 등을 통해 부가 대물림되는 비율은 예상만큼 높지 않다"고 주장했다. 오히려 "빌 게이츠, 워런 버핏 등의 사례에서 보듯 부유층의 소비와 기부는 부를 확대하는 선순환을 만든다"고 설명했다. 오히려 "소득 불평등은 자본수익률(r)보다는 기술 변화로 인해 변하는 경쟁 환경과 각종 사회제도 등 유·무형의 요인에 의해 좌우된다"고 말했다. 예를 들어 앞으로 드론(무인기) 도입으로 택배업이 사라질 경우 근로자 간 임금 격차가 커질 것이라는 게 그의 설명이다.

더 나아가 코틀리코프 교수는 당장 눈에 보이는 소득 격차만으로 '불평등'을 말해선 안 된다고 주장했다. 그는 "중산층은 연금과 의료보험 등 각종 사회보험 제도를 통해 노후로 옮겨지는 소득이 존재한다"며 "하위층도 공적 지원을 통해 소득을 보전받는 비율이 높다"고 분석했다. 이어 "미국의 경우 연금·사회보험 등 공공 부문 규모만도 60조 달러로 민간 전체의 자산(50조 달러)보다 많다"며 "상위 1%로의 소득 집중도보다 빠른 속도로 공공 지원 규모가 늘어나고 있다"고 지적했다. 이런 정책 요인을 고려할 때 결국 사회 전체적으로 부의 불평등보다는 실질적인 '소비' 불평등에 대한 연구가 필요하다는 게 그의 주장이다.

그는 부유세 등의 새로운 세제 도입에 대해선 반대 관점을 밝혔다. 그는 "미국은 이미 충분히 많은 조세·준조세를 갖고 있다"며 "현재 세제 하에서 해법을 찾는 게 중요하다"고 말했다. 또한 "불평등을 해소하는 마법은 없다"며 "최선의 해법은 양질의 교육"이라고 단언했다. 결국 교육을 통해 양극화 갈등을 이념적으로 해소하는 동시에 소득의 상향 평준화를 이뤄야 한다는 게 그의 주장이다.

그러면서도 그는 "교육 확대가 결과적인 평등을 보장하지는 않는다"며 "소득 불평등이 바꿀 수 없는 '결과'가 아니라 단지 경제적인 '현상'일 뿐이라는 점을 명확히 인식해야 한다"고 설명했다.

이런 현상을 치유하기 위해 복지 제도를 통한 부의 재분배가 필요하다는 점에는 코틀리코프 교수도 동의했다. 그러나 그는 "복지는 공짜가 아니다"며 "많은 나라가 누구를 얼마나 도와야 할지에 대한 분명한 기준도 세우지 않은 채 (수치적인) 복지 확장에만 집중하고 있다"고 지적했다. 코틀리코프 교수는 "복지 지출은 세대 간 형평성을 해치지 않는 범위 내에서 경제적 유인책을 높이는 방안으로 디자인돼야 한다"고 강조했다.

피케티 X파일 총정리

2014년 세계적으로 가장 화제를 몰고 온 인물은 토마 피케티 파리경제 대 교수다. 경제와 사회현상에 조금이라도 관심이 있는 사람들은 그의 이름을 숱하게 들어봤다. 경제학자를 비롯해 자칭 지식인들은 누구나 피케티에 대해 한두 마디씩 뱉어낸다. 그러나 피케티의《21세기 자본》은 세계에서 가장 많이 팔린 책 중 하나지만 또한 사놓고 가장 읽지 않는 책이기도 하다. 피케티가 내놓은 '소득 불평등'과 '부유세를 통한 불평등 완화'라는 거대 담론에 대한 논평은 쏟아지지만 정작 그에 대한 이해도는 매우 낮다. 피케티를 둘러싼 여러 가지 오해에 대해 정리했다.

① 피케티는 사회주의자인가?

숱한 지식인과 언론들이 이데올로기적으로 그를 공격한다.《21세기 자본》이라는 제목부터 19세기 사회주의 창시자인 카를 마르크스의《자본론》을 연상시킨다. 피케티가 내놓은 '소득 불평등' 담론도 마르크스가 내놓은 '자본의 집적과 집중'과 관련이 깊은 것처럼 보인다. 그가 사회주의자 내지는 좌파 경제학자로 분류되는 이유다. 하지만 피케티는 그의 저서에서 "몰락한 사회주의 독재에 대해서 손톱만큼의 애정도 없다"고 명시했다. 그는 또 "사회적 불평등이 정당화될 수 있다면 이를 비난할 근거는 없다"고 밝혔다. 굳이 분류하자면 우파적 분위기까지 풍긴다.

하지만 그가 내놓은 '글로벌 부유세'라는 불평등 해소 방안은 자유주의

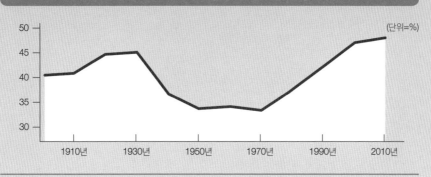

자료: 피케티 교수

경제학자들을 비롯해 보수층의 강한 반발을 사고 있다. 그가 자신은 사회주의에 대한 애정이 없다고 밝히고 있지만, 그가 내놓은 대안이 사회주의적 방안으로 인식되면서 생긴 아이러니다.

② 자본주의의 미래는 암울한가?

피케티가 자본주의의 문제점을 제기한 것은 이론의 여지가 없다. 불평등은 자본주의가 안고 있는 문제다. 사회주의를 주창했던 마르크스는 자본의 수익률이 갈수록 떨어져 공황이 발생한다고 보았지만, 피케티는 자본의 수익률이 올라간다는 것을 데이터를 통해 증명했다.

특히 그는 지금 상태라면 자본주의 시장경제가 완벽하게 작동할수록 자본의 수익률과 경제성장률 간 차이는 벌어진다고 봤다. 두 지표 간 격차가 커지면 소득 불평등은 한층 심화된다. 마르크스와 정반대 논리를 펴면서 자본주의가 내포한 문제를 진단한 것이다.

하지만 피케티가 자본주의의 미래를 암울하게 보았는지는 의문이다.

그는 오히려 자본주의가 21세기에도 제대로 작동하기 위한 고민을 털어 놓는다는 인상이 짙다. 사회주의적 처방을 배격하면서도 시장주의만이 해법이 될 수 없다며 양 극단을 배제한 주장이 그렇다. 그가 내놓은 대안 은 어찌 보면 시장의 실패를 바로잡기 위해 정부가 개입해야 한다는 케인 지언(케인즈학파)의 분위기도 풍긴다.

③ 한국을 어떻게 진단하는가?

피케티의 분석 대상은 기본적으로 선진국이다. 그가 분석한 국가는 미 국, 영국, 프랑스다. 모두 자본주의가 안정기에 들어선 국가들이다. 데이 터가 풍부하다는 점도 이들 국가가 분석 대상이 된 이유다. 그는 소득과 재산의 불평등 정도는 자본주의 성장기에는 줄어들다가 성숙기에 들어서 면 급속히 증가한다고 분석한다. U자형 불평등 곡선이 형성되는 이유다.

한국은 자본주의적 체제가 본격적으로 들어선 시점이 1960년대 이후 다. 하지만 한국은 다른 선진국보다 발전 속도가 훨씬 빨랐다. 이 때문에 그가 어떻게 한국의 발전 단계를 진단할지 관심거리가 되고 있다.

그는 책에서 영국과 프랑스를 1870년부터 2010년까지 140년간 자본주 의가 형성되고 발전된 시기로 봤다. 반면 한국은 자본주의 역사가 고작 50년밖에 안 된다. 그는 이번 방한에서 "2판을 출간할 때는 한국 사례를 추가할 것"이라고 밝혔다. 한국의 자본주의 성숙도를 어떻게 진단하는지 에 따라 불평등의 진행 상황과 정책 대안이 달라질 수 있어 주목된다.

④ 미국식 방법론은 옳은가?

피케티는 원래 수학을 전공한 학생이었다. 이후 대학원에서 경제학으로 전공을 바꿨다. 미국 경제학이 한창 주목받을 때 미국으로 건너가 공부한 경험도 있다. 그러나 수학에 기반을 둔 모델 위주의 미국 경제학에 회의를 느끼고 프랑스로 다시 돌아갔다. 그의 경제학 방법론은 수학과 통계학에 기반을 둔 경제학 방법론과 차별화된다.

그는 책에서 '기존 경제학자들이 수학에 집착하면서 정작 우리가 풀어야 할 복잡한 사회현상들에 해답을 주는 것을 등한시한다'고 지적했다. 수학을 전공한 피케티의 책에서 수식은 거의 찾아볼 수 없다. 피케티의 경제학에 대한 생각은 미국 위주의 경제학 방법론에 치중한 국내 경제학계에도 시사하는 바가 크다.

'1% VS 99%' 그리고 자본주의의 미래

- 제러미 리프킨 소장 "사물인터넷에 기반한 협력사회가 자본주의를 업그레이드한다"
- 타일러 코웬 교수 "창의력·설득력·브랜딩 능력 갖춘 사람이 부를 독차지할 것이다"
- 제임스 갤브레이스 교수 "자본주의 관리할 거버넌스가 작동해야 한다"

"사물인터넷은 경제생활의 투명성을 높일 것이고 경제 모델은 '소유'에서 '공유'
로 변한다. 이것이 자본주의의 미래다."

(제러미 리프킨 미국 경제동향연구소 소장)

고전학파, 신고전학파, 마르크스주의, 케인스주의 등 경제학은 20세기 이후 수많은 이론으로 분화됐다. 우리가 학교에서 배우는 경제학은 대부분 신고전학파에 토대를 둔 주류 경제학이다. 그러나 2008년 글로벌 금융위기를 겪으면서 주류인 신고전주의만으로는 세계가 직면한 위기의 원인과 극복 방안을 찾기 어렵다는 목소리가 높아졌다.

토마 피케티 교수는 저서 《21세기 자본》에서 이런 논란에 불을 지폈다. 성장에도 불구하고 불평등이 심해지는 자본주의에 대해 신랄하게 비판한 것이다.

이에 대한 해결책 모색을 위해 열린 '1% 대 99% 대토론회 2부: 자본주의의 미래' 세션에서는 자본주의가 불평등 심화의 주범인지, 자본주의의 지속 가능성을 높이기 위해 필요한 것은 무엇인지 난상토론이 벌어졌다. 토론에는 제임스 갤브레이스 텍사스대 교수, 제러미 리프킨 미국 경제동향연구소 소장, 타일러 코웬 조지메이슨대 교수, 안충영 동반성장위원장이 참여했다.

《소유의 종말》,《3차 산업혁명》 등의 책에서 기술 발전이 우리 사회에 미치는 영향을 예측하며 주목받았던 리프킨 소장은 "2008년 금융위기로 2차 산업혁명이 종말을 고한 이후 사물인터넷(IoT)에 기반한 협력적 공유경제가 현재의 자본주의를 점차 대체해나갈 것"이라고 전망했다. 리프킨 소장이 말하는 협력적 공유경제는 통신·운송·에너지가 하나의 네트워크로 결합해 재화와 서비스를 1단위 더 생산하는 데 드는 비용(한계비용)이 제로(0)에 수렴하고, 그에 따라 소유 대신 나눔과 접근성의 개념이 경제활동의 중심으로 자리 잡는 것이다.

리프킨 소장은 공유경제 개념에 대해 '강남스타일'로 전 세계에서 히트를 기록한 가수 싸이를 예로 들었다. 그는 "싸이는 유튜브를 통해 (강남스타일 뮤직비디오) 10억 뷰를 한계비용 없이 달성했다"며 "젊은이들이 유튜브로 엔터테인먼트를 만들어 공유하는 건 혁명이고 일종의 경제민주화"라고 설명했다.

그는 "20년 뒤면 IoT가 인류를 100% 연결할 것"이라며 "인터넷에 연결된 모두가 누구도 뒤처지지 않고 원하는 정보를 습득할 수 있는 완벽히 투명한 경제생활을 누릴 수 있다"고 강조했다.

영국 〈이코노미스트지〉가 '현대를 이끄는 사상가 10명' 중 한 명으로 꼽

양극화 해법을 모색하는 '자본주의의 미래' 세션에서 참석자들이 자본주의의 지속가능성을 높이는 방안을 토론하고 있다. (왼쪽부터) 사회자인 닉 고잉 BBC앵커와 제임스 갤브레이스 텍사스대 교수, 제러미 리프킨 경제동향연구소장, 타일러 코웬 조지메이슨대 교수, 안충영 동반성장위원장

은 코웬 교수는 현 자본주의의 위기를 '신자유주의에서 비롯된 금융계의 탐욕과 이에 따른 소득 불균형'이라고 요약했다. 코웬 교수는 "창의력이 뛰어난 상위 10% 정도만 높은 임금을 받고 나머지는 저소득층으로 전락하는 극단적인 불평등을 경험하게 될 것"이라며 "자본주의의 미래는 창의력, 설득력, 브랜딩 능력을 갖춘 사람만이 부를 독점하는 시대"라고 강조했다.

코웬 교수는 피케티 교수가 주장한 '고소득자의 누진과세'에 대해 "아마추어적인 발상"이라며 강하게 반박했다. 그는 "전체 사회의 부를 증진시키기 위해선 각각의 이슈마다 실용적이고 합리적으로 해결해야 한다"며 "실질적인 최저임금, 사회복지 정책 강화, 의료·교육 서비스 제공 등 개인이 잠재력을 발휘해 사회에 이바지할 수 있게 하는 게 우선"이라고 말했다.

존 메이너드 케인스 이후 최고 경제학자로 꼽히는 故 존 갤브레이스 교수의 아들인 제임스 갤브레이스 텍사스대 교수는 "한국의 불평등지수는 산업화 과정에서 크게 높아졌지만, 비정상적인 수준은 아니다"라며 "라틴 아메리카와 선진국의 중간 정도"라고 평가했다.

갤브레이스 교수는 "신자유주의가 강했던 지난 30여 년 동안 정부가 감독자 역할을 하지 못해 아시아 외환위기, 중남미 부채위기, 러시아 디폴트, 서브프라임 사태 등이 발생한 것"이라며 "자본주의를 관리할 거버넌스(governance)가 제대로 작동하지 않았기 때문에 불평등이 더욱 심해졌다"라고 분석했다.

그는 "글로벌 불평등을 심화시켰던 신자유주의가 급속히 퇴조하고 있다"며 "시장 실패가 발생하면 정부가 적절히 개입해 실패를 바로잡고 시장을 유지해야 하며 시장 성공을 위해서는 정부가 항구적으로 개입해야 한다"고 강조했다.

안충영 동반성장위원장은 "불평등 해소와 성장은 충돌되는 게 아니라 함께 가는 것"이라고 강조했다. 그는 "포용성장을 위해 교육과 고용 기회의 형평성을 높이고, 생산적 복지를 강화해 경제성장과 사회적 발전의 시너지 효과를 얻을 수 있도록 해야 한다"고 말했다.

"
누진세 도입보다
상속세 강화가
필요하다
"

제임스 갤브레이스
텍사스대 린든존슨공공정책
대학원 교수

"지금 필요한 것은 (피케티가 주장하는)누진적 부유세가 아니라 부의 대물림을 막기 위한 상속세제의 강화다."

제임스 갤브레이스 텍사스대 린든존슨공공정책대학원 교수는 최근 〈매일경제〉와 인터뷰하면서 전 세계적으로 만연한 불평등(inequality)을 해소하기 위해선 자본과세인 부유세를 새로 도입하기보다는 기존 상속세의 역할에 무게를 실어야 한다고 주장했다.

제임스 갤브레이스 교수는 프랑스 경제학자 토마 피케티 파리경제대 교수의 불평등 논란과 해법에 대해 "난 피케티 반대론자로, 그의 분석은 지극히 아마추어적이었다"며 반대 의견을 분명히 밝혔다.

특히 그는 "피케티는 금융에 기반을 둔 부의 불평등에 논리의 초점을 맞추면서도 분석 단계에서는 국민소득을 자본의 지표로 삼는 등 혼동이 있었다"고 꼬집었다. 이어 "피케티는 궁극적으로 (불평등 해소를 통해) 다시금 경제 성장을 회복해야 한다는 논리를 내세웠다"며 "정작 경제 성장을 위해선 물리적자본이 필요한데, 그는 금융자본에 관한 주장에 집착해 논리의 한계를 벗어나지 못했다"고 덧붙였다.

다만 그는 현재 세계적으로 부의 불평등이 심화되고 있다는 피케티의 주장 자체는 인정했다. 그는 최근 불평등 심화의 원인으로 2008년 글로벌 금융위기를 꼽았다. 갤브레이스 교수는 "역사적인 데이터를 살펴본 결과 세계경제에 금융 충격이 있을 때 경제 불평등이 심화된다는 공통적인 패턴을 발견할 수 있었다"고 말했다.

이 같은 분석의 연장 선상에서 갤브레이스 교수는 국가가 세제·금융정책을 통해 충분히 불평등을 '관리·통제'할 수 있다고 주장했다.

그는 불평등을 혈압(blood pressure)에 빗대며 "완전한 통제는 어렵더라도 방향성은 바로잡을 수 있다"고 말했다. 갤브레이스 교수는 "멈출 수 없는 트렌드는 없다"며 "불평등을 근본적으로 해결하기 위해선 긴 회복 기간이 필요할 것"이라고 내다봤다.

해법과 관련해 갤브레이스 교수는 "피케티식 누진세제와 같은 자본세제에 비해 상속세는 논리적으로 명쾌하면서도 효과가 확실하다"며 기존 상속세제 강화를 주장했다. 부의 세대 간 대물림을 막고 재분배를 촉진하기 위해선 상속세 기준과 세율을 높이고 과세 사각지대를 없애면 된다는 게 그의 논리다.

그는 한 예로 "미국의 경우 비영리 공공기관이 전체 고용의 8%를 차지하는데, 이를 지탱하는 자금의 상당 부분이 상속세 재원에 의한 것"이라며 "최근 상속세제가 약화되면서 비영리기관의 활동이 위축되고 있고, 이는 결국 불평등 심화라는 사회 현상으로 이어지고 있다"고 설명했다.

또한 갤브레이스 교수는 글로벌 금융기관들의 재정비가 시급하다고 주장했다. 그는 "불평등의 기저에 금융 충격이 있는 만큼 글로벌 금융기관에 대한 규제가 필요하다"며 "이들 '공룡' 금융기관을 조정할 역량이 있는 선진국들이 나서야 할 때"라고 말했다.

미국은 여전히 확장정책 펴야할 때

· 재정적자 걱정보다는 재정확대에 힘쓸 때
· 탄력받았을 때 성장에 박차 가해야, 그렇지 않으면 얻는 것보다 잃는 것 크다
· 유럽·일본 불확실성 커져···독일이 구원투수로 나서야

진 스펄링(Gene Sperling) 前 미국 국가경제자문회의 의장은 미국의 역습을 논하기에는 아직 성급한 시점이라고 일침을 놓았다. 그는 세계지식포럼에서 "지금은 경제 성장세 회복에 탄력을 줘야 할 때"라며 "미국은 재정정책을 확대하고 금리 인상 시기는 가능한 한 뒤로 미뤄야 한다"고 강조했다.

또한 "아직 재정적자를 염려할 시점이 아니다"며 각국 정부가 더 적극적으로 경기부양에 나서야 한다고 역설했다. 적자재정의 폐해를 문제 삼아 균형재정으로 돌아서야 한다는 주장을 정면 반박한 것이다.

그는 미국 최초로 두 명의 대통령을 보필하며 경제 자문을 맡았다. 빌 클린턴 前 대통령과 버락 오바마 현 대통령 정부에서 미국경제 정책 입안 등을 주도했다. "지금 이 순간이야말로 세계경제 성장을 위해 다 함께 나

진 스펄링 미국 국가경제자문회의(NEC) 의장은 세계지식포럼에서 "미국은 재정정책을 확대하고 금리 인상 시기는 가능한 뒤로 미뤄야 한다"고 강조했다

아가야 할 때"라고 목소리를 높인 그는 "확장적 재정·통화정책을 계속하면 다시 부동산 버블이 오고 정부 적자가 심각해질 것이라는 시각이 있다"면서도 "그러나 조금이라도 탄력을 받았을 때 성장에 박차를 가하지 않으면 앞으로 얻는 것보다 잃는 게 훨씬 많을 것"이라고 주장했다.

스펄링 전 의장은 미국 외 경제가 여전히 회복 기미를 보이고 있지 않다는 점을 가장 중요한 근거로 들었다. 그는 "최근 미국 경제가 회복 신호를 내고 있지만 유럽과 일본의 불확실성은 다시 커지고 있다"며 "아직 1% 성장도 버거운 유럽·일본이 다시 침체로 돌아서면 세계경제의 미래는 결코 밝아질 수 없다"고 염려했다. 이어 "세계경제에 활력을 불어넣기 위해 각국은 창의적으로 재정정책을 펼칠 수 있는 열린 사고를 해야 하고 수요 진작을 위한 노력을 기울여야 한다"며 "사회 기반시설 투자, 임금 인상, 내수 촉진 등을 위한 정책을 적극적으로 검토해야 한다"고 말했다.

최근 쟁점이 된 미국의 기준금리 인상 시기도 최대한 늦춰야 한다고 했다. 스펄링 전 의장은 "미국 연방준비제도이사회가 이른 시기에 금리를 올리지는 않으리라고 본다"며 "물가 상승 우려가 현실화할 때까지 금리 인상을 미뤄야 한다"고 말했다. 그는 "아직 일자리를 구하는 미국인들이 700만 명이나 된다"며 "실업률이 더 떨어지고 임금이 인상되기 시작하면 물가 상승 압력이 나타날 텐데, 이때가 금리를 인상할 시점"이라고 부연했다.

스펄링 전 의장은 유럽경제 회복 과정에서 독일의 역할론을 강조했다. 그는 "최근 마리오 드라기 유럽중앙은행 총재가 재정적 능력이 되는 나라의 더 많은 도움이 필요하다고 말했는데, 그게 어느 나라를 두고 한 말인지 아느냐? 바로 독일이다"라고 말했다. 뒤이어 "독일은 3년 연속 경상수지 흑자 7% 이상을 기록하고 있어 재정적 여력이 있다. 독일이 나서야 한다"고 강력히 주장했다.

유럽 은행들의 과감하고 신속한 구조개혁도 주문했다. 다만 대출 회수를 통해 위험 노출도를 줄일 게 아니라 자기자본을 늘리는 쪽으로 방향을 잡아야 한다고 설명했다. 스펄링 전 의장은 "은행들이 자기자본비율을 맞추기 위해서 대출을 줄이면 일반 기업들이 어려워져 경제 회복에 걸림돌이 된다"며 "이보다는 증자를 통해 자본을 늘리는 것이 경제 전반을 위해 맞는 방향"이라고 말했다.

일본에 대해서는 아베노믹스의 '엔저정책'을 재고해야 한다고 지적했다. 그는 "최근 일본 내에서도 엔화 약세가 중소기업과 소비자들에게 불이익을 주고 있다는 목소리가 커지고 있다"며 "경제를 위해 모든 수단을 총동원한다는 생각에는 동의하지만, 엔화 약세가 과거만큼 경제 성장에 도움을 주는 것 같지는 않다"고 평가했다. 이어 "환율을 움직이려는 의도가 장기적으로 역효과를 불러올 가능성이 있다"고 덧붙였다. 중국경제의 경착륙 가능성도 조심스럽게 언급했다.

스펄링 전 의장은 "중국은 부동산 버블, 기업들의 과잉 부채 등 문제에 직면했다는 지적이 있다"며 "하지만 중국정부가 경제 구조조정 속도를 조절하면서 경착륙을 막을 수 있는 능력을 가지고 있다고 생각한다"고 말했다.

Speaker's Message

사람들은 재정정책을 단지 적자를 얼마나 잘 줄였는지만으로 판단한다. 그러나 우리에게 필요한 것은 재정확대다. 모든 국가들이 확장적인 재정정책을 통해 서로 긍정적인 성장 피드백을 얻어야 한다.

People only judge fiscal discipline by looking at how to reduce deficit. But what we need is a fiscal growth. Every country should lean toward pro-growth through fiscal policy.

- 진 스펄링

"

한국,
친성장 기조를
유지하라

"

진 스펄링
미국 국가경제자문회의 前 의장

"한국도 친성장(pro-growth) 기조를 유지해야 한다. 한국 정부는 이미 확장적 재정정책을 추진하고 있다. 이에 발맞춰 한국은행이 기준금리를 추가로 인하해야 한다는 주장에 동의한다."

진 스펄링 전 미국 국가경제자문회의 의장은 〈매일경제〉와의 인터뷰에서 한국은행이 경제 성장에 대한 지원 사격으로 금리를 인하해야 한다고 말했다. 그는 "장기적인 성장 동력을 확보한다는 차원에서 모든 경제 주체들이 경제 성장에 무게 중심을 두고 함께 움직여야 한다"며 "강력한 수요를 창출하는 재정정책과 통화 완화 정책은 함께 추진돼야 효과가 커진다"고 강조했다.

스펄링 전 의장은 1990년대 말 빌 클린턴 전 미국 대통령의 수석경제자문 자격으로 방한한 이후 두 번째로 세계지식포럼 참석차 한국을 방문했다. 지난 3월 버락 오바마 정부의 NEC 의장직에서 물러난 후 대중 강연은 처음이라고 밝혔다. 그는 한국경제의 기초여건을 긍정적으로 평가했다. 스펄링 전 의장은 "한국은 수출 중심으로 이미 기초여건이 강한 나라"라며 "박근혜 대통령의 의지대로 내수와 소비 촉진이 잘 이뤄진다면 경제 기초가 더 탄탄해질 것"이라고 말했다.

한·미 자유무역협정(FTA) 체결의 주역이기도 한 그는 "오바마 정부에서 한·미 FTA는 가장 손꼽히는 경제 성과 중 하나"라며 "미국 어디에서나 한국 제품을 찾을 수 있으며 특히 젊은이들이 한국 제품을 좋아한다"고 전했다. 또 "미국은 IT 기반 교육 분야에서 한국을 추격해야 한다"며 "미국 학교 교육에 컴퓨터 기반 시스템을 도입할 때 한국의 기술을 참고했다"고 덧붙였다. 강연 도중 첫째 아들이 한국인 여자친구와 교제 중이라고 언급해 관객들의 관심을 끌기도 했다.

스펄링 전 의장은 한국의 기준금리 인하 필요성을 얘기하면서도 그것이 다른 나라와 경쟁적으로 통화 가치를 하락시키는 방향이 돼서는 안 된다고 강조했다.

아직 세계경제는 희망이 있다

- 세계경제, 구조적 장기침체로 볼 근거 없다.
- 부의 불평등이 확산되고 있다는 것은 측정오류에 불과하다.
- 위안화가 기축통화가 될 가능성이 있다. 유로존은 무너지지 않을 것이다.

                                           - 케네스 로고프 교수

세계경제가 2008년 글로벌 금융위기 이전으로 돌아가는 것은 불가능한가? 선진국의 경제는 정점을 찍고 내리막길을 걷고 있는가? 구조적 장기침체론(secular stagnation)은 '그렇다'고 주장한다. 그러나 케네스 로고프 하버드대 교수는 "아직 세계경제는 희망이 있다"며 장기침체론에 대해 강하게 반박했다.

로고프 교수는 세계지식포럼 세션에서 "장기적으로 보면 세계경제는 평균적인 수준의 성장률을 기록해 왔다. 현재 침체의 늪도 영구적이지는 않을 것으로 본다"고 말했다.

그는 "금융위기 이후 정상화에는 6~7년의 세월이 소요된다"며 세계경제가 되살아나지 못하는 이유로 '구조적 장기침체'를 주장하는 것은 바람직하지 않다고 설명했다. 또한 로고프 교수는 "장기침체의 원인으로 수요

케네스 로고프 하버드대 교수는 세계지식포럼에서 "세계경제는 아직 금융위기 여파에 시달리고 있다"며 "현재 상황을 구조적 장기침체로 보는 것은 성급한 판단"이라고 말했다

위축을 꼽는 것은 가격조정의 기능을 무시하는 것"이라고 덧붙였다.

이런 주장의 연장 선상에서 그는 "장기침체의 원인이 지나친 재정긴축이라는 세간의 주장은 바람직하지 않다"며 "재정확장을 통해 수요를 늘려야 한다는 주장에는 동의하기 어렵다"고 강조했다.

로고프 교수는 중국과 유럽경제의 미래에 대해서도 낙관했다. 그는 "중국은 점점 더 강해지고 결국 위안화가 기축통화가 될 수 있을 것"이라며 "20~30년 후에는 미국을 앞지를 수도 있다"고 내다봤다. 최근 학계에서 제기되는 중국 경착륙론 등 비관론에 대한 반대 견해를 분명히 밝힌 셈이다.

다만 최근 중국의 내수 활성화 정책에 대해서는 "내수 중심의 서비스 경제는 변화의 유인이 적고, 독과점으로 보호받으려는 유인이 강하기 때문에 혁신이 쉽지 않다"며 "미국은 반독점법 제정 등을 통해 이런 문제를 차단했지만, 중국은 이런 조처를 하기가 쉽지 않을 것"이라고 봤다.

유럽에 대해서도 로고프 교수는 "유럽은 정치·경제적으로 더욱 통합의 길을 걷게 될 것"이라며 "유로존이 무너질 것이라고는 생각하지 않는다"고 말했다. 좌장으로 나선 김준일 한국은행 부총재보는 "내수 중심 성장을 위해선 가장 중요한 출발점이 금융일 수밖에 없다"며 "신흥국의 경우 금융을 통한 효율적인 자원배분 기능이 성숙해 있지 못하다"고 지적했다.

" 돈줄 죄는 미국과
돈줄 푸는 유럽 사이에서
신중 대응을 "

장 클로드 트리셰
前 유럽중앙은행 총재

"당분간 미국과 유럽은 통화정책 면에서 서로 다른 길을 걷게 될 것으로 본다. 한국의 신중한 대응이 요구된다."

장 클로드 트리셰 전 유럽중앙은행 총재는 〈매일경제〉와의 인터뷰에서 "셰일가스 혁명 등을 통해 장기 성장세를 회복한 미국과 달리 여전히 유럽은 글로벌 금융위기의 여파에서 벗어나지 못하고 있다"며 이같이 말했다.

트리셰 전 총재는 "인플레이션 측면에서도 안정적인 물가 기조를 보이고 있는 미국과 심각한 디플레이션 위기에 처한 유럽은 명확히 나뉜다"며 "유럽과 미국은 서로 다른 경제순환주기(cycle)에 접어들었다"고 분석했다. 그는 "결국 (양적완화 종료를 눈앞에 둔) 미국 연방준비제도와 달리 유럽중앙은행은 상당 기간 통화공급 정책을 이어가게 될 것"이라고 진단했다. 다만 그는 "이 같은 미국과 유럽의 엇갈리는 중앙은행의 통화정책이 한국에 큰 영향은 미치지 않을 것"이라면서도 "섬세하고 신중한 대응이 필요하다"고 조언했다.

한국 등 신흥국들은 경기 부진에 따른 추가적 금리 인하 압박과 미국의 금리 정상화 임박에 따른 부담을 동시에 안고 있는 상황이다. 트리셰 전 총재는 최근 유럽 등 선진국의 장기 침체론에 대해 "모든 것을 금융위기의 영향으로만 설명할 수는 없다"며 "이보다는 구조적인 문제"라고 지적했다. 그는 선진국 침체를 부른 구조적 요인으로 세계화와 고령화, 디지털 경제의 도래 등을 꼽았다.

우선 트리셰 전 총재는 "세계화는 선진국의 제조 독점 시대에 종언을 고했다"며 "이런 기조는 IT의 급속한 발달과 결합해, 노동자들의 반발에도 불구하고 선진국 경제에서 구조조정의 필요성을 높이고 있다"고 설명했다.

트리셰 전 총재는 "심지어 디지털 경제조차도 GDP의 감소를 불러온다는 점에서 일정 부분 경제침체의 요인이 되고 있다"고 지적했다. 예를 들어 과거 CD플레이어를 사용하던 시절에는 CD 생산, 음원 녹음, 유통, 판매 등 4단계에서 국민소득을 창출했지만, 디지털 음원 도입 이후 음원과 소비자가 직접 연결되며 GDP에 미치는 생산 효과가 과거의 25% 수준으로 줄었다는 게 그의 설명이다.

그는 "고령화는 전 세계에 걸쳐 성장률의 둔화를 불러오고 있다"며 연금제도 개혁과 신중한 복지제도 운용도 주문했다. "연금은 적립된 기금 한도 내에서 지출돼야 하며 기금 고갈로 미래 세대에 부담을 넘겨서는 안 된다. 마찬가지로 정부부채만 낳는 복지제도는 대형 참사를 불러올 것"이라고 경고하기도 했다. "인구 쇼크에 대비해 더욱 적극적인 정책 대응이 필요하다"고 방점을 찍었다.

트리셰 전 총재는 같은 프랑스 출신으로 최근 전 세계적으로 불평등 논란의 주역이 된 토마 피케티 교수 주장에 대해서도 입장을 밝혔다. "불평등 논쟁은 주기별로 반복되는 경향이 있다"며 "이런 점에서 최근 피케티 논쟁은 다시금 불평등을 낮추는 효과가 있을 것"이라고 평가했다. 다만 그는 "(피케티가 주장하는) 부유세는 전 세계에서 동시에 시행되지 않는 한 효과를 보기 어렵다"고 말했다. 다음은 일문일답이다.

유럽경제가 디플레이션 공포에 시달리며 유럽중앙은행이 추가 양적완화를 시사하고 있다.

▶ 우선 유럽경제의 현재 상황은 경기침체나 불황이 아닌 '저성장' 국면이라고 단언한다. 이런 상황에서 현재 유럽중앙은행이 펼치고 있는 통화정책은 매우 적절하다. 마리오 드라기 총재가 추진하고 있는 자산담보부채권 매입, 저금리 장기대출프로그램, 예금금리 인하조치 등이 그것이다. 이런 노력 덕분에 유럽의 장기 무위험 금리는 미국보다 현저히 낮은 상황이다. 앞으로도 유럽중앙은행의 통화정책은 금리를 최대한 낮게 유지하는 데 초점을 맞출 것으로 보인다.

통화정책만으로 충분히 디플레이션 위협을 극복할 수 있을까?

▶ 물론 중앙은행의 통화정책이 만능은 아니다. 현재 어떤 부문에서 묘안을 짜낼 수 있는지부터 살펴봐야 한다. 디플레이션 상황을 타개하기 위해서는 재정정책은 물론 경제의 근본적인 체질개선이 필요하다. 통화정책에 더해 재정정책 부문에서 정책 시행 여지가 있는지를 살펴봐야 한다.

재정정책을 펼칠 수 있는 여지가 있는 나라들은 이를 적극적으로 펼쳐야 하지만, 재정 압박이 존재하는 국가에는 추천하고 싶지 않다. 이런 국가는 우선 경쟁력 회복을 통해 적절한 신용등급을 획득하는 데 노력해야 한다. 특히 유럽의 경우에는 역내 모든 국가에서 경제 체질개선이 가장 중요하다.

경제가 어려움에 부닥친 나라뿐 아니라 독일처럼 문제가 없어 보이는 나라일지라도 체질개선이 중요하다. 재정 건전성이 뒷받침되는 국가인 경우 핵심은 내수 진작이다. 이러한 점에서 민간 부문의 역할이 중요하다. 내수 진작은 공공 혹은 정부 부문이 아닌 민간 부문에 많이 의존하기 때문이다.

아베노믹스에 대한 평가와 전망은?

▶ 아베노믹스의 하이라이트는 경제구조 개혁이다. 앞서 말했듯 일본뿐 아니라 세계 모든 나라에서 경제구조 개혁은 성장잠재력을 높이는 데 있어서 본질적 요소다. 결국은 구조 개혁의 성공 여부가 성패를 가를 것이다.

선진국의 구조적 저성장 요인을 꼽는다면?

▶ 선진국과 개도국을 가릴 것 없이 세계경제는 주요한 문제에 봉착해 있다. 인구 노령화가 진행되고 있는 가운데 과학기술의 빠른 진보와 세계화 등으로 구조조정이 빈번히 발생하고 있고 이에 대한 반감을 품는 사람들이 늘어나고 있다. 이미 미국에서는 티파티(tea party, 리먼 사태 이후 경제위기 극복을 위해 정부가 재정을 늘린 것에 대해 저항운동)가 일어나고 있으며 유럽에서는 급진적인 사회운동이 감지되고 있다.

최근 피케티 교수의 '부의 불평등' 논쟁이 한창이다.

▶ 부의 불평등이 특정 국가 내의 문제인지, 아니면 국가 간의 불평등인지를 구분해야 한다. 국가 간 부의 불평등 문제는 상당히 감소하고 있다. 예를 들어 중국의 평균적인 삶의 질은 미국과 비교했을 때 상당히 좋아졌으며, 인도의 경우에도 매우 좋아졌다. 하지만 특정 국가 내에서 40년간 불평등 정도가 심해지는 경우도 있다. 예를 들어 중국 내 부의 불평등이 심화되고 있다는 점은 분명하다. 그러나 부의 불평등 정도의 차이는 각국마다 다르다. 개인적으로 부의 불평등 확산이 자본주의에 의한 것이라는 피케티 주장에 대해서는 회의적이다. 그러나 세계화가 부의 불평등을 확대하는 요소라는 점은 분명한 사실이다. 부유층은 세금이나 규제 등에 있어 보다 우호적인 나라로 재산을 옮길 가능성이 높아졌기 때문이다. 세계 각국이 공조하는 글로벌 거버넌스 체제에서 부의 불평등을 중요한 의제로 다룰 필요가 있다.

아세안 경제통합 2조 달러 시장이 열린다

- 한국은 중소기업의 육성을 위해 아세안경제공동체와의 협력을 강화해야 한다
- 정치·안보 측면에서 아세안경제공동체는 성공적인 공동체…출범은 한국에도 기회
- 국가 간 개별격차가 통합 속도 좌우하는 변수가 될 것이다

"아시아는 굉장히 복잡한 지역입니다. 정치·문화·사회가 서로 다른 아시안들에게 처음으로 구심점이 생긴다는 것이 중요하지요."

에릭 존 보잉코리아 사장은 내년에 출범하는 아세안경제공동체(AEC[1], ASEAN Economic Community)의 의미를 이처럼 말했다. 그는 주한 미국 대사관에서 근무하고 태국 주재 미국대사를 역임한 아시아 지역 외교전문가다.

---

1 동남아국가연합(싱가포르·필리핀·태국·말레이시아·미얀마·인도네시아·베트남·캄보디아·라오스·브루나이) 10개국이 2015년 결성을 추진 중인 경제 공동체. 출범 후에는 10개국이 유럽연합처럼 단일 경제권이 된다. 제품, 서비스, 투자, 자본 및 고급인력의 자유로운 이동이라는 5대 원칙을 토대로 총 12개 서비스 분야를 서로 개방한다. 아세안 10개국의 2013년 GDP합계는 24조 달러로 세계 7대 경제 규모이며 연평균 경제성장률은 지난 15년간 6%대였으며, 앞으로도 10년 이상 7%를 웃돌 것이란 전망이다.

2조 달러 규모의 아세안경제공동체(AEC) 설립을 앞두고 (왼쪽부터) 아세안 시장에서의 기회와 도전에 대해 한승주 국제정책연구원 이사장과 에릭 존 보잉코리아 사장, 치아 시오우 웨 싱가포르국제문제연구소 선임연구위원이 논의하고 있다

15회 세계지식포럼 '아세안 경제통합, 2조 달러 시장이 열린다' 토론회에서 그는 "중소기업을 육성하려는 한국에게 AEC 출범은 기회가 될 것"이라고 했다.

이날 토론회에는 존 사장을 비롯해 한승주 국제정책연구원 이사장, 치아 시오우 웨(Chia Siow Yue) 싱가포르국제문제연구소 선임연구위원이 참석했다. 아세안 10개국이 참여하는 AEC는 무역 규모가 2~3조 달러에 달한다.

세계는 AEC를 유럽연합(EU)에 필적하는 단일 시장으로 주목하고 있다. AEC 출범을 계기로 그동안 국제무대에서 소외됐던 아시아 국가들의 영향력이 확대될 것으로 기대된다. 한승주 이사장은 "아세안은 한국 교역에서 13%를 차지한다. 중국에 이어 한국의 2대 교역 파트너다. AEC가 실현되면 그 중요성은 더욱 커질 것으로 보인다"고 말했다.

치아 선임연구위원은 AEC의 잠재력을 높게 평가했다. 그는 "아세안은 젊다. 싱가포르를 제외한 대부분의 국가는 인구 60% 이상을 35세 이하가 차지한다. 또 2009년 글로벌 금융위기 직후에도 전체적으로 5.4% 성장하고 있다"면서 "활력 있고 역동적인 것이 아세안의 강점"이라고 강조했다.

아세안 통합엔 장애물이 많다는 지적도 있었다. 아시아는 국가별 격차가 크다. 인도네시아의 GDP는 8,674억 달러지만, 베트남은 1,700억 달러에 불과하다. 싱가포르 같은 부국과 라오스 같은 저소득 국가의 차이가 크다는 것이다.

치아 선임연구위원은 "아세안에는 일부 잘사는 국가도 있지만, 자원만 있고 인력의 숙련도가 낮은 중진국이 많다. 이들은 교역과 투자에 의존적인데 외부 변화로 인해 쉽게 쇼크에 빠지는 중진국의 함정을 조심해야 한다"면서 "개발 격차는 통합 속도에도 영향을 미칠 수 밖에 없다"고 지적했다. 그는 "중소기업을 양성해서 국가 간 격차를 줄여가고 경제 기반을 견실하게 다져나가야 한다"고 말했다.

존 사장은 "아세안의 가장 큰 문제는 너무나도 다양한 국정관리체계(governance)다"라고 말했다. 군부 쿠데타가 발생한 태국부터 사실상 군부의 입김이 강한 미얀마에 이르기까지 거버넌스가 너무나 다양하고 투명성이 낮아 상호신뢰의 네트워크를 구축하기가 힘들다는 것.

그러면서도 존 사장은 "아세안은 이처럼 다양한 국가들을 묶었다는 점에서 그 자체로 큰 의미가 있다"며 "특히 정치·안보 측면에서 성공적인 지역 협력체"라고 평가했다. 그는 "한국은 아세안과의 관계 개선에 더욱 힘을 써야 한다"고 강조했다.

아시안 리치의 비밀

- 아시아 각국의 다양한 특성을 파악해 틈새시장을 공략하라
- 아시아의 독특한 문화에 대한 이해가 성공의 비결이다
- 아시아를 혁신의 기회로 이끌 시장 선도자가 필요하다

"아시아의 장점은 다양성이다. 각국의 다양한 수요와 특징을 파악해 공략한다면 큰 성공을 거둘 수 있을 것이다."

오치 테쓰오 MCP자산운용 회장은 세계지식포럼 '아시안 리치의 비밀' 세션에서 "아시아는 서로 다른 문화와 배경을 가지고 있기 때문에 오히려 많은 기회가 있다"고 말했다.

그는 "예를 들어 일본의 경우에는 고령화로 인한 노후시장 공략, 젊은 인도네시아는 경제발전을 위한 자본 공급이 핵심"이라며 이런 주도적인 상황(initiative)을 정확히 인지하는 사람만이 '아시안 리치'가 될 수 있다고 강조했다.

인도네시아의 운수회사 블루버드그룹의 노니 푸르노모 회장은 아시아 특유의 독특한 '문화'에 대한 이해를 성공의 필수요건으로 꼽았다. 그는

오치 테쓰오 MCP자산운용 회장은 '아시안 리치의 비밀' 세션에서 아시아 문화를 이해하는 것이 곧 성공으로 이어진다고 강조했다

"아시아는 공동체에 대한 소속감이 강하고 개인적인 성향을 드러내지 않는 경향이 있다"며 "이런 강점을 이해하지 못하는 영미식 사고로는 아시아 시장 공략이 어렵다"고 말했다.

이어 "아시아 문화를 기업이 처한 하나의 조건이자 배경으로 생각해야 한다"며 "핵심적인 기업가치일지라도 아시아 상황에 맞춰 조절할 수 있어야 한다"고 말했다. 푸르노모 회장은 "문화를 이해하지 못해 의사결정과정에서 문제가 생기는 경우가 가장 많은 것 같다"고 설명했다.

홍콩의 인터넷 인프라 컨설팅업체 베리파이의 수장인 핀다 웡 회장도 공감의 뜻을 밝혔다. 그는 "홍콩에서는 최근에야 벤처캐피털 산업이 기지개를 켜고 있다"며 "한국과 마찬가지로 실패를 용인하지 않는 문화 때문에 벤처가 꽃을 피우지 못했기 때문"이라고 지적했다. 그러면서 웡 회장은 "아시아 문화에 대한 적응도 중요하지만, 이제는 아시아를 혁신의 기회로 이끄는 노력이 필요한 때"라고 강조했다.

02

사물인터넷,
세상을 뒤흔들다

한계비용 제로 사회를 열다

- 사물인터넷을 활용하여 한계비용 제로 사회, 하이브리드경제로 전환한 국가만이 살아남는다
- 다가오는 '노동의 종말'…창조영역 일자리 키워라
- 한국, 패러다임이 바뀌는 과도기 40년을 적극 활용해 기반투자를 서둘러라
- 한국 교육시스템은 옛날식, '팀 사고'하는 수평적 교실 만들어라

- 제레미 리프킨 소장

사물인터넷과 자본주의의 미래

"공유경제, 한계비용 제로 사회(협력적 공유 사회)라고 불리는 새로운 경제체제가 부상하고 있다. 2050년에는 지금과는 완전히 다른 자본주의 시스템이 자리를 잡게 될 것이다."

세계적인 미래·경제학자인 제레미 리프킨 미국 경제동향연구소 소장의 '예언'이다. 그는 세계지식포럼 'IoT : 자본주의의 미래' 세션에서 이같이 밝혔다.

경제학에서 말하는 한계비용이란 재화나 서비스를 한 단위 더 생산하는 데 드는 추가 비용을 말한다. 리프킨 소장은 커뮤니케이션, 에너지, 물류 인터넷이 통합된 '수퍼 사물인터넷'의 발달로 생산성이 극단적으로 높

아지면 한계비용이 제로 수준으로 떨어질 것이라고 주장해왔다. 재화나 서비스 가격이 사실상 '공짜'가 된다는 의미다.

리프킨 소장은 한계비용 제로 사회에 대해 "19세기 초 자본주의, 사회주의 이후에 처음으로 등장하는 경제시스템"이라며 "제로(0)에 가까운 한계비용으로 재화를 만들어 남들과 공유하는 현상이 점점 더 두드러지고 있다"고 의미를 부여했다. 그는 "이미 자본주의에 내재된 모순이 부각되고 있다"며 "자본주의는 더이상 배타적이고 유일한 경제체제가 아니다"고 단언했다.

그는 이어 "2050년이 되면 자본주의는 공유경제 또는 협력적 공유 사회와 무대를 나누어 쓰게 될 것"이라며 "이 두 시스템은 때로는 경쟁하고 때로는 협력하면서 보조를 맞추게 될 것"이라고 말했다. 자본주의경제와 공유경제 또는 협력적 공유 사회가 공존하는 '하이브리드경제(hybrid economy)'가 도래할 것이란 설명이다.

'한계비용 제로 사회'가 왜 중요한지 묻는 질문에는 그것이 이 같은 패러다임 전환의 '방아쇠' 역할을 하기 때문이라고 대답했다. 리프킨 소장은 세 가지 사례를 들었다. 디지털화된 재생 에너지 생산, 3D 프린팅, 카 쉐어링(car sharing)이다.

그는 "독일에서는 현재 27%의 전력이 태양열과 풍력 발전 등 재생에너지에서 생산되는데, 2020년에는 이 비율이 35%로 올라갈 것"이라며 "일단 고정투자가 이뤄지고 나면 이들 재생에너지의 한계비용은 거의 0"이라고 말했다. 그나마 태양열과 풍력 발전을 위한 고정투자 비용도 급속도로 떨어지고 있다. 1970년대 태양열로 전기를 생산하는 비용은 와트 당 68달러였다. 그러나 오늘날 그 비용은 66센트에 불과하다.

3D 프린팅도 무서운 속도로 확산하고 있다. 오바마 미국 대통령은 미국 내 모든 학교에 3D 프린터 1대를 비치하는 계획을 추진 중이다. 개인용 컴퓨터가 처음 도입됐을 때와 비슷한 일이 벌어지고 있다. 리프킨 소장은 "현재 수십만 명의 애호가들과 소규모 창업기업, 사회적 기업들이 3D 프린팅으로 물건을 만들고 있다"며 "이들은 특허나 저작권이 없는 공짜 소프트웨어를 사용하며 (3D 프린팅의 원자재인) 필라멘트도 쓰레기를 재가공한 것"이라고 말했다. 한계비용이 제로에 가깝다는 얘기다. 그는 "향후 10년 안에 한국기업들이 매우 저렴한 가격의 3D 프린터를 생산할 수도 있을 것"이라며 "오늘날 전 세계인들이 삼성 스마트폰을 쓰는 것처럼 모두가 삼성의 3D 프린터를 쓸지도 모른다"고 덧붙였다.

한계비용 제로 사회가 야기하는 혼란을 이해하는데 가장 좋은 본보기는 자동차 산업이다. 리프킨 소장은 "오늘날 젊은 세대들은 더는 자동차를 소유하고 싶어하지 않는다"며 "점점 더 많은 많은 사람들이 카 쉐어링을 이용한다"고 말했다. 그는 "현재 세계에는 10억 대의 자동차가 있지만 향후 10년 이내에 3D 프린팅을 통해 제조된 위치추적시스템(GPS) 무인 자동차가 개발된다면 8억 대의 자동차가 사라질 수 있다"고 분석했다. 나머지 2억 대의 자동차는 카 쉐어링을 위한 것이다.

그러나 그가 설명하는 자본주의의 미래가 음산하거나 섬뜩하지는 않았다. 리프킨 소장은 역사적 필연에 의해 경제 패러다임이 전환되겠지만, 앞으로 40년간 이어질 과도기에는 기존 산업에 엄청난 기회를 제공할 것이라고 예견했다.

그는 "수억 명의 젊은 세대가 자라나 그들 스스로 소프트웨어를 개발하고, 그들 스스로 필요한 물건을 만들게 되더라도 기존의 거대기업이 사라지는 것은 아니다"며 "앞으로 40년 동안 전통적인 자본주의 기업에게 경제적 활동이 집중될 것"이라고 내다봤다. 이들 기업이 새로운 경제 패러다임을 위한 인프라스트럭처(기반시설) 설치를 도맡게 된다는 것이다.

리프킨 소장은 "기존 자본주의가 번성하는 두 가지 길이 있다"고 말했다. 그 첫 번째는 대기업에게만 가능한 대규모 프로젝트들이다. 그는 △대규모 전력 그리드 전환 사업 및 관련 설비 △3D 프린팅이 불가능한 대형 선박 및 슈퍼 여객기 제작 △교량 등 대형 인프라스트럭처 등을 해당 사례로 꼽았다. 이런 일들은 앞으로도 자본주의적인 대기업이 맡을 수밖에 없다는 설명이다.

앞으로 번성할 또 다른 기업은 페이스북, 구글, 알리바바, 트위터처럼 공유물을 모아놓은 대기업들이다. 자본주의에 바탕을 둔 '통합 공급자(aggregater)'들이다. 리프킨 소장은 "에너지 인터넷을 운영하기 위해서는 전력회사가 필요하고, 물류 인터넷을 통해 재고를 관리하면 운송 및 유통 회사가 그러한 인터넷을 운영할 수밖에 없다"며 "이런 기업들의 활약은 앞으로도 두드러지게 될 것"이라고 내다봤다.

사물인터넷이 열 '3차 산업혁명'의 모습은?

리프킨 소장은 사물인터넷을 통해 '협력적 공유경제'라는 제3차 산업혁명이 일어날 것이라고 밝혔다. 그는 최근 저서인《한계비용 제로 사회》에서 인터넷 기술과 재생에너지가 결합한 새로운 산업혁명을 예고한 바 있다.

리프킨 소장은 "2차 산업혁명 시대에 교통·통신 등 인프라스트럭처의

에너지 효율성은 불과 3% 내외에 불과하다"며 "이런 노후화된 기술로는 미래의 경제 성장에 필요한 생산성을 만족할 수 없다"고 말했다. 그는 "2030년이 되면 100조 개의 센서가 전 세계에 깔려 정보를 수집하고 피드백을 하는 시대가 올 것"이라며 "에너지·통신·운송이 인간의 중추신경계처럼 뻗어나가 경제활동을 하는 순간이 도래한다"고 예견했다.

그는 "가수 싸이가 유튜브를 통해 20억 뷰를 달성하는 등 전 세계 사람들이 비용을 거의 들이지 않은 채 자신의 콘텐츠를 공유하고 있다"며 "음반·방송 사업이 유튜브 때문에 축소되는 것을 볼 때 수직 계열화된 기업은 무너지고 공유와 협력을 통한 민주화가 경제에서 이뤄지고 있다"고 설명했다.

이어 "현재 방화벽에 의해서 보호되고 있긴 하지만 IoT는 그 방화벽마저 무너트리고 있다"며 "신재생에너지와 엮이고 디지털화된 운송망과 연결되면 에너지의 한계비용이 0에 가까워질 것"이라고 전했다.

리프킨 소장은 "앞으로 얼마나 이 새로운 공유경제에 성공적으로 편입할지가 사업의 성공을 좌우한다"라며 "앙겔라 메르켈 독일 총리가 내게 성장과 고용창출을 물은 적이 있는데 에너지 종말이 다가온 시점에서 인터넷과 통신의 성장으로 디지털화된 신재생에너지가 중추신경계 역할을 하게 될 것"이라 답했다.

그는 20년 뒤 사람들은 노트북과 스마트폰으로 세상의 모든 정보를 볼 수 있다고 예측한다. "컴퓨터가 없던 시절도 있었지만, 지금은 대당 25달러의 스마트폰도 존재한다"며 "인프라만 깔려 있다면 이를 이용해 태양력이나 풍력 등으로 누구나 무료로 전기를 얻는 무한 에너지 창출이 가능할 것"이라고 설명했다.

또한 "20년 뒤에는 개인이든 지역 단위든 자가발전을 하게 되고, 전력회사는 수천 개의 중소기업과의 관계를 수립해 생산성을 높이는 길을 안내하는 역할을 할 것"이라며 "이게 바로 IoT로 가능해진 3차 산업혁명"이라고 덧붙였다.

리프킨 소장은 "3차 산업혁명시대에는 IoT에 기반한 수평적 경제가 이루어져 협업과 개방성, 투명성이 중요한 항목"이라며 탄력성이 높은 중소기업에게도 충분한 기회가 있을 것이라고 내다보았다.

다가오는 '노동의 종말' 시대…일자리의 미래는?

리프킨 소장은 한계비용 제로 사회로 전환하는 과도기에는 건설, 전력, IT(정보기술) 등 거의 모든 전통산업에서 일자리가 쏟아지리라 예상하며 이런 일자리의 상당 부분은 중·저숙련 근로자들의 몫이라 설명했다. '노동의 종말'이 오기까지는 아직도 상당 기간이 남아있다는 얘기다.

리프킨 소장은 실업난 등 경제위기 발생 가능성을 묻자 "향후 두 세대에 걸쳐 40년 동안은 전력, 건설, 운송, IT(정보기술), 물류 등에 이르기까지 모든 산업에 일감과 일자리가 넘쳐날 것"이라며 "특히 슈퍼 사물인터넷 기반시설을 마련하는 과정에서 많은 인력이 필요할 것이고, 유일하게 일자리 기회가 없어지는 곳은 석유(발굴) 산업뿐일 것"이라고 말했다.

그는 "25~30년 뒤 초기 인프라스트럭처가 자리를 잡은 다음부터는 일자리가 어디서 생겨날지 고민해야 한다"고 지적했다. 공유경제 또는 협력적 공유 사회에 진입해 한계비용이 제로 수준으로 떨어지게 되면 공장과 사무실의 일자리는 대부분 자동화되고, 변호사나 회계사 등이 해왔던 전

제러미 리프킨 경제동향연구소 소장은 'IoT : 자본주의의 미래를 묻다' 강연에서 혁명을 통해 한계비용이 0으로 떨어지면 공유경제와 하이브리드경제가 도래할 것"이라고 밝혔다

문 업무도 소프트웨어와 해석적 알고리즘에게 자리를 내어줄 것이란 설명이다. 리프킨 소장은 "그때가 되면 해석적 알고리즘을 이해하는 매우 적은 숫자의 관리자와 근로자만 유지될 것"이라고 내다봤다.

하지만 일자리 감소는 재앙이 아니라 축복이 될 수도 있다고 그는 강조했다. 그는 자신의 조부모를 언급하며 "왜 사람이 아무 생각 없이 트럭을 하루 10시간씩 50년 동안 운전해야 하고, 하루 8시간씩 40년 동안이나 공장의 좁은 방에서 조립라인의 제품을 지켜봐야 하는가?"라고 반문했다.

그렇다면 40년 뒤는 어떻게 될까. 넘쳐날 실업자는 어떻게 해야 하는가? 협력적 공유 사회의 혜택을 받아 생활비가 감소하더라도 생계를 위한 임금은 여전히 필요하지 않을까? 이 질문에 리프킨 소장은 앞으로 20~30년 후에는 자본주의경제가 자연스럽게 '사회적 경제'(Social Eoconomy)로 변모하리라 전망했다. 그는 "사람과 관련된 일을 하면서 사회적 자본을 창조하는 영역이 커지게 될 것"이라며 "기계에 귀찮은 일을 맡겨놓고 사람은 건강관리·보육·노인 복지·교육·스포츠·문화 등의 영역에서 봉급과 사용료를 받으며 '심오한 놀이'에 전념하게 된다는 의미"라고 설명했다.

리프킨 소장은 "전 세계 40개 국가에서 가장 빨리 성장하는 분야는 비영리 부문"이라며 "기계가 할 수 없는 일을 하기 때문"이라고 말했다. 그는 "프랑스와 미국에서는 전체 고용의 13%와 10%가 비영리 부문의 일자리"라며 "한국에서도 비영리 부문의 일자리가 급속히 늘어나는 것을 보게 될 것"이라고 예상했다. 리프킨 소장은 또 "많은 나라에서 서비스에 대한 사용료로 비영리 조직이 운영되고 있다"며 "정부 보조가 필요한 것은 아니다"고 덧붙였다.

"인간 본성에 대한 당신의 생각은 (이기심이 이익을 증진한다는) 아담 스미스와는 다른 것 같다"고 하자 리프킨 소장도 "많이 다르다"고 인정했다. 그는 "역사와 신경생물학 이론에 따르면 '사회적 창조물'인 인간은 원래부터 타인과 공감하도록 설계된 존재"라며 "이제 우리 본성으로 돌아가는 것일 뿐"이라고 말했다.

사물인터넷, 한국의 미래는?

리프킨 소장은 "한국은 '한계비용 제로 사회'와 '하이브리드경제'로 전환되는 과정에서 필요한 모든 것을 갖춘 나라"라며 "문화, 경제, 사회적으로 리더가 될 자격이 있다"고 평가했다.

그는 "한국의 전력, IT, 물류 운송, 건설 산업 등은 세계 최고 수준이고 새로운 것을 배우려는 한국인의 자세 또한 세계 1등"이라며 "특히 한국의 젊은 세대들은 지적 자극에 가장 동기부여가 잘 된 집단"이라고 말했다.

리프킨 소장은 "한국은 면적이 넓지 않기 때문에 사물인터넷을 위한 인프라스트럭처를 굉장히 빨리 구축하게 될 것"이라며 "그렇게 얻은 기술을 수출할 수도 있다"고 내다봤다.

리프킨 소장은 "21세기에 머물러 있으면서 '슈퍼 사물인터넷', '하이브리드경제'와 '협력적 공유 사회'로 전환하기 위한 행동을 취하지 않는다면 그만큼 재앙에 가까워지는 것"이라고 강조했다. 다만 이 같은 패러다임 전환 과정이 쉽지만은 않으리라 경고했다. "미국, 유럽도 마찬가지지만 한국에도 중앙집중적 요소가 많다"며 "기존 산업들을 전환하는 방법을 찾아내야 한다"고 말했다.

리프킨 소장은 "앞으로도 한국은 40년 동안 전통적인 산업을 유지할 것이다. 하지만 이후 '스마트 코리아'로 접어들었을 때를 서둘러 대비해야 한다"고 덧붙였다. 패러다임 전환이 진행되는 40년의 과도기를 흘려보내서는 안 된다는 충고다. 그는 "경제 성장에 별다른 도움이 안 되는 구식 인프라에 투자되고 있는 재원의 25%를 IoT 등 새로운 인프라스트럭처에 돌릴 수 있다면 성장과 고용 차원에서도 막대한 성과를 거둘 수 있을 것"이라고 말했다.

리프킨 소장은 바로 이 대목에서 한국의 자세가 중요하다고 강조했다. 40년 동안 이어질 번영에 안주하지 말고, 이를 최대한 활용하라는 충고다. 그는 "한국도 다른 모든 나라와 마찬가지로 IoT 플랫폼을 위한 인프라를 건설해야 한다"며 "한국의 경우 전력 그리드도 완전히 새로 구축해야 할 것"이라고 전망했다. 그는 "다행스러운 것은 한국의 전력 및 IT 기업들이 IoT의 중요성을 잘 이해하고 있다는 것"이라고 덧붙였다.

교육을 통한 새로운 인재 확보가 IoT 확산의 핵심

하지만 리프킨 소장은 현재의 교육으로는 변모될 사회에 대비할 수 없다고 경고했다. 그는 "가장 심각한 문제는 교육"이라며 "한국도 옛날식 교육 모델을 가지고 있다"고 지적했다.

그는 "미국도 마찬가지지만 지금의 교육 시스템은 19세기에 비롯된 공장식 교육 모델"이라며 "중앙 집권적이고 교사는 권위적이며 암기 위주로 창의적, 비판적, 시스템적인 사고방식이 허용되지 않는다"고 비판했다. 리프킨 소장은 "학생들이 지식을 공유하려 하면 그것을 부정행위라고 부른다"고 덧붙였다. 한계비용 제로 사회, 공유경제 또는 협력적 공유 사회라는 글로벌 트렌드와는 도무지 걸맞지 않는다는 것이다.

그는 "지식은 곧 힘이므로, 지식만 쌓으면 된다고 배웠지만 지금 젊은 세대는 다르다"며 "그들은 인터넷과 함께 성장하면서 남과 공유하는 방식을 배웠다"고 지적했다. 리프킨 소장은 "만약 교육 시스템이 학생들의 공유를 가로막고 있다면 재고가 필요하다"며 "수평적인 교실을 만들어야 한다"고 강조였다.

그는 로스쿨이나 의학, 경영학 대학원에서 이뤄지고 있는 수업방식을 학부와 고등학교로 확대해야 한다고 밝혔다. 그는 "전문 대학원에서는 학생들을 학습반(module)으로 나눠 학생들이 함께 작업하고, 팀 사고를 하도록 한다"며 "각 학생들은 모듈내 다른 학생들을 도울 책임감을 갖게 된다"고 설명했다.

학생들이 공부에 참여하고 협조해 지식을 공유하고 창의적으로 변할 수 있게 도와주어야 한다. 리프킨 소장은 "이것이야말로 지식의 본질"이라며 "지식이란 누군가가 독점하는 것이 아니라 모든 사람에게 이바지하는 함수이어야 한다"고 말했다.

그는 지식의 결과물인 연구개발(R&D) 활동, 특허, 저작권의 위상도 달라지리라 전망했다. 리스킨 소장은 "구글, 페이스북, 트위터 같은 거대 인터넷 기업들은 특허와 저작권을 발견할 때마다 모두 사들이려고 한다"며 "그러나 다른 한편에선 공유물을 창조하는 세대가 자라나고 있으며, 그들은 콘텐츠와 소프트웨어를 포함해 그들이 만든 모든 것을 공유하려고 한다"고 지적했다.

그러면서 위키피디아나 유튜브의 사례를 꼽았다. 창작물에 대한 권리를 모든 사람이 공유할 수 있도록 하는 '카피레프트(copy left)'가 뚜렷한 트렌드라는 것이다. 리프킨 소장은 "앞으로도 여전히 지적재산권과 저작권을 보게 될 것"이라면서도 "하지만 이런 권리를 주장하지 않는 젊은 세대들과의 힘겨운 투쟁이 있을 것"이라고 말했다.

제러미 리프킨 미국 경제동향연구소 소장은?

세계적인 미래학자이자 경제학자다. 《엔트로피》, 《노동의 종말》, 《3차 산업혁명》 등 20권의 저서를 쓴 문화비평가이자 사상가이기도 하다. 경제, 사회, 기술, 노동, 환경 분야를 꿰뚫는 통찰력으로 인류의 미래를 예견해왔다. 현재 그의 저서는 35개 언어로 번역돼 전 세계 수백 개의 대학, 기업, 정부기관에서 교재로 사용되고 있다.

1945년 미국 콜로라도 덴버에서 태어난 그는 펜실베이니아대 와튼경영대학원에서 경제학을, 터프츠대 플레처법과대학원에서 국제관계학을 전공했다. 자신이 설립한 비영리단체 경제동향연구소의 이사장으로 재직 중이다. 앙겔라 메르켈 독일 총리 등 전 세계 지도층 인사의 자문역도 맡고 있다.

제러미 리프킨 소장-박원순 서울시장 대담

"차량 공유, 원전 하나 줄이기 에너지 사업 등 서울은 훌륭한 공유경제 시범 프로그램들이 많이 있어요. 하지만 이제 서울이 우월한 인터넷 환경을 바탕으로 개별적인 시범 사업들을 하나로 묶는 '공유경제 마스터플랜'을 세울 필요가 있습니다."

세계지식포럼 참석차 방한한 리프킨 소장은 박원순 서울시장과 대담하며 이 같이 밝혔다. 리프킨 소장은 숙박, 차량, 데이터, 에너지 등을 타인과 공유하되 필요한 때만 적은 돈을 들여 쓰는 '서울형' 공유경제 사업을 높이 평가하면서도 "이제 서울시가 강력한 인터넷 환경을 바탕으로 공유경제 밑그림을 완전히 새로 그려야 한다"고 조언했다.

특히 그는 최근 정부와 갈등을 빚고 있는 공유경제 기업인 콜 택시 앱 '우버'에 대해서는 "수익을 지역(local)과 공유해야 하는데 우버는 수직적인 수익 모델을 보이고 있어 성공하지 못할 것"이라고 단언해 눈길을 끌었다.

박 시장은 "2015년 서울디지털재단을 설립해 민간기업, 시민단체 등 다양한 그룹들을 한 테이블에 모아 디지털 마스터 플랜을 세우겠다"고 화답했다. 리프킨 소장은 "과거에는 가상 세계에서 일어나는 현상이 현실의 벽(firewall)을 뚫지 못하고 가상에만 머물렀지만, 사물인터넷 등 통합 인터넷의 등장으로 이 벽이 뚫렸다"며 "사물인터넷으로 인해 공유 사회가 더 활성화될 것"이라고 지적했다.

제러미 리프킨 미 경제동향연구소장과 박원순 서울시장이 세계지식포럼 사전행사장에서 '공유경제 확산을 통한 서울의 미래'를 주제로 토론했다

박원순 시장(이하 박 시장): 리프킨 소장은 저서 《3차 산업혁명》에서 분산화·다원화를 통해 새롭게 에너지 시스템이 바뀌며, 그에 따라 사회와 산업 전반에 큰 변화가 나타난다고 이야기하셨다. 서울시에서는 이미 (풀뿌리 녹색에너지 생산 사업인) '원전 하나 줄이기' 같은 프로젝트를 통해 이런 노력을 실행에 옮기려고 노력 중이다.

리프킨 소장(이하 리프킨): 훌륭한 정책이다. 원전 하나 줄이기 프로젝트 이외의 공유정책, 특히, 주거, 자동차 등을 공유하는 사업도 잘 알고 있다. 서울시가 지금 세계무대에 등장하고 있는 새로운 경제 체제와 관련해 선두에 서 있다고 생각한다. 앞으로 협력적 공유경제는 종전 교환경제와 함께 번창하게 될 거다. 2050년이면 현 경제 체제가 두 체제가 섞여 있는 하이브리드경제로 전환되리라 예측한다. 즉, 일부는 자본주의 시스템, 일부는 협력적 공유 시스템으로 다변화할 것이다.

박 시장: 말씀하신 공유경제 생태계를 구축하는 것에 관해 서울시에 해줄 조언이 있다면?

리프킨: 서울시는 많은 공유경제 파일럿(시범) 프로젝트를 운영하고 있다. 지금 시점에서 중요한 것은 프로젝트 자체가 아니다. 생태계와 인프라 구축이 중요하다. 각각의 고립된 시범 사업들을 하나의 공유체계로 통합하는 작업이 필요하다.

역사적으로 봤을 때 경제 패러다임의 대전환이 발생할 때마다 새로운 체계의 커뮤니케이션, 에너지, 교통 체계라는 세 가지 기술혁명이 융합돼 플랫폼을 만들었다. 이렇게 되면 더 효율적인 공유활동이 가능해진다. 서울은 이미 사회적으로는 이런 활동이 이뤄지고 있다. 이제는 기술적으로 3차 산업혁명이 가능하도록 개별 사업들을 연결할 수 있어야 한다.

앞으로는 누구든지 IoT에 접속해 빅데이터를 얻어 스마트폰 앱을 만들 수 있게 되면서 생산성은 증가하고 한계비용은 줄어들 것이다. 이미 많은 젊은이가 인터넷을 이용해 제로 수준의 한계비용으로 음악, 뉴스 블로그, 소셜미디어, 비디오 등을 자체적으로 생산하고 공유하고 있다. 이런 측면에서 서울시는 굉장히 혁신적이다. 서울의 인터넷은 세계 최고 수준이다. 지금부터는 개별 공유경제 사업을 하나로 묶을 수 있는 로드맵을 마련할 필요가 있다.

박 시장: 마침 서울시도 내년에 서울디지털재단을 설립하려고 한다. 각각의 공유경제 요소들을 하나의 플랫폼으로 연결, 통합하는 작업을 맡게 될 것이다.

리프킨: 요즘 만들어지고 있는 공유 공간 중 일부는 자본주의 기업들이 만들고 있다. 페이스북, 트위터, 아마존, 구글이 대표적이다. 역설적으로 이는 많은 자본주의 기업들에 큰 타격을 입혔다. 신문, 잡지, 출판, 음반 등이 그런 산업들이다.

나는 개인적으로 (콜택시 앱인) 우버는 성공하지 못하리라 생각한다. 우버는 수직적으로 통합된 기업 모델이다. 즉, 과거 1~2차 산업혁명 때에나 적합한 기업 모델을 가지고 전 세계로 공유 사업을 늘리려고 하고 있다. 우버는 그렇게 할 만큼 자금이 충분치 않다. 어떻게 미국 실리콘밸리에 있는 수직적 기업이 전 세계 모든 도시 자동차 공유 사업을 통제할 수 있겠는가. 많은 지역도시 운전기사들이 왜 우버가 필요한지 의문점을 가질 것이고, 수익을 우버로 돌려주는 것을 원하지 않을 것이다. 차라리 협동조합을 만들어 정부 지원을 받는 게 훨씬 저렴한 모델이다.

3차 산업혁명의 특징은 플랫폼이 분산적이며 협력적인 수평적 규모의 경제라는 점이다. 수직적으로 통합된 기업들보다 훨씬 저렴한 재화와 서비스 공급이 가능하다. 우버가 사업하고 싶다면 지역과 연계해 사업해야 한다. 예컨대 한국의 택시협동조합과 연결하면 서울의 카셰어링 프로그램을 다른 도시와도 연결할 수 있을 것이다.

사물인터넷시대의 승자는?

• IoT '초연결시대' 승자가 되려면 소비자 수요를 파악해 만족시켜라
• IoT 시대, 제조업체도 플랫폼 제공자로 변신해야 살아남는다
• IoT에 발맞춘 정부 규제 개선도 시급한 과제

사물인터넷(IoT)이 우리의 미래를 완전히 바꿀 것이란 전망이 나온다. 기업들도 미래 '황금알을 낳는 거위'가 될 것이 분명한 IoT에 관심을 두고 이 시장에 진출하려 하고 있다. 앞으로 10년 사이 구글이나 페이스북 같은 초대형 IT기업이 또 탄생할 것이란 예측도 이어지고 있다. 사물인터넷 시대의 승자가 되기 위해 발 빠르게 움직이는 글로벌 기업의 전략은 무엇일까?

세계지식포럼 'IoT 초연결 시대의 승자' 세션에서 김희수 KT경제경영연구소 부소장은 "IoT 시대에서는 전통적인 원가 절감보다는 소비자의 니즈가 무엇인지 파악하고 제공하는 것이 더 중요하다. 그것이 제조업체가 서비스 마인드를 가져야 하는 이유"라고 설명했다.

해외 유수 IT기업들은 이미 IoT에 많은 투자를 단행하고 있다. 지난 4월

'IoT 초연결시대의 승자' 세션에서 패널들이 IoT 시대 기업전략에 대해 토의하고 있다. (왼쪽부터) 마노지 메논 프로스트앤설리번 매니징 디렉터의 진행으로 홍대순 아서더리틀 코리아 부회장, 김희수 KT 경제경영연구소 부소장, 산제이 라메시 시스코 스마트시티 담당 전무

구글은 직원 300명 남짓한 온도조절 센서업체인 네스트랩(Nest Labs)을 3조 원이 넘는 돈을 주고 사들였다. 이는 구글의 미래 사업전략이 IoT에 맞춰져 있음을 보여준다. 김 부소장은 "새로운 업체들도 나오고 있지만, 애플, 구글 같은 IT업계 거인들이 IoT 플랫폼을 주도하는 흐름을 보이고 있다"며 "삼성 등 기업뿐 아니라 정부에서도 IoT를 중시하지만 만만치 않은 상황"이라고 지적했다.

홍대순 아서디리틀(ADL)코리아 부회장은 "IoT는 경제기반을 송두리째 바꿀 수 있는 이슈"라며 "기존의 성공 방정식이 부정되고 '공유경제'와 맞물려 새로운 승리자들이 나오게 될 것"이라고 전망했다.

연사들은 롤스로이스를 IoT를 성공적으로 받아들인 사례로 꼽았다. 비행기 엔진을 조립하고 생산하는 롤스로이스는 비행기에 칩을 설치해서 비행 데이터 및 기후, 운행 조건 등을 본사에 실시간으로 제공한다. 쌓인 자료는 빅데이터가 되어 기후조건에 따라 알맞게 엔진을 제어한다.

전자업체 필립스도 마찬가지다. 필립스에서 출시한 LED 조명 '휴(Hue)'는 스마트폰을 이용해 자신이 원하는 조명의 색상과 분위기를 알맞게 조절할 수 있다. 김 부소장은 "필립스는 제삼자들을 모아 플랫폼 형식을 구현했다"며 "아이디어를 통해 제조업체가 플랫폼 서비스 제공업체로 변신하는 사례"라고 설명했다. 제조업체로서의 마인드를 버리고 소비자 수요에 맞춘 서비스 정신을 도입해 성공한 예다.

홍 부회장은 정부의 역할을 두고 "IoT 발전은 소비자, 경쟁자, 생산자를 재정의하기 때문에 새로운 그림을 그려야 한다"며 "예컨대 구글 무인자동차가 우리나라에 도입됐을 때 생겨날 수 있는 여러 문제와 규제들을 정부는 종합적으로 판단해 개선하고 결정해야 한다"고 주문했다.

매스마켓에서
'구글노믹스'로 변신하라

- 구글이 바꾸는 경제…기업 고객은 '대중' 아닌 '개인'
- 개인화·연결·개방성이 '구글노믹스'의 핵심
- 모든 것을 아는 구글, 맞춤형 혁신상품 생산…6년 뒤 시가총액 1조 달러

- 제프 자비스 교수

"대량판매 시장은 종말한다."

2014년. 인터넷 상용화(인터넷 브라우저 넷스케이프 등장) 20주년이 되는 해다. 구글이 기업공개를 한 지는 10년이 됐다. 구글은 검색엔진 벤처기업으로 시작해 안드로이드, 구글맵, 지메일, 유튜브 등을 서비스하는 종합 정보기술기업으로 탈바꿈했다. 웨어러블 기기인 구글 글라스와 구글카(무인차), 로봇회사 인수, 바이오 등 주목할 만한 실험을 하면서 세계 비즈니스를 뿌리째 뒤흔들고 있다. 그렇다면 구글 이전과 구글 이후 세상은 어떻게 바뀌었을까?

제프 자비스(Jeff Jarvis) 뉴욕시립대 교수는 세계지식포럼 '구글이 만드는 세상' 세션과 이어지는 인터뷰에서 구글 이후 세계와 앞으로 구글이 바꿀 미래 비전을 그렸다. 그는 "구글노믹스가 세상을 바꿀 것"이라고 역설

했다. 자비스 교수는 세계경제포럼이 선정한 '영향력 있고 존경받는 언론인 100명'에 꼽힌 인물로 구글을 가장 잘 분석하고 있는 저널리스트로 알려졌다.

구글에 대한 그의 놀라운 성장 전망은 인터넷 상용화 20년 이후 완전히 달라진 세계경제 원리에 기반을 둔다. 핵심은 개인 맞춤형 생산 체제 등장에 따른 대량판매 시장의 종말에 있다. 똑같은 사양으로 대량생산된 스마트폰과 고객별 주문에 따라 맞춤형으로 생산된 스마트폰이 경쟁한다면 어느 쪽이 승리할지는 자명하다.

자비스 교수는 구글노믹스를 설명하며 "인터넷은 개인화를 통해 세계를 새로운 경제로 진입하게 했다"고 포문을 열었다. 인터넷 이후 경제 시스템이 바뀌었다는 것이다. 그는 "기존 자본주의는 희소성이 기반이었다. 자원과 자본을 독점한 사람이 이겼다"면서 "하지만 구글은 자원과 자본이 없어도 서비스를 풍성하게 만드는 데 집중했다. 더 많은 사람이 모이고 가치가 높아졌다"고 말했다.

그는 이어 "일반 기업, 기존 미디어, 정부 등은 우리를 '대중(Mass)'으로 보고 있지만, 구글은 '개인'으로 본다"며 "그러나 우리는 더는 대중이 아니다. 개인을 아는 것이 중요하며 구글이 바로 개인을 가장 잘 알고 있는 회사"라고 강조했다.

자비스 교수는 이어 "이런 점이 구글이 시가총액 1조 달러 기업에 등극하는 결정적 이유"라며 "구글은 모바일 중심 개인 맞춤형·추천 서비스로 2020년 세계 최초로 시가총액 1조 달러 기업이 될 것이다"고 말했다.

자비스 교수는 구글이 21세기 '연결 경제'를 만들었다고 주장했다. 독점보다 개방이 더 높은 가치가 있고, 연결될수록 더 큰 부를 창출할 수 있다

'구글이 만드는 세상' 세션에서 《구글노믹스》의 저자 제프 자비스 교수가 강연하고 있다

는 것이다. 그는 "개인과 기업은 자신이 가장 잘하는 부분에 집중하고 나머지는 연결하면 된다. 다른 사람이 잘하는 것을 잘하려고 하는 것은 시간 낭비"라고 잘라 말했다. 이 때문에 인터넷 기반 비즈니스에 세금을 부과하려는 각국 정부의 움직임에 대해서는 반대 의견을 나타냈다. 그는 "지식은 자유롭게 움직여야 한다"며 "인터넷 기반 비즈니스에 부과하는 것은 이런 트렌드에 역행하는 것"이라고 말했다.

자비스 교수는 신 구글노믹스의 또 다른 특징으로 '플랫폼 경제'를 꼽았다. 전 세계 누군가는 분명 나보다 더 싸면서도 더욱 강력한 능력을 갖추고 있다. 나와 상대방 모두 윈-윈하려면 네트워크에 참여해 전체 중 일부가 돼야 한다. 자비스 교수는 "구글은 다른 사람들이 구글에서 사업하게 하고 있다. 이것이 플랫폼 경제"라고 강조했다.

그는 "인터넷의 핵심인 개방성은 더 다양하고 많은 사업 기회를 제공한다"며 "구글은 이것을 비즈니스에 접목해, 제품을 실험(베타) 형태로 출시하고, 완성도를 높여 달라고 대중에게 요청한다"고 설명했다.

특히 자비스 교수는 "당신이 일하고 있는 회사는 지금 당신이 어디서 무엇을 하는지 모르지만, 구글은 알고 있다"며 "구글은 개인의 신호(시그널)를 받아서 이를 토대로 의미 있는 정보를 제공해주고 있는데, 이것이야말로 구글의 성공적 비즈니스의 핵심"이라고 말했다. 구글은 이처럼 모바일을 통해 개인정보를 누구보다 잘 알고 있기 때문에 이를 기반으로 혁신적 제품과 서비스를 만들어낼 것이란 얘기다.

실제로 구글은 거리에 있는 수많은 센서나 3D 프린터, 로봇, 무인차 등과 같은 혁신적 뉴비즈니스에 속속 진출하여 전통 산업 모델을 바꿀 것으로 예상된다. 이것이 구글의 '1조 달러 기업' 전략이다. 자비스 교수는 "구글은 새로운 산업구조와 디지털 세상을 누구보다 잘 이해하고 있는 기업"이라고 말했다.

자비스 교수는 "한국에서는 창조경제라는 말을 자주 쓴다고 하는데 그 뜻이 무엇인가?"라고 운을 뗀 뒤 "구글노믹스가 그 해답이 될 수 있을 것"이라고 했다. 그는 "창조경제는 경청할 준비, 리스크를 감내할 준비, 시도할 준비, 실패할 준비가 돼 있어야 한다"며 "실패를 자랑스럽게 생각하는 문화가 있는 미국과 달리 유럽과 한국은 실패를 용인하지 않는데 이런 분위기에서는 창조경제가 꽃을 피우기 어렵다"고 꼬집었다.

그는 "엄청난 기회가 한국을 기다리고 있다"며 "한국이 더욱 앞서 가려면 기업가 정신, 실패와 도전에 열린 마음을 가져야 한다"고 강조했다.

자비스 교수는 이어 "삼성, 현대차, LG 등과 같은 글로벌 기업이 탄생한 한국은 세계에서 가장 연결이 잘된 국가로, 여러 아시아 국가의 모범"이라며 "디지털 엑스포(Digital Expo)를 개최하라"는 이색 제안을 하기도 했다. 그는 "한국은 전 세계 모든 새로운 시도가 모이는 디지털 엑스포가 열리기에 최적의 장소"라며 "세상을 깜짝 놀라게 할 것"이라고 말했다.

Speaker's Message

당신이 잘할 수 있는 것에 집중하고 나머지는 그냥 연결하라.

Do what you do best and link to the rest.

- 제프 자비스

기술 발전으로 중산층이 사라진다

• 로봇 진화할수록 중산층은 위기, 상위 0.01%가 부를 독식하게 될 것
• 기계가 지식노동 대체하면서 교육 수준에 따른 불평등 커진다
• 인간의 입지가 좁아지는 문제도 인간이 풀어야

- 앤드류 맥아피 수석연구원

"기술의 발전으로 중산층은 사라지고 양극화는 극대화될 것이다. 이제 1%의 1%가 대부분의 부를 가져갈지도 모른다"

기술의 발전은 인터넷을 통해 정보의 민주화를 가져왔다. 일자리는 늘어났고, 문명의 혜택을 누리는 사람도 많아졌다. 하지만 이것도《제2의 기계 시대》의 저자 앤드류 맥아피(Andrew McAfee) MIT 디지털 비즈니스 센터 수석연구원에 따르면 옛말에 지나지 않는다. 기술의 발전은 이제 불평등을 심화시키고, 사람들의 일자리를 빼앗아가고 있다. 특히 중산층에서 이런 현상이 도드라진다. 그 수준이 100여 년 전 계급이 존재하던 당시만큼 심각하다는 이야기도 있다.

맥아피 수석연구원은 제15회 세계지식포럼에서 '로봇과의 전쟁'이라는 주제로 강연을 펼쳤다. 그는 "지금까지는 아무리 기술이 발전해도, 기계

가 복잡한 패턴을 매칭시키는 것이나 커뮤니케이션 능력에서 인간을 따라잡을 수 없다는 것이 정설이었다"고 전제한 후 "그러나 이런 영역조차도 사람이 기계에 밀리는 것이 현재 상황"이라고 진단했다.

그는 지난 30여 년간 미국에서 최고 시청률 제조기로 꼽히던 퀴즈쇼 〈제퍼디(Jeopardy)〉에서 이런 현상을 적나라하게 목격했다고 설명했다. 이 퀴즈쇼에서 연속 73회 우승을 차지하면서 '퀴즈의 왕'이라고 불릴 정도로 유명세를 떨쳤던 켄 제닝스와, 가장 많은 상금을 획득한 브래드 러터가 IBM이 개발한 로봇 왓슨과 경쟁을 펼쳤다.

결과는 어땠을까? 맥아피 수석연구원은 "기계가 침범할 수 없었던 인간의 지식 노동의 영역조차 이 퀴즈쇼에서 무너졌다"면서 "두 명의 퀴즈 천재는 왓슨에 3배 가까운 점수 차로 처참하게 패배했다"고 말했다. 그는 "쇼를 보다 보니 나중엔 두 명의 참가자가 딱하다는 생각마저 들었다"고 덧붙였다.

맥아피 연구원은 2008년 금융위기 이후 실업률이 떨어진 이유를 분석하다가 로봇기술의 발전에 주목하기 시작했다. 경제성장률은 회복세를 보이고 있는데 실업률은 되려 높아지는 이유를 밝혀내기 위해서였다.

실제로 그는 이 같은 기술과 기계의 엄청난 진보가 '위대한 파편화(Great Decoupling)'를 낳았다고 설명했다. 통상적으로 연관성 있는 지표들은 함께 같은 방향으로 움직이는 경향이 있다. 기업이 돈을 잘 벌면 임금도 오르고, 일자리도 많이 생기는 식이었다.

하지만 파편화가 가중되면서 기술 발전으로 GDP나 경제성장률은 상승하지만 가계 소득과 임금 수준은 떨어지고 있다. 맥아피 수석연구원은 "이런 파편화 현상의 원인으로 세계화나 조세제도 등 정책 문제를 꼽는

'로봇과의 전쟁' 세션에서 앤드류 맥아피 MIT 디지털 비즈니스센터 수석연구원이 기계가 바꿔놓을 미래에 대해 강연하고 있다

사람도 있지만, 나는 기술이 가장 큰 요인이라고 생각한다"고 말했다.

이 같은 파편화 현상은 양극화와 쏠림현상을 초래한다. 교육 수준이 높은 사람과 많은 자본을 가진 기업, 그리고 슈퍼스타가 모든 혜택을 독식한다는 이야기다. 맥아피 수석연구원은 "기술 진보가 일어나면서 교육 수준에 따른 임금 격차는 훨씬 더 심각해졌다"면서 "제2차 세계대전 이후 50년간의 데이터를 보면 대학교 혹은 대학원을 졸업한 고학력자들의 경우 소득이 계속 늘고 있는데, 나머지는 30년 전보다 실질소득이 떨어지는 걸 볼 수 있다"고 말했다.

같은 맥락에서 중산층 몰락도 가속화되고 있다. 저숙련 일자리와 고숙련 일자리는 늘어났지만, 중간 정도 숙련도가 있어야 하는 중산층 일자리는 줄어드는 U자형 그래프가 나타나고 있다는 것. 맥아피 수석연구원은 "저숙련 일자리의 경우 몸으로 하는 일이 많아 여전히 사람 수요가 있고,

고숙련 일자리의 경우 기술이 숫자를 늘렸지만, 중산층의 일자리는 컴퓨터와 같은 기계들이 대체하고 있다"면서 "그것이 더 저렴하면서 효율성도 뛰어나기 때문"이라고 밝혔다.

'노동집약적 산업'이라는 이름 역시 사라질 것으로 전망했다. 그는 "자본수익률은 하늘 높은 줄 모르고 치솟지만, 이와 함께 움직이던 노동수익률은 사상 최저치를 찍고 있는 형편"이라면서 "그동안 노동력에 의존해 산업을 이끌어오던 인도나 중국, 멕시코의 미래는 어두울 것"이라고 예측했다.

더 큰 문제는 1% 대 99% 구도가 더 심각해져 0.01% 대 99.9%라는 구도를 만들 수 있다는 것이다. 그는 "기술이 발전하면서 이 기술을 움직이는 소수의 슈퍼스타가 부를 싹쓸이하고 있다"면서 "소비자들 입장에선 세계 최고 제품이나 서비스도 그렇게 비싸지 않은 가격에 이용할 수 있는데, 굳이 2위와 3위 제품을 써야 할 이유가 없지 않냐"고 설명했다. 앞으로도 슈퍼스타와 일반인들 사이의 격차는 더욱 벌어질 전망이다.

실제로 기술의 발전 속도는 상상 이상이다. 구글의 무인자동차는 더욱 정교해졌고, 이미 인공지능시스템을 장착한 기계들이 사람보다 더 정확하게 도로 표지판을 인식한다는 이야기가 나온다. 심지어 과제만 주면 가르쳐주지 않아도 스스로 그 방법을 습득해 과제를 수행하는 기계까지 나오고 있다. 심지어 금지된 영역처럼 여겨졌던 심리치료마저 기계가 하고 있다.

맥아피 수석연구원은 "산업혁명 이후 250년이 지났지만, 지금이 가장 흥미로우면서도 중요한 시점인 것 같다"며 "데이터는 폭발하고 있고, 기계가 대체 불가능했던 영역들이 파괴되고 있으며, 인간이 설 자리는 좁아지는 중이다"라고 진단했다. 그러면서 "그러나 역설적이게도 이 문제를 해결할 주체는 결국 인간"이라면서 "현재 기계의 발전으로 제기되고 있는 불평등 문제도 인류가 스스로 해결해야 한다. 결국, 좋은 세상을 만드는 것은 인간에 달려있다"고 말했다.

즉, 로봇과 인간의 관계가 대체보다 '보완'에 더 가까울 수도 있다는 게 맥아피 수석연구원의 생각이다. 다만 시대에 뒤처지지 않은 교육 제도가 필요하다는 조건을 달았다. 그는 "기술은 날이 갈수록 빨리 발전하는데 교육 혁신은 더디다"며 "아직도 50년 전에나 어울리는 노동자를 배출하고 있다"고 비판했다. 새로운 기술과 기계를 최대한 활용할 수 있는 교육을 통해 인재를 육성해야 한다는 것.

특히 그는 "벤처·스타트업 기업가들이 신기술을 가장 잘 활용하고 일자리도 창출해낸다"며 "기업가 정신 향상을 교육의 주요 목적으로 삼아야 한다"고 주장했다.

Speaker's Message

1% 대 **99%** 라는 이야기를 많이 들어보셨을 겁니다. 하지만 앞으론 **1%**의 **1%** 대 나머지가 될 수도 있습니다.

You hear about 1% vs 99%. But it will be 1% of 1% vs rest of all.

- 앤드류 맥아피

인간인 듯, 인간 아닌, 인간 같은 로봇

- 인간처럼 생각·행동하는 '컨슈머 로봇' 2030년이면 기술적으로 가능하다
- 핵심은 '소통', 인간과 감정교류 가능해지면 서비스업에서 핵심 역할 할 것
- 로봇은 가장 간단하게, 최소 비용으로 만들어져야 한다

로봇은 점점 더 우리 생활 속으로 파고들고 있다. 로봇 디자이너 마크 틸덴은 '컨슈머 로봇이 온다'는 주제의 세션에서 "로봇은 가장 간단하게 작동돼야 하고 최소 비용으로 만들어져야 한다"고 강조했다. 로봇에 대한 고정관념을 깨뜨리는 발언이다. 이제 소비자는 집에서 가전제품을 사용하듯이 로봇을 사용할 날이 머지않았다는 얘기다.

실제로 '컨슈머 로봇'이라는 말 자체가 이미 로봇의 일상화를 반영한다. 생활가전(Consumer Electronics)과 로봇(Robotics)의 합성어인 컨슈머 로봇은 '생활용 로봇'을 뜻한다. IoT가 만들어내는 세계에서 로봇의 미래를 엿볼 수 있는 것이 바로 컨슈머 로봇인 셈이다.

실제로 손정의 소프트뱅크 회장이 이미 인간의 감정을 읽고 반응할 수 있는 로봇 '페퍼'를 출시하는 등 전 세계에서 컨슈머 로봇을 잇달아 선보

로봇디자이너인 (왼쪽) 마크 틸덴과 (오른쪽) 벤 괴르첼 오픈코드 파운데이션 회장이 미래 대세가 될 '컨슈머 로봇'을 시연하고 있다

이고 있다. 이미 상용화된 생활형 자동화 가전제품의 단계를 넘어 이제는 영화 속의 아이언맨이 현실로 다가오고 있다.

틸덴 디자이너는 "로봇 시장은 현재도 전 세계적으로 2억 4,000만 달러 (약 2,500억 원) 수준"이라며 "앞으로 로봇과 연계한 앱 기술을 포함해 충분한 시장이 있을 것"이라고 내다봤다.

함께 패널로 나선 지노 위(Gino Yu) 홍콩폴리텍대 교수는 로봇이 소비자에게 쉽고 거부감 없이 다가갈 수 있는 선결 조건으로 '소통'을 꼽았다. 그는 "로봇이 인간과 감정을 교류할 수 있다는 것은 엄청난 기술 발전"이라며 "향후 컨슈머 로봇은 인간처럼 행동하며 각종 서비스 업종, 교육, 헬스케어 등의 분야에서 핵심 역할을 하게 될 것"이라고 내다봤다. 이어 "가장 중요한 점은 로봇과 인간이 어떻게 연결되는가이다"고 강조했다.

이를 위해 위 교수는 "진정한 의미의 컨슈머 로봇을 개발하기 위해선 인간의 감정까지 파악하고 읽어낼 수 있는 '소통형 로봇'을 만들어내야 한다"고 말했다. 그는 이날 영상을 통해 직접 개발한 로봇인 '아인슈타인 휴보'를 소개했다. 이 로봇은 사람이 말하는 억양에 따라 감정 상태를 파악해 "슬퍼 보여요", "기쁜 일이 있나요?" 등의 인사를 한다. 또 인간과 스스럼없이 대화하며 "인간은 누구나 죽을 수밖에 없는 운명 아니냐"는 추상적이고 철학적인 말까지 던진다.

인공지능 로봇을 개발하는 오픈코드 파운데이션의 벤 괴르첼 회장은 "2030년이면 인간과 대등한 수준의 인공지능 로봇이 나타날 것"이라며 "현재 기술은 이미 인간처럼 생각하고 행동하는 로봇에 거의 다가왔다"고 말했다.

이를 통해 컨슈머 로봇 개발자들은 궁극적으로 로봇이 인간과 가장 흡사한 존재가 돼야 한다고 주장했다. 로봇은 이제 인간이 주입한 기술이나 시스템에만 반응하는 존재가 아니라 스스로 학습할 수 있는 존재로 거듭나고 있다는 것이다.

눈앞에 다가온 스마트카 혁명

· '연결'과 '정보' 통해 운전자에게 즐거움과 자유로움을 주는 차량 개발이 핵심
· 운전자 신뢰 확보가 관건…적응에 수십 년 걸릴 수도
· 한국은 자동차와 IT 업종이 힘을 합칠 때 세계 스마트카 시장을 주도할 수 있다

인터넷과 연계해 사무실처럼 내부를 꾸민 커넥티드카, 무공해 연료와 첨단 기술을 접목한 친환경차(그린카), 운전자 없이 스스로 운전하는 자율주행차….

자동차의 콘셉트가 빠른 속도로 변하고 있다. 첨단 IT 기술을 접목한 스마트카(Smart Car) 시대가 몰고 온 변화들이다. 미래 자동차 시장을 겨냥해 글로벌 자동차 기업뿐 아니라 구글과 애플 등 IT 업체들도 도전장을 내밀고 나섰다. 앞으로 자동차와 IT 기업 간 합종연횡에 따라 미래 자동차 산업의 패러다임이 송두리째 변화를 맞이할 것으로 보인다.

스마트카는 기계 중심의 자동차 기술에 정보통신기술(ICT, Information and Communication Technology)을 접목해 안전과 탑승자의 편의를 극대화한 자동차다. 안전성을 높이기 위해 스마트카는 능동적으로 주변을 살

피는 센서를 갖추고 위험을 감지한다. 스마트카는 운전에 필요한 정보와 일상생활과 연계된 각종 정보를 제공해 탑승자가 내부뿐만 아니라 외부와도 쉽게 소통할 수 있도록 진화하고 있다.

신원재 한국GM기술연구소 실장은 "지금까지는 안전이란 가치를 두고 차체 강성 강화 등을 고민했는데, 이제는 센서를 IT와 접목해 더욱 능동적인 안전을 추구하고 있다"고 말했다.

요그 디이츨 아우디코리아 마케팅 담당 이사는 "연결(connectivity)과 정보 그리고 즐거움을 제공하는 기술을 유심히 살펴보고 있다"며 "도로 상태는 어떤지, 주차가 가능한 장소는 어디며 날씨는 어떤지는 물론, 보고 싶은 영화도 마음껏 볼 수 있는 기술이 우리가 추구하는 방향"이라고 설명했다.

박재항 현대차 미래연구실장은 자동차산업이 정보통신기술산업과의 협력과 경쟁을 통해 경쟁력을 더욱 높여갈 것으로 전망했다. 그는 한국 자동차산업은 "ICT와의 융합을 통해 선진 업체를 좇아가는 추격자에서 다른 자동차 업체를 이끄는 리더로 도약할 수 있을 것"이라며 "한국경제도 스마트카 산업을 통해 지속 성장을 할 수 있다"고 말했다.

필립 페리에 르노삼성 부사장은 스마트카의 주요한 역할로 '탑승자의 자유'를 강조했다. 그는 "탑승했을 때 더욱 자유로운 스마트카를 만들어야 한다"며 르노삼성이 개발한 스마트카 '넥스트2'를 예로 들었다. 그는 "넥스트2는 시속 30㎞ 이하의 고속도로 상황이나 주차할 때 운전대를 놓고도 주행할 수 있으며 통신 기술을 통해 외부 정보를 마음껏 이용할 수 있는 차량"이라고 설명했다.

스마트카와 관련된 시장 규모는 2020년까지 연평균 5%씩 지속 성장할 것으로 전문가들은 내다봤다. 전통적인 자동차 제조 기술뿐 아니라 센서

제15회 세계지식포럼에 참가한 패널들이 미래 자동차 산업의 패러다임에 대해 논의하고 있다. (왼쪽부터) 박재항 현대차 미래연구실장, 필립 페리에 르노삼성 부사장, 강연식 국민대 자동차IT융합학과장, 요그 디이츨 아우디코리아 이사, 신원재 한국GM기술연구소 전자장치시스템 설계실장

기술, 통신 기술 등이 망라되기 때문에 시장 참여자가 훨씬 많아질 것이고 자동차 부품 업체들의 참여도도 높아질 것으로 전망했다.

스마트카의 발전은 '공유경제'와 맞닿아 '이동'이라는 패러다임을 변화시킬 가능성도 있다고 패널들은 입을 모았다. 운전해 목적지에 도착했다가 다시 운전해 돌아와야 하는 기존 차와 달리 스마트카는 목적지에 도착한 뒤 다른 승객을 태우기 위해 스스로 이동하는 게 가능해지기 때문이다. 박재항 실장은 "IoT가 자동차 시장과 결합하면 최적의 이동수단이 될 것"이라고 단언했다. 그는 "카셰어링, 우버 등 중개 서비스, 기반 기술(인프라스트럭처)과 연계한 서비스 등이 가능해진다"며 "자동차를 소유한다는 개념 자체가 사라질 수도 있다"고 내다봤다.

그렇다면 스마트카를 조만간 도로에서 만날 수 있을까? 패널들은 결국 스마트카 도입의 핵심은 '안전 문제 해결'이라고 밝혔다. 즉, 시속 수십 ㎞ 이상의 속도로 달리고 있는 자율주행차를 탄 승객들이 과연 안심하고 운전대에서 손을 뗄 수 있을까 하는 점이다.

박재항 현대차 미래연구실장은 강연을 통해 재미있는 설문조사 결과를 발표했다. 현대차가 우리나라 소비자들에게 '자율주행차를 타면 무엇을 하겠는가'란 질문을 던지자 가장 많은 소비자가 '다른 일 하지 않고 전방 도로를 응시하겠다(28%)'고 대답했다는 것이다.

페리에 부사장은 "소비자들이 자율주행시스템을 신뢰하도록 만들어야 하는데 이게 쉬운 작업이 아니다"라며 "새 시스템에 적응하는 데 수십 년이 필요할 수도 있다"고 지적했다.

그는 이어 "교통체증 상황에서 속도를 자동으로 조절해주거나 주차 시 앞뒤 사물을 인식해 알려주는 초보적 기능은 이미 양산차에 적용되고 있다"며 "앞으로 스마트카는 고속도로 등 비교적 예측 가능한 상황에서의 자율주행과 자동주차가 가능한 형태로 진화한 다음, 출퇴근 도로 등 정해진 코스를 자동으로 주행하는 차량을 거쳐 궁극적으로 어떤 경우에도 혼자 주행할 수 있는 차로 발전할 것"이라고 설명했다.

또한, 이들은 아직 스마트카에 대한 기술표준이 없다는 사실에 우려를 표했다. 디이즐 이사는 "어떤 기술이 표준이 될지 모르는 상태에서 비용을 들여 기술을 개발하기는 쉽지 않다"며 "비용적 측면에서 꼭 필요한 기술과 덜 중요한 기술을 분류해내는 것도 숙제"라고 말했다. 신원재 실장은 "관련 기술 표준 정립에만도 상당한 시간이 소요될 것"으로 내다봤다.

비트코인? 비트코인!

- 비트코인, 현실과 결합하며 금융플랫폼으로의 진화 가능성 보여
- 가격변동성, 보안 등 리스크는 조만간 기술적으로 해결될 것
- 정부, 규제보단 활성화 통해 창조경제 기반으로 삼아야

가상화폐 비트코인은 초기에 투기 논란에 휩싸였지만, 지금은 다양한 비즈니스 모델을 갖춘 생태계로 진화하고 있다. 비트코인은 세간의 편견과 달리 애초에는 투기대상으로 고안된 게 아니었다. 최소한의 거래비용으로, 높은 안전성을 보장받으면서 효율적인 재산거래를 하자는 게 목적이었다. 실제 비트코인을 화폐로 환전할 수 있는 ATM기가 등장했으며, 페이팔은 비트코인을 공식 결제 수단으로 사용하기로 했다. 에어비앤비, 우버, 드롭박스 등의 모바일 서비스도 비트코인으로 결제할 수 있게 됐다. 현실과의 결합이 본격화되고 있다는 얘기다.

비트코인은 이제 가상화폐를 넘어 금융 플랫폼으로의 진화 가능성을 보이고 있다. 15회 세계지식포럼 '비트코인, 마법의 화폐 될까' 세션에서는 비트코인이 몰고 올 경제혁명을 진단하고, 그와 동반할 리스크 해결 방

'비트코인, 마법의 화폐될까' 세션에서 패널들이 비트코인 사업모델에 대해 토의하고 있다. (왼쪽부터) 인호 고려대 교수와 로저 버 메모리딜러스닷컴 CEO, 진영 리 잉런드 비트코인 파운데이션 마케팅 국장, 조나단 마크 사우서스트 〈코인데스크〉 기자

안에 대해 글로벌 최고 전문가들이 열띤 토론을 벌였다.

로저 버(Roger Ver) 메모리딜러스닷컴 CEO는 "비트코인은 인류 역사상 인터넷 다음으로 대단한 발명품"이라며 "비트코인 사업과 관련한 수천 개의 스타트업들이 일자리를 만들고, 천문학적인 투자금이 비트코인 사업에 몰려들고 있다"고 말했다.

진영 리 잉런드 비트코인 재단 마케팅 국장은 "한국경제가 중국의 추격을 물리치고 도약하기 위해선 새로운 아이디어가 필요하다"며 "비트코인은 박근혜 정부가 추진하는 '창조경제'에 가장 충실한 아이디어"라고 강조했다. 그는 "비트코인이 가장 고무적인 것은 인종, 국적 등과 상관없이 전 세계 모든 사람에게 평등한 기회를 제공한다는 것"이라며 "한국에서 많은 비트코인 기반 벤처기업이 나와 세계의 리더가 되길 기대한다"고 말했다.

조나단 마크 사우서스트 〈코인데스크〉 아시아 지역 디렉터는 "비트코인은 전 세계 어디에서든 인터넷 거래가 가능한 수평적 네트워크 구조의 온라인 가상화폐. 스마트 거래를 가능하게 하는 기술 혁신"이라고 평가했다.

비트코인이 큰 주목을 받고 있지만 '가상화폐 허브'를 추진하는 영국을 제외한 대부분 국가 정부는 비트코인에 부정적이다. 저렴한 수수료와 사용 편리성 등 장점에도 불구하고 높은 가격 변동성, 취약한 보안, 불법거래 이용 가능성 등 리스크가 있기 때문이다.

이에 대해 로저 버 CEO는 "일부 사고가 있기도 했지만, 기본적으로 비트코인은 현재 금융시스템보다 훨씬 리스크가 적다"며 "리스크와 보안에 대한 연구가 활발해 진행되고 있는 만큼 효능은 최대화하고 리스크는 최소화하는 방향으로 진행될 것"이라고 강조했다.

사우서스트 디렉터는 서울에서 이용이 금지된 우버 택시와 마찬가지로 비트코인도 정부가 규제할 수 있다는 지적에 대해 "중앙집권적인 시스템하에서는 허가를 받지 않으면 사용을 못 하는 게 일반적이지만 비트코인은 그런 메커니즘 자체가 성립이 안 된다"며 "정부가 비트코인을 억제하는 것은 바보 같은 짓이 될 것"이라고 말했다.

인터넷 세상의 새로운 질서를 만든다

- 인터넷 거버넌스, 정당한 절차와 투명성 확보가 핵심
- 거버넌스 정립 과정에 다수 이해관계자 모두 참여해 사회 합의 도출해야
- 인터넷상의 도·감청에는 사회적 토론과 공식절차가 반드시 필요하다

2014년 하반기에는 카카오톡 실시간 검열 논란이 화제가 되었다. 국가는 정당한 법 집행을 위해 개인의 사생활을 침범할 수 있을까? 만약 공익적 목적을 위해서 가능하다면, 그 기준은 어떻게 마련돼야 할까?

세계지식포럼 '인터넷 시대 질서가 바뀐다' 오픈 세션에서 칼 빌트(Carl Bildt) 전 스웨덴 총리는 "정부가 범죄예방을 위해 국민의 통화기록을 열람하더라도 합당한 절차를 걸쳐야 한다"며 "일정 기간에 얼마나 정부가 접속하는지에 대한 통계도 필요하다"고 주장했다.

한국 외에도 세계에서 사이버 검열에 대한 논의가 한창 진행 중이다. 개인정보와 관련된 '메타 데이터'를 어떻게 열람하고 활용할 것인지 대해 유럽 인권위원회와 법사위원회 등도 문제를 제기하고 있다. 인터넷 거버넌스 국제 위원회 의장을 맡은 칼 빌트 스웨덴 前 총리는 "대부분 사람은 범

오픈세션으로 진행된 '인터넷 시대 질서가 바뀐다' 세션에서 인터넷 거버넌스 국제위원회(GCIG) 위원들이 향후 변화될 인터넷 거버넌스에 대해 설명하고 있다. (왼쪽부터) 칼 빌트 의장, 로라 드나디스 미국 아메리칸 대 교수, 나르쿠 콰이어노 가나닷컴 회장, 고든 스미스 캐나다 국제 거버넌스 혁신센터 소장

죄 예방을 이유로 가능하다고 생각하지만 이에 대한 토론과 절차가 반드시 필요하다"며 "너무나도 많은 개인정보가 인터넷상에 있기 때문"이라고 설명했다.

이러한 인터넷의 미래에 대한 논의에서 중요한 개념이 '인터넷 거버넌스'이다. 고든 스미스(Gordon Smith) 前 캐나다 외무부 차관은 "거버넌스(governance)는 지구 온난화·에볼라 퇴치와 같이 부문 간 협력을 통해 문제를 해결하려고 하는 것이다"고 설명했다. 이들은 더는 인터넷에 대한 논의를 미룰 수 없다는 절박감에서 인터넷 거버넌스 국제 위원회를 결성했고 두 번째 공식 회의를 세계지식포럼 기간에 열었다.

연사들은 앞으로 10년 뒤 인터넷 환경은 또 지금과는 완전히 다를 것이라고 확신했다. 현재 인터넷 사용자가 약 30억 명인데 10년 동안 40억 명이 새로 인터넷으로 유입돼 오는 2025년이 되면 70억 명에 다다른다는 것이다. 전 세계 인구의 90%에 육박하는 숫자다. 이날 세션의 좌장을 맡은 전길남 카이스트 명예교수는 "새로운 40억 명을 어떻게 인터넷에서 받아들일 것인가?"라는 의문을 던지며 "인터넷의 역할이 정보 기반에서 글로벌 소셜 인프라스트럭처로 바뀌고 있다"고 설명했다.

보안과 인권문제도 인터넷 거버넌스의 주요 논의 주제다. 로라 드나디스 아메리칸대 교수는 "향후 경제 성장부터 인권에 이르는 방대한 의제 모두가 인터넷과 인터넷 거버넌스에 달려있다"며 "이는 단순히 기술에 관련된 것이 아니라 제도와 관련된 문제"라고 말했다.

해결책으로 이들은 '다수 관계자(multistakeholder)에 의한 이해조정' 과정이 필요하다고 주장했다. 즉, 인터넷 공공정책의 결정 과정에 정부, 시민사회, 기업, 기술 및 학술 커뮤니티, 그리고 개인 이용자들이 동등하고 민주적으로 참여해야 한다는 의미이다. 고든 스미스 전 차관은 "정부만의 독단적 결정으로는 변화하고 복잡다단한 인터넷 세계의 정책을 제대로 다루기에는 한계가 있을 수밖에 없다"며 "다양한 민간 부분 이해당사자들이 정책 결정 과정에 직접 참여하면 정책도 내실이 생기며, 사회적 합의를 이끌어 내기에도 적합할 것"이라고 제언했다.

한편 인터넷 거버넌스 국제 위원회는 세계지식포럼 기간 동안 개최한 서울 회의에서 새 인터넷 체제를 만드는 데 세계통신연합(ITU)의 적극적 역할을 촉구하는 '서울 코뮈니케(성명서)'를 채택했다. 칼 빌트 의장, 고든 스미스 전 캐나다 외무차관, 마이클 처토프 전 미국 국토안보부 장관 등

약 30명이 참석한 인터넷 거버넌스 국제 위원회는 성명서를 통해 "표준 및 주파수 관리를 하는 세계통신연합의 고유 기능을 지지한다. 앞으로 인터넷 거버넌스 등 세계적 공통 관심사에 대해서도 논의할 것을 희망한다"고 밝혔다. 이어 "ITU가 더 폭넓은 인터넷 공동체를 위해 기구 차원에서 투명성 및 개방성을 확대하길 기대한다"고 강조했다.

성명서는 2015년 9월까지 국제인터넷주소자원관리기구(ICANN)의 인터넷 통제권을 이양하는 것을 골자로 하는 새 인터넷 체제를 만드는 데 세계통신연합의 적극적인 역할을 주문하는 것이어서 앞으로 방향을 설정하는 데 영향을 미치리라 예상된다.

인터넷 거버넌스 국제 위원회(GCIG)란?

세계 각국이 인터넷 체제의 패권을 쥐기 위한 치열한 경제 외교 경쟁에 돌입한 상황이다. 이 같은 변화는 지난 46년간 국제인터넷주소자원관리기구(ICANN)를 통해 인터넷 주소 자원을 실질적으로 관리해온 미국에 대한 신뢰가 무너지고 있기 때문이다. 특히 미국 국가안보국(NSA)의 광범위한 국제 도·감청 행위를 에드워드 스노든이 폭로한 이후 미국이 관리하는 인터넷의 보안성에 대해 믿음이 무너졌으며, 제삼세계 국가의 해킹 시도가 세계경제를 위협할 지경까지 달했다.

또한, 구글, 페이스북, 아마존 등 미국 정보기술 기반 기업이 인터넷 세상을 좌지우지하고 있는 것에 불안감을 감추지 못하는 유럽 각국과 중국, 브라질, 인도 등 거대한 인구를 기반으로 엄청난 트래픽을 유발하고 있는 개발도상국들도 미국 주도 인터넷 질서의 재편을 주장하고 있다.

미국은 국가별 인터넷 주소를 만들어 세계에 배분하는 자국 내 민간 기구인 ICANN의 확대 개편을 원하고 있다. 미국은 "별도 국제기구가 만들어지면 국가가 인터넷 정책에 더 과도하게 개입하기 때문에 민간 자율성이 줄어들어 오히려 인터넷 자유가

침해된다"며 설득에 총력을 기울이고 있다. 하지만 중국, 러시아, 브라질과 일부 신흥 국가들은 ICANN을 내세운 미국이 인터넷 시장을 지배하고 있기 때문에 국제기구에 권한을 넘겨야 한다고 주장하고 있다.

인터넷 거버넌스 국제 위원회는 이 같은 상황에서 인터넷의 혁신성을 유지하기 위한 아이디어를 개발하고 이를 정책적으로 뒷받침하기 위해 만들어진 국제단체다. 지난 1월 개최된 다보스포럼에서 캐나다 국제 거버넌스 혁신센터(CIGI)와 영국 왕립국제연구소(채텀하우스)가 공동으로 구성을 발표한 이후 2014년 5월 스톡홀름에서 첫 회의를, 10월 세계지식포럼 때 두 번째 회의를 열었다.

인터넷 거버넌스 국제 위원회는 전 세계 정부, 학계, 시민사회 등 다양한 부문의 대표자 29명으로 구성됐으며 향후 2년간 운영 예정이다. 스웨덴 외무장관 칼 빌트가 위원장을 맡고 있으며 전 캐나다 외무차관을 지낸 고든 스미스가 부위원장이다. 앙헬 구리아 OECD 사무총장을 비롯해 마이클 처토프 전 미국 국토안보부 장관, 조지프 나이 하버드대 교수, 노벨경제학상 수상자인 마이클 스펜스 뉴욕대 교수, 도미닉 바턴 맥킨지 회장 등이 위원으로 참여하고 있다. 한국에서는 장대환 매경미디어그룹 회장이 참여하고 있다. 인터넷 거버넌스, 혁신, 온라인 인권보장, 시스템 리스크 방지 등이 주요 의제이다.

저성장 시대의
신성장 전략

글로벌 CEO가 한자리에 모이다

- 빠르고 과감한 결정이 기업의 지속성장 이끈다
- M&A 통해 시장에서 지속적인 기술경쟁력 확보해야
- 급할수록 돌아가라…리스크 관리, 고객관계 관리에 집중하라

"지속적인 성장을 원한다면 빨리 결정하고 과감하게 투자하라."

세계경제 성장동력이 떨어지면서 기업들 역시 방향타를 잃고 표류하고 있다. 한국을 비롯한 글로벌 기업들은 막대한 사내유보금을 쌓아놓고도 마땅한 투자처를 찾지 못하고 있다. 세계지식포럼 '글로벌 CEO 라운드테이블' 세션에 참석한 경영자들은 빠른 의사결정과 효과적인 투자, 적절한 리스크 관리가 위기 상황 속에서도 기업을 계속 성장하게 하는 원동력이라고 입을 모았다.

독일 머크그룹의 요하네스 바일로우(Johannes Baillou) 회장은 "2000년대 초반 복제 의약품이 인기를 끌 때 머크도 M&A를 통해 이 시장에 뛰어들었다"며 "하지만 몇 년 뒤 시장이 과열돼 수익률이 떨어졌고 회사를 되팔아야 했다"고 실패담을 털어놨다. 그로부터 3개월 뒤 글로벌 금융위기

세계지식포럼 '글로벌 CEO 라운드테이블'에서 패널들이 기업의 지속적인 성장에 대해 논의하고 있다. (왼쪽부터) 이그나시오 가르시아 알베스 아서디리틀 회장, 헤비에른 한손 노르딕아메리칸탱커스 회장, 요하네스 바일로우 E.머크 KG 파트너위원회 회장, 홍원표 삼성전자 미디어솔루션센터장

가 터지면서 의약품 시장은 물론 M&A 시장도 꽁꽁 얼어붙었다.

바일로우 회장은 "불과 수년 만에 우리의 실수를 인정하기는 쉽지 않았지만, 결과적으로 당시 빠른 의사결정을 내리지 못했다면 더욱 큰 손실을 봤을 것"이라고 덧붙였다.

홍원표 삼성전자 미디어솔루션센터장(사장)은 성장 기회를 놓치지 않으려면 서로 다른 두 가지 투자가 조화돼야 한다고 말했다. 홍 사장은 "우리는 R&D 투자를 통해 앞으로의 성장 방향을 가늠하는 한편 우리에게 없는 기술을 확보하기 위해 M&A에도 과감하게 투자한다"며 "이를 통해 치열한 기술 경쟁에서 경쟁사보다 한발 앞설 수 있다"고 말했다.

헤비에른 한손(Herbjoern Hansson) 노르딕아메리칸탱커스 회장은 "리스크 관리는 보수적일수록 좋다"고 강조했다. 그는 "금융위기는 월가 경영자들이 이해하지도 못한 금융상품에 결재하면서 시작됐다"며 "내가 잘 아는 일을 하는 것이 모르는 일을 하는 것보다 좋다"고 말했다. 부채 관리에 대해서도 "내가 설립한 두 회사의 부채비율은 각각 0%와 20%"라며 "은행과 협의할 일이 없기에 더 빨리 의사결정을 할 수 있다"고 덧붙였다.

'신뢰'에 대한 언급도 많았다. 바일로우 회장은 "우리는 가족들이 지분 70%를 가진 회사지만 1920년대에 이미 가족 밖에서 능력 있는 사람들을 영입해 경영을 맡겼다"며 "회사 구성원을 신뢰하고 권한을 주면 이를 밑거름 삼아 기업이 성장할 수 있다"고 전했다.

한손 회장 역시 "노르딕아메리칸탱커스는 원유 수송을 주력으로 하고 있는데 실패했을 경우 리스크가 워낙 크기 때문에 신뢰가 쌓이지 않으면 영업이 어렵다"며 "고객과의 신뢰를 유지하는 일 역시 기업 성장을 위한 중요한 요소"라고 말했다.

살아남는다! 파괴적 기술

- 파괴적 기술 통해 미래 성장동력 찾아라
- 클라우드 컴퓨팅, 플랫폼, 헬스케어 등이 미래의 메가트렌드
- 장기적으로 커넥티드 리빙, 순환 경제, 스마티 시티가 미래사회를 바꾼다

"파괴적 기술을 선점하는 기업이 살아남을 것이다."

세계적인 리서치회사인 프로스트 앤 설리번의 마노지 메논(Manoj Menon) 아시아태평양지역 대표는 세계지식포럼 '다가올 메가트렌드 2020' 세션에서 "우리는 '대변혁'의 시대를 살고 있다"고 강조했다. 우리를 둘러싼 환경이 빠른 속도로 변하고 있으며 기술도 융·복합을 통해 전례 없이 발전하고 있다는 것이다.

그는 이를 12개의 메가트렌드와 9개의 혁명적 전환, 그리고 50개의 파괴적 기술(Disruptive Technology)로 나누어 정리했다. 먼저 12대 '메가트렌드'를 기기 간 연결, 클라우드 컴퓨팅, 도시화, 전기차, 스마트그리드, 새로운 비즈니스모델, 노령화와 Y세대, 상업 위성으로 촉발되는 혁신, 핵심 플랫폼, 정보 보안의 중요성, 초고속 철도, 헬스케어로 꼽았다. 산업계 전

체를 뒤흔들만한 큰 변화다.

메논 대표는 "추가 메가트렌드 연구를 통해 시장 내에서 9가지 '혁명적 전환'이 일어나고 있음을 발견했다"며 각각의 변혁에 대해 자세히 설명했다.

첫 번째는 '연결된 생활(connected living)'이다. IT기술과 통신 발달로 주택과 가전제품, 제품과 소비자, 소비자와 엔터테인먼트 등이 하나로 연결된다는 것이다. 이와 관련 2020년까지 총 7,500억 달러 규모의 시장이 창출될 것이며 다양한 참여 기업들이 수익을 공유할 수 있다고 내다봤다.

두 번째는 '빅데이터'다. 메논 대표는 "빅데이터를 이용해 기업들은 특정 지역의 고객들이 2~3개월 이내에 어떤 제품을 구매할 것인가를 예측하고 대비할 수 있게 될 것"이라고 전망했다.

세 번째 변혁적 전환은 '스마트 시티'다. 이는 도시 구석구석 전체를 신경망과 같은 IT 네트워크로 연결한 도시를 말한다. 메논 대표는 "이 분야에서 2015년까지 1조 5,000억 달러 규모의 시장이 형성될 것"이라고 말했다.

네 번째는 '사물의 센서화'다. 모든 제품에 음성, 안면, 동작 등을 감지하는 센서가 달려 기능을 수행하게 될 것이란 주장이다. 다섯 번째는 이미 주변에 많이 보이는 '공유경제'다. 집이나 자동차를 소유하지 않고 여러 사람이 필요할 때마다 빌려 쓰는 형태의 경제 방식이다.

여섯 번째는 '순환 경제'다. 제품을 생산하고 판매하고 소비하는 지금까지의 선형적 경제와 달리 순환 경제는 기업이 물건을 소비자에게 대여하고 그 물건을 더 쓸 필요가 없을 때 기업이 회수해 물건을 다른 사람에게 빌려주는 경제를 뜻한다. 메논 대표는 "이미 많은 산업 기기 분야에 적용

마노지 메논 프로스트앤설리번 대표가 '다가올 메가트렌드 2020' 세션에서 2020년 불어닥칠 12개 메가트렌드와 9개의 혁명적 전환에 관해 설명하고 있다

되고 있는 만큼, 조만간 소비자 시장으로 영역이 확산될 것"이라고 전망했다.

일곱 번째는 '3D 프린터'다. 메논 대표는 3D 프린터가 제품 개발 시간을 크게 단축하며 개개인의 취향에 맞는 물건을 저렴하게 생산하게 한다고 설명했다. 그는 "3D 프린터를 이용하면 매일 프로토타입 제품을 하나씩 만들어낼 수 있다"며 "소비자를 디자인에 참여시키는 것도 가능해진다"고 말했다. 이어 3D 프린터가 몰고 올 변화에 대해 "클라우드 소싱을 통한 소량 생산이 늘어날 것"이라며 전망했다. 이미 네슬레가 3D 프린터를 이용한 초콜릿 프린팅 기술을 연구하는 등 3D 프린터는 산업 전반에서 광범위하게 활용되고 있다는 게 그의 설명이다.

여덟 번째는 '자원의 결합'이다. 그는 "대표적인 자원인 식량, 물, 에너지의 경우 한쪽의 생산을 늘리려면 다른 쪽을 많이 투입해야 한다"며 "인류가 지속하려면 기술을 통해 이런 딜레마를 해결할 수 있어야 한다"고 말했다. 이와 관련해 메논 대표는 "지속 가능한 성장을 위해선 기술이 더욱 효율적으로 활용돼야 한다"고 지적했다.

마지막으로 그는 '로봇 시장의 부상'을 앞으로 닥칠 혁명적 변화로 꼽았다. 그는 "산업용 로봇뿐만 아니라 생활용 소형 로봇들이 잇달아 우리의 삶 속으로 들어올 것"이라고 말했다.

메논 대표는 "2020년까지의 대부분의 기술 개발은 12개의 메가트렌드와 9개의 혁명적 전환과 관련있을 것"이라며 "기업들은 이런 트렌드와 변혁을 잘 살펴 자기들이 잘할 수 있는 분야에 집중해야 한다"고 말했다.

이런 과점에서 메논 대표는 프로스트 앤 설리번이 '파괴적 기술'이라고 이름 붙인 50개의 유망 기술을 선정해 그 일부를 소개했다. 그가 언급한 파괴적 기술 가운데는 사람처럼 생각하는 '뉴로틱 컴퓨터', 자극에 반응해 물성이 바뀌는 소재인 '폴리머 커밀리온', 모든 서비스를 제공한다는 뜻의 'XES(anythingelse Service)' 등이 포함됐다. 메논 대표는 "기업은 우리가 제시한 12개 메가트렌드와 9개 변혁모델, 그리고 50개 기술이라는 아이디어를 통합해 무한한 조합을 만들 수 있다"며 "얼마나 혁신적인 조합을 해내느냐에 따라 기업의 성공과 실패가 갈릴 것"이라고 강조했다.

디지털 시대와 진격의 미디어

• 디지털 시대, 소비자와 개별 미디어 브랜드의 단절이 위기 요인
• 미디어 전쟁 승자는 결국 소비자…개인맞춤 '뉴스 소셜'로 변신하라
• 콘텐츠 생산을 넘어 빅데이터, SNS, 플랫폼 등으로 외연을 넓혀야

올해 초 공개된 〈뉴욕타임스〉의 혁신보고서는 전 세계에 충격을 줬다. 디지털 시대에 가장 잘 적응해온 미디어로 알려진 〈뉴욕타임스〉였지만, 내부 결론은 자신들이 변화에 뒤처져 있으며 적응에 실패하고 있다는 참담한 내용이었다. 인터넷 시대 미디어의 생존전략을 모색하는 논의가 지난 15회 세계지식포럼 '미디어 전쟁 : 디지털 시대의 새로운 포식자들' 세션에서 열렸다.

패널로는 前 세계신문협회장이자 지정학정보서비스 CEO인 라이너 미텔바흐(Reiner Mittelbach), 《구글노믹스》의 저자인 제프 자비스 뉴욕시립대 교수, 〈파이낸셜타임즈〉의 에디터인 제임스 킨지는 "미디어 전쟁의 최종 승자는 결국 정보 소비자"라며 "이 점을 분명히 이해하고 발 빠르게 대응하는 미디어 기업만이 살아남을 것"이라고 입을 모았다.

'미디어 전쟁 : 디지털 시대의 새로운 포식자들' 세션에서 패널들이 인터넷 시대 미디어의 생존전략에 관해 토론하고 있다. (왼쪽부터) 라이너 미텔바흐 지정학정보서비스 CEO, 제프 자비스 뉴욕시립대 교수, 제임스 킨지 파이낸셜타임즈 에디터

현재 상황이 매스미디어의 '위기'라는 데는 이견이 없었다. 미텔바흐 CEO는 "매스미디어 모델은 이미 수명을 다했다"고 단언했다. 그는 "잇따른 기술충격에도 불구하고 새로운 길을 찾지 못하고 있는 신문, 구글을 중심으로 한 뉴스 포털의 발달, 모바일 시대 소셜미디어의 확산이 매스미디어의 위기를 불러왔다"고 설명했다. 특히 "〈허핑턴포스트〉 등 '뉴스 애그리게이터(aggregator : 헤드라인을 모아놓은 웹사이트)'의 성장은 디지털 세대와 개별 미디어 브랜드의 접점을 단절시켰다"고 강조했다.

킨지 에디터는 "정보가 생산 즉시 공유·배포되는 시대를 맞아 미디어의 진입 장벽은 사라졌다"며 "미디어는 다른 미디어뿐만 아니라 개인 블로그, 투자은행이나 컨설팅 회사의 보고서와도 경쟁해야 하는 현재의 여건을 명확히 인식해야 한다"고 지적했다. 그는 최근 페이스북에서 '좋아요'

1억 건을 돌파한 축구스타 크리스티아누 호날두를 예로 들며 "그(호날두)가 신문을 발행하면 기존 미디어들은 문을 닫아야 하는 처지가 될 것"이라고 설명했다.

자비스 교수는 "언론도 결국 서비스 산업"이라며 "콘텐츠도 결국은 정보소비자를 위한 미디어의 도구일 뿐"이라고 주장했다. 그는 "미디어 기업들은 콘텐츠 생산뿐만 아니라 데이터 활용, SNS, 플랫폼을 통한 정보공유 등으로 외연을 확장해야 했지만 그러지 못했다"고 비판했다.

참석자들은 미디어 전쟁에서 살아남기 위해선 기존 미디어들의 '파괴적 혁신'이 필요하다고 주장했다. 자비스 교수는 "21세기판 구텐베르크 혁명을 맞아 디지털 시대에 맞는 새로운 형태의 미디어와 저널리즘이 필요하다"며 "이제 미디어 기업은 디지털을 우선순위에 두고 신문도 찍는 방향으로 바뀌어야 한다"고 강조했다.

특히 그는 "결국 새로운 시대를 맞아 미디어의 역할은 정보 생산자에 한정된 역할을 벗어나 정보의 교류를 돕고 가치 있는 정보가 소비자에게 전달되도록 하는 일"이라며 미디어 패러다임의 변화 필요성을 역설했다. 이어 "정보 가치를 높이기 위해선 매스미디어 시대 이후 단절된 고객과 미디어의 관계를 회복해야 한다"며 "미디어 스스로 구글, 페이스북과 같은 플랫폼으로 변신해야 한다"고 강조했다.

미텔바흐 CEO도 "이제 미디어는 '뉴스페이퍼'가 아니라 '뉴스 소셜'이 돼야 한다"며 "뉴스 상품을 개인별로 맞춤화하는 동시에 정부부터 개인 블로거에 이르기까지 다양한 파트너십을 통해 미디어의 경쟁력을 높여야 한다"고 말했다.

그는 앞으로 미디어의 수익원에 대해 "앞으로는 광고 수입보다 가치 있는 콘텐츠 유료화가 중심이 돼야 한다"면서도 "FT 등 전문성이 있는 일부 미디어 기업을 제외하고 유료화가 가능한 콘텐츠를 창출할 수 있을지 의문"이라며 다소 회의적인 자세를 보였다. 반면 자비스 교수는 "콘텐츠 유료화는 당장 현금 창출원(cash cow) 역할은 할 수 있지만, 젊은 층에게 진입 장벽이 돼 장기적으로는 좋지 않은 결과를 낼 것"이라고 반박했다.

이에 대해 킨지 에디터는 "미디어도 이제 빅데이터를 정보의 최고 원천으로 삼아야 한다"며 "미디어는 이제 가치사슬의 최상위에서 정보의 가치를 높여야 한다"고 조언했다.

'좋아요' 받는 기업문화는?

- 좋은 기업문화는 좋은 전략에서 시작된다
- 사원들은 리더의 행동에 주목하며 그 자체가 '기업문화'가 된다
- 한국 기업들, 글로벌 무대에 서려면 기업문화를 바꿔야 한다

- 존 칠드러스 회장

"당신은 회사의 리더입니다. 어느 날 회사에서 다른 직원 뒷담화를 하는 2명의 매니저를 목격합니다. 어떻게 하시겠습니까?"

N2그로스의 존 칠드러스(John Childress) 회장은 "좋은 기업문화는 어떻게 만드냐"는 우문(愚問)에 이런 질문을 던졌다. "모른 척 지나가시겠다고요? 귀찮아서, 혹은 내가 저런 거까지 간섭해야 하느냐는 생각이 들어서? 그 순간 회사는 '뒷담화를 용인하는 기업문화'를 갖게 됩니다. 두 명의 매니저는 그냥 지나가는 리더를 보고 '아, 뒷담화를 해도 되는구나'라고 생각하게 되니까요."

수십 년간 리더십과 기업문화를 평생 연구해온 칠드러스 회장은 기업문화를 거창한 것으로 보는 것부터 고쳐야 한다고 말했다. 칠드러스 회장은 세계지식포럼 참석차 한국을 찾아 올바른 기업문화를 갖기 위한 조건

과 환경, 그리고 이를 위한 리더의 자세를 이야기했다. 요약하자면 리더들이 스스로 모범이 돼야 한다는 것, 또 작위적으로 문화를 만들기 위한 설레발보다는 전략을 먼저 세우고 나서 그 전략을 뒷받침할 수 있는 올바른 기업문화 형성에 나서야 한다는 것이다.

그의 말에 따르면 기업문화는 '리더의 그림자'와 같다. 리더의 사소한 행동이 모여 기업문화를 형성한다는 것이다. 칠드러스 회장은 "올바른 기업문화를 갖고 싶다면, 리더는 자신의 행동 하나하나가 직원들에게 보여지며, 자신의 사소한 행동이 얼마나 큰 파급력을 미치는지를 인정하고 느껴야 한다"면서 "문화는 '이렇게 만들자'고 선언한다고 만들어지는 것이 아니다. 리더와 직원이 끊임없이 모니터링하고, 소통하고, 칭찬하고, 교정하는 과정에서 형성되는 것"이라고 말했다.

이어지는 칠드러스 회장의 '좋은 기업문화 만들기' 해법은 기업문화의 석학답게 독특했다. 기업문화의 중요성을 설파해온 그지만, 되레 문화는 '전략'을 따라가야 한다고 주장했다. 기업은 돈을 벌기 위해 존재하는데, 문화만 강조하면 교과서적인 이야기로 치부돼 오히려 역효과가 난다는 것. 칠드러스 회장은 "아무리 좋은 문화도 전략과 맞지 않으면 소용없다"면서 "좋은 전략을 먼저 수립하고 이를 잘 뒷받침해줄 수 있는 기업문화를 형성한다면 서로 자존심을 다치지 않으면서도 좋은 성과를 낼 수 있다"고 설명했다.

그는 "CEO는 전략을 만드는 사람"이라며 "그런 사람에게 문화만 강조하면 받아들이지 못한다. 전략을 먼저 짜고, 이에 맞는 기업문화를 만들어야 한다"라고 거듭 강조했다.

이어 칠드러스 회장은 "대부분의 기업 리더들은 기업문화라고 하면 직

기업문화 연구의 베테랑인 존 칠드러스 N2그로스 회장
이 경영전략과 연계한 기업문화 조성 방안에 대해 강연
하고 있다

원복지나 인사와 같은 단편적인 요소들만을 생각한다"고 전제한 후 "그러
나 기업문화는 기업의 전략을 뒷받침하고, 전략을 이끄는 것이므로 전사
적인 차원에서 바라봐야 한다"고 조언했다.

또 소위 기업문화 전문가라는 사람들이 전략이나 비즈니스를 무시한
채 기업문화만 강조하는 것 역시 잘못됐다는 주장을 한다. 칠드러스 회장
은 "당장 눈앞의 성과와 숫자에 집중할 수밖에 없는 리더들에게 기업문화
만 강조하면 그야말로 허황된 이야기 내지는 잔소리로 들릴 뿐"이라면서
"일단 전략을 세우고, 이에 맞는 기업문화를 만들라고 하는 편이 훨씬 효
과적"이라고 설명했다.

이 같은 방식은 실제로 비즈니스에서 우수한 성과로 나타난다. 칠드러
스 회장은 "기업 전략과 동떨어진 기업문화로는 기업이 생존할 수 없는

것이 문제"라면서 "전략과 문화가 잘 조화됐을 때 기업은 돈을 많이 벌고 직원들도 행복하다"고 말했다.

예를 들어 음료 관련 사업을 강화하려는 유니레버가 '식수 위생'이라는 목표를 세우고, 이를 달성하기 위해 식수 위생 개선 캠페인을 진행하는 것은 기업 비즈니스 전략인 동시에 '올바른 일'을 향해 매진하는 기업의 자세를 보여주며 하나의 문화를 형성한다. 특히 아프리카 같은 개발도상국에서 이런 캠페인을 펼치고, 돈과 에너지를 투입하면 직원들은 자사의 문화를 좀 더 친근하게 받아들이게 되므로 기업문화를 형성하는 데 도움이 된다는 것이다.

칠드러스 회장은 특히 한국을 비롯한 아시아권 기업의 한계에 대해 따끔한 지적도 했다. 그는 "한국의 경우 삼성전자나 현대기아차 같은 기업이 글로벌 회사로 떠올랐지만, 좋은 기업문화를 가졌는지에 대해선 의문이 있다"고 말했다. 그러면서 "그동안 한국이라는 나라와 한국기업은 모두 '인화·위계질서·상명하달' 같은 문화를 갖고 있었는데, 이것이 그동안의 빠른 성장을 견인한 것은 사실"이라고 전제한 후 "그러나 앞으로의 글로벌 통합 경제시대에선 그것이 잘 먹힐지 의문"이라고 말했다.

특히 해외시장이 절대적 비중을 차지하는 상황에서 한국식 문화를 해외에 주입해선 효과가 없다는 것이 그의 생각이다. 칠드러스 회장은 "글로벌 플레이어로서 삼성과 현대기아차는 이제 글로벌 스탠다드에 맞는 기업문화 형성에 매진해야 한다"면서 "다소 급진적일 수도 있고, 몇몇 사람은 옷을 벗어야 할 수도 있겠지만 그런 과정을 거치지 않는다면 좋은 기술과 실력을 갖추고도 기업이 가진 좋지 않은 이미지 때문에 손해를 볼 소지가 다분하다"고 말했다. 그는 한 예로 "1990년대 이건희 삼성 회장이

'자식과 부인 빼고 다 바꾸라'고 직원들에게 말했다는데, 이 얘기를 미국에서 했다면 '우리는 안 해'라는 반응이 나왔을 것"이라며 웃었다.

칠드러스 회장은 "한국은 좋은 전략을 가진 만큼 이제 좋은 기업문화로 뒷받침해주면 지금보다 훨씬 더 성공할 수 있다"면서 "차기 삼성을 지휘할 이재용 부회장이 지금까지의 상명하달식문화를 바꿀 것으로 기대한다"고 말했다. 이를 위해 좀 더 많은 직원을 해외에 파견해 문화와 스타일을 배우게 하고, 이를 적절하게 전략에 녹여내야 한다는 것이 그의 생각이다.

칠드러스 회장은 "기업문화를 담당하는 사람을 최소 임원급으로 앉히고, 전략을 담당하는 리더와 긴밀하게 연결하는 것이 좋은 방법"이라면서 "전략과 기업문화가 하나의 공통의 목표를 갖고 협력하며 전 직원에게 이를 공유시킬 때 비로소 좋은 전략과 기업문화가 탄생한다"라고 조언했다.

신산업 돋보기(1)
마리나베이샌즈에서 MICE의 미래를 배운다

- 건축물 하나로 위대한 변화…랜드마크에 모든 걸 담아라
- 한국 MICE '집적효과' 못내, 인프라 확충 시급
- '마이스=카지노'로 보는 부정적인 국민인식 바꾸는 게 선결과제

"나는 매일 한국에 투자할 생각을 하고 있다. 충분한 문화적 자산이 있다고 보기 때문이다. 부족한 것은 단지 인프라스트럭처 뿐이다."

조지 타나시예비치(George Tanasijevich) 싱가포르 마리나베이샌즈 호텔 CEO는 세계지식포럼 강연에서 이같이 말하며 뛰어난 건축물 하나가 도시에 위대한 변화를 가져올 수 있다고 설명했다.

2010년 개장한 싱가포르의 '마리나베이샌즈 호텔'은 57층짜리 여덟 팔(八)자 모양의 건물 3개가 배 모양의 스카이파크를 떠받치는 독특한 형태로 지어졌다. 역사는 짧지만 이내 싱가포르의 랜드마크가 됐다. 호텔과 쇼핑, 컨벤션, 공연장, 박물관, 레스토랑, 카지노 등을 다 갖춘 복합리조트인 이 건물은 랜드마크 하나로 관광산업을 일으킨 대표적인 사례로 꼽힌다.

조지 타나시예비치 마리나베이샌즈 CEO가 한국 마이스(MICE) 산업 경쟁력을 높이기 위해선 인프라스트럭처 구축이 시급하다는 점을 강조하고 있다

타나시예비치 회장은 "우리가 진출하기 전, 싱가포르는 이미 큰 규모의 호텔이 있었고 쇼핑하기도 매우 편해 사업기회가 없다고 보는 사람도 있었다"며 "하지만 마이스와 일반 리조트 기능을 모두 갖춘 복합리조트는 없었기 때문에 우리는 이 점을 파고들었다"고 설명했다. 마이스(MICE)란 회의(Meeting)와 포상여행(Incentive), 국제회의(Conventions), 전시·박람회(Exhibitions)의 머리글자를 딴 용어다.

그는 "우리 호텔은 단지 이런 기능을 하나로 합친 것을 넘어 혁신적인 디자인으로 새로운 공간을 창출해 냈다"며 "외관부터 사람들을 매혹해 특별한 경험을 할 수 있게 한다"고 말했다. 여러 기능을 통합시키는 한편 뛰어난 외관으로 도시의 랜드마크로 자리 잡았다는 이야기다.

한국의 마이스 산업에 대해 그는 "한국이 수많은 문화유산을 가지고도 도시국가인 싱가포르보다 해외 관광객이 적은 것은 인프라스트럭처 때문"이라며 "싱가포르에는 6,600명이 한 번에 식사할 수 있는 공간이 있지만, 서울에서는 700명이 한계"라고 지적했다. 특히 "유형적 인프라스트럭처가 부족한 것도 문제지만 컨벤션이나 문화공간이 여러 곳에 흩어져 있어 집적 효과를 못 누리는 게 문제"라고 덧붙였다.

한국의 마이스가 국내 이벤트에 집중해 국외 이벤트를 끌어오지 못하는 것도 문제로 꼽혔다. 마리나베이샌즈 호텔의 '샌즈 라이브 이벤트'는 롤링스톤즈 등 해외 유명 가수를 초청하기도 하지만, 한국은 한류 가수마저 서울에 마땅한 시설이 없어 외국에 나가서 공연한다는 것이다.

관광산업을 일으키기 위해서는 국민들의 인식도 중요하다. 현재 한국에서는 관광산업과 카지노가 복잡하게 결부돼 사업추진이 지지부진한 실정이다. 그는 "이 시점에서 한국 국민들이 정확한 사실과 비즈니스 기회를 이해할 수 있도록 정부가 나서서 설명하는 일이 반드시 필요하다"고 조언했다.

싱가포르 정부는 국민들이 리조트 시설에 대해 생각할 때 카지노만을 떠올리는 것을 막기 위해 가장 먼저 '복합리조트'라는 용어를 만들어냈다. 또한, 싱가포르 복합리조트에서는 카지노가 차지하는 면적이 3%에 불과하므로, 정부는 이 점을 강조해 복합리조트가 카지노 시설이 아니라 비즈니스와 레저, 엔터테인먼트를 통합한 시설이라는 점을 이해시켰다.

타나시예비치 회장은 "우리가 운영하고자 하는 복합리조트는 한국에 없는 형태의 비즈니스 모델로서, 강원랜드와는 매우 다르다"며 "샌즈 그룹이 만약 한국에 복합리조트를 건설한다면 전 세계 관광객들을 유치할 수 있는 국제적 관광 명소가 될 것이다"라고 자신했다.

신산업 돋보기(2)
경험경제가 뜬다

- 3D 프린팅 통해 상상력이 혁신 이끄는 시대 온다
- 이제는 제품, 서비스 아닌 '경험'을 구매, 소비하는 경제로 변화할 것
- 경험경제와 혁신이 결합하면 시너지 생성

"혁신은 자신의 상상력으로부터 나온다."

버나드 샬레(Bernard Charles) 다쏘시스템 사장 겸 CEO는 세계지식포럼 '신산업2 : 창조를 디자인하다' 세션에서 "혁신은 자신의 상상에서부터 현실화될 수 있다"며 혁신에 대한 철학을 내세웠다. 또한, 그는 "과학에서 시작하든 그렇지 않든 혁신과 발명은 상상력에서 기인할 것"이라고 덧붙였다.

다쏘시스템은 3D 프린팅 분야에서 세계 혁신을 앞장서 주도하는 기업이다. 일반에게는 다소 생소하지만, 이 회사는 전투기를 제조하는 다쏘항공의 자회사이다. 그룹의 두뇌 역할을 하는 다쏘시스템은 3D 솔루션과 소프트웨어 개발을 통해 비행기와 자동차 설계에서부터 의료·통신·에너지에 이르기까지 많은 분야에서 가상환경을 제공하고 있다. 샬레 CEO는

버나드 샬레 다쏘시스템 CEO가 3D 프린팅이 불러올 획기적인 경험경제에 대한 전망을 밝히고 있다

지속적인 혁신 문화를 회사에 확산시켜 다쏘시스템의 과학적 역량을 한층 강화하고 과학을 회사 DNA 일부로 만드는 데 이바지한 인물이다.

샬레 CEO는 이날 강연에서 혁신의 대표적 사례로 3D 프린터의 무한한 가능성에 대해서 소개했다. 그는 "3D 프린팅이 점점 다양한 분야에서 사용되고 있으며 세상에 전혀 다른 시각을 제시하고 있다"며 "앞으로 3D 프린팅은 불가능을 가능하게 할 것"이라고 전망했다.

샬레 CEO는 3D 프린팅의 활성화와 함께 '경험경제'가 도래할 것이라고 예견했다. 그는 "3D 프린팅을 통해 사람들은 제품이나 서비스를 구입하기 전에 미리 경험해볼 수 있게 된다"며 "앞으로의 세상은 '경험'을 구매하고 소비하는 시대가 된다"고 강조했다.

그는 혁신 프로세스 자체에서도 경험이 소중한 자산이 될 것이라고 지적했다. "3D 프린팅을 통해 모든 일에서 시뮬레이션이 가능한 시대가 오고 있다"며 "다양한 상상력에 기인한 혁신과 발명이 가능해질 것"이라고 말했다. 이미 다쏘시스템의 경우 3D 프린팅 기술과 접목해 암과 콜레스테롤의 확산을 규명하는 소프트웨어 개발 작업이 진행되고 있다는 게 샬레 CEO의 설명이다.

금융혁신으로 리스크를 분산하라

- 금융의 본질은 탐욕 아닌 리스크 분산
- 금융 시스템 구축은 실물 경제를 지탱하는 일
- 1970년대와 비슷한 지금 아시아에서 금융혁신 일어날 것

- 로버트 머튼 교수

"금융 자체를 탐욕스럽다고 욕하지 마라. 우리의 거대한 위험을 나눠지는 것이 금융이다."

노벨경제학상 수상자인 로버트 머튼(Robert Merton) MIT 슬론경영대학원 교수는 "금융은 리스크 분산이라는 선순환 구조를 의미한다"며 이같이 말했다.

그는 '지속가능 성장 위한 금융혁신 3.0'이라는 제목의 세션에서 "금융 시스템을 구축하는 것은 다리를 짓거나 철도를 놓는 것과 같이 인프라스트럭처를 만드는 것"이라면서 "현재의 세상에서 금융은 실물경제를 지탱해주는 인프라스트럭처라고 볼 수 있다"고 주장했다.

머튼 교수는 독일 통일 이후 라이프치히市에서 있었던 일을 설명했다. 당시 동독의 사회주의 체제에서 벗어나지 못했던 시 정부는 늘어나는 전

노벨경제학상 수상자인 로버트 머튼 MIT 슬론경영대학원 교수가 금융혁신 방안에 대해 설명하고 있다

기 수요에 대비하기 위해 러시아로부터 천연가스를 공급받는 계약을 체결하려고 했다. 조건은 15년 공급, 3억 달러였다.

하지만 이때 독일의 한 은행이 나서 라이프치히시가 서방 국가로부터 천연가스를 5년간 공급받되, 가격은 시가로 지급하고, 대신 러시아가 제시한 금액을 넘어서면 은행이 책임지겠다는 복합 계약을 맺었다. 머튼 교수는 "라이프치히시는 은행과 리스크를 나눠 가져 2억 5,000만 달러를 아낄 수 있었다. 이것이 금융의 역할이다"라고 말했다.

리스크 분산과 이전은 21세기 금융혁신의 핵심이다. 1970년대 두 자릿수 인플레이션과 실업률이 발생하고, 석유 파동 등 각종 쇼크가 있었지만 그런 쇼크 덕분에 선물, 옵션, 금융상품에 대한 보험, 연금 시스템, 모기지론, 스와프 상품 출현 등 각종 금융혁신이 일어났다는 이야기다.

그는 "지금도 1970년대와 마찬가지로 어려운 상황이지만 그때와 마찬가지로 금융혁신이 일어날 수 있는 환경이 조성됐다고도 볼 수 있다"면서 "특히 아시아의 경우 이 같은 금융혁신을 실현할 가능성이 무한하다"고 밝혔다.

346년 장수기업의 비밀

· 가족기업의 장점 살려 의사결정 속도를 높인다
· 폐쇄성 없애고 기업상장 후 혁신에 충실, 외부경영 위탁에도 개방적으로
· 직원에게 권한을 주고 스스로 결정하도록 도와라

- 요하네스 바일로우

"346년 동안 가족 간 다툼이 한 번도 없었습니다. 이것이 머크가 세계적 기업이 된 비결입니다."

독일의 화학·제약기업 머크그룹은 무려 346년의 역사를 갖고 있다. 연매출이 한국 돈으로 15조 원이 넘고 전 세계에 4만 명의 직원을 거느리고 있다. 상장회사지만 창업자 후손들이 여전히 지분의 70%를 차지하고 있다.

머크그룹의 지주회사인 E.머크 KG의 요하네스 바일로우 회장은 세계지식포럼 '346년 장수기업의 비밀' 세션을 통해 "유럽에서도 가족회사는 시대에 뒤떨어진 기업이란 이미지가 있는 게 사실이지만 우리 회사는 매 순간 혁신을 꾀하는 아주 진취적인 기업"이라고 말했다.

그는 "머크그룹은 1920년대에 가족이 아닌 사람을 이사회에 포함해 회

요하네스 바일로우 E.머크 KG 회장이 346년 역사를 자랑하는 독일 머크사의 장수 비결에 관해 설명하고 있다

사 경영을 맡겼다. 당시로서는 아주 파격적인 결정이었다"고 말했다. 이 전통은 지금까지 전해 내려온다.

바일로우 회장은 "물론 가족 중 외부인사보다 경영능력이 뛰어난 사람이 있을 때는 가족이 경영을 맡기도 한다. 하지만 2000년 이후 계속 외부인사가 경영을 담당하고 있다"고 설명하기도 했다.

현재 창업자의 후손은 250여 명. 이들이 70%의 지분을 골고루 나눠 갖고 있다. 주인이 많으면 의견 충돌이 잦을 법하지만, 그런 경우는 한 번도 없었다. 그는 "가족들이다 보니 다른 회사 주주들보다 서로를 잘 이해한다. 오히려 의사결정 속도는 더 빠르다"고 자랑했다. 개방적인 성향으로 현재 250명의 머크家 후손 중에는 한국인이 2명, 이들과 배우자 사이에서 태어난 자녀 3명 등이 포함돼 있다.

책임은 막중하다. 머크 회장은 "1850년대 이후 머크의 대주주인 가족들은 각자 의사결정에 대한 책임을 지고 있다"며 "자칫 재산이 모두 사라질 수도 있는 만큼 의사결정도 아주 신중하다"고 말했다.

머크는 크게 제약사업부와 화학사업부로 나뉜다. 제약사업부는 다발성 경화증 치료제와 불임 치료제로 유명하다. 화학사업부는 스마트폰과 TV 등에 널리 쓰이는 액정을 처음 발견한 것으로 유명하다.

바일로우 회장은 "머크의 장수 비결은 고객에게 혁신을 제공하는 제품을 꾸준히 개발해온 것, 가족 회사면서도 주식시장에 상장됐다는 점, 직원들이 스스로 결정할 수 있게 권한을 준다는 점"이라며 "앞으로도 머크의 혁신을 계속 지켜봐 달라"고 말했다.

한국 항공산업, 세계를 난다

- 항공사 경쟁과 지리적 위치로 한국 항공산업은 성장성이 충분하다
- 항공사고에 대한 정부 제재는 불필요…더 큰 부작용 있을 수도
- 분쟁지역을 경유하는 항공기를 위해 대책 마련할 것

"경쟁을 보장하는 한국 정부의 정책 덕분에 한국의 항공산업은 계속 발전할 겁니다."

제15회 세계지식포럼에 참석한 토니 타일러(Tony Tyler) 국제항공운송협회(IATA) 회장은 한국 항공산업의 성장 가능성이 높다고 수차례 강조했다. 그 이유로 한국 정부의 항공산업에 대한 관심과 한국의 지정학적 위치를 꼽았다.

타일러 회장은 "한국 정부는 국적을 막론하고 항공사 간 자유로운 경쟁을 보장한다"며 "이 때문에 2013년 한국 전체 GDP에서 차지하는 항공산업의 비중은 2.2%에 이르렀고 관련 일자리는 50만 개에 이르렀다"고 말했다. 항공산업에 과도한 세금을 부과해 자국 항공산업의 몰락을 초래한 영국 정부와는 대조적이라는 것이다.

토니 타일러 국제항공운송협회(IATA) 회장이 향후 한국 항공산업의 성장 가능성에 대한 의견을 밝히고 있다

아시아와 북미를 이어줄 수 있는 지정학적 위치에 일본보다 공항 이용료가 싸고 중국보다 규제가 적다는 장점이 한국 공항을 매력적으로 만든다는 말도 덧붙였다. 다만 항공사고가 발생한 항공사를 정부가 직접 제재하는 규정은 불필요하다는 견해를 밝혔다.

그는 "한국 정부가 2013년 발생한 샌프란시스코 공항 사고의 책임을 물어 아시아나항공에 제재를 취할 것이라는 보도를 접하고 깜짝 놀랐다"며 "항공사가 안전규정을 어겨서 발생한 사고가 아닌, 사람의 실수로 발생한 사고를 항공사 책임으로 돌릴 경우 더 큰 부작용이 일어날 수 있다"고 우려했다.

항공사고가 발생하면 철저한 조사를 통해 원인을 밝히고 대책을 수립해야 하는데 사고가 발생한 항공사를 제재하면 항공사는 정확한 사고 발생 원인을 숨기게 되고 결국 더 큰 사고로 이어진다는 논리다.

2013년 상반기 연달아 발생한 말레이시아항공 여객기 추락 사건과 관련해선 곧 대책을 마련하겠다고 말했다. 그는 "항적 추적에 대한 권고사항을 손보고 있으며 분쟁지역을 지날 때는 훨씬 더 많은 정보를 받을 방법도 찾고 있다"고 강조했다. 예를 들어 각국 정부와 협의해 민항기를 격추할 수 있는 미사일 등의 생산, 배치 등에 대한 정보를 공유한다는 것이다. 인천국제공항 민영화 문제에 대해선 "인천공항의 경쟁력을 유지·개선할 수 있다면 공항을 누가 소유해도 상관없다"고 말했다.

아프리카에서 창궐하고 있는 에볼라 바이러스로 인해 아프리카를 오가는 항공노선을 중단하는 건 어리석은 결정이라고 꼬집었다. 그는 "에볼라 발생지역에 필요한 물자와 의료진을 제공하기 위해, 장기적으로 그 지역 경제를 활성화하기 위해선 항공노선이 필수적"이라며 "항공노선을 차단하는 것은 상황을 더 악화시킬 뿐"이라고 우려했다.

타일러 회장은 "항공산업은 한국경제를 활성화하고 한국민들에게 더 많은 자유를 줄 것"이라며 "항공산업을 통해 새로운 세상을 만드는 일에 한국이 앞장서길 기대한다"고 말했다.

국부펀드는 장기투자자인가 머니블랙홀인가?

· 국부펀드 공동투자는 앞으로 대형 대체투자의 대안이 될 것이다
· 향후 남북통일 위한 중요한 자금원이 될 수 있다
· '침략자'보다는 '금융안전판' 역할을 할 것이다

"국부펀드들이 손잡고 공동 투자를 할 경우 투자위험은 낮추면서 안정적인 장기 수익률을 거둘 수 있습니다. 이 경우 수조 원대 규모로 투자의 규모와 범위가 넓어질뿐더러 포트폴리오도 다변화할 수 있습니다."

국부펀드 투자대상으로 인프라스트럭처, 부동산, 에너지 등 대체투자가 대세가 된 가운데 전문가들은 세계지식포럼 국부펀드 세션에서 향후 '국부펀드 간 공동투자'가 대세가 될 것이라는 주장이 나왔다.

패널로 나선 안홍철 한국투자공사사장은 지난 2012년 홍콩 금융통화청과 싱가포르 국부펀드인 싱가포르투자청이 미국 샌프란시스코 고층빌딩 '101캘리포니아스트리트'를 9억 1,000만 달러(약 9,600억 원)에 사들인 것을 좋은 예로 꼽았다. 이 거래는 지금까지 아시아 투자자가 사들인 미국 부동산 중 최고가액으로 남아있다.

전 세계 국부펀드 전문가들이 최근 대세로 떠오르고 있는 국부펀드 공동투자 방안에 대해 설명하고 있다. (왼쪽부터) 이안 맥팔레인 골드만삭스 고문, 안홍철 한국투자공사 사장, 마시밀리아노 카스텔리 UBS 글로벌 국부전략 대표, 찰스 달라라 파트너스그룹 미주지역 총괄 회장, 글렌 어거스트 오크힐 어드바이저 CEO

수천억 원의 자산규모를 자랑하는 국부펀드조차 섣불리 사들이기 힘든 물건도 이들이 힘을 합칠 경우 상대적으로 쉽게 투자할 수 있다는 것이다. 업계 전문가들은 투자자 간 비밀유지협정 덕분에 잘 알려지지 않았지만, 국내 연기금들의 해외부동산 매입 중 상당수가 이런 국부펀드 공동투자의 산물이라고 말한다.

이 같은 국부펀드 공동투자의 장점은 무엇일까? 글랜 어거스트 오크힐 어드바이저 CEO는 "공동투자는 투자비용을 낮출 수 있다"며 "투자 전문성이나 규모가 떨어지는 국부펀드에는 투자장벽을 낮춰주는 효과를 낸다"고 설명했다. 국부펀드도 수조 원 규모의 노르웨이 국부펀드부터 수백억 원 규모의 중소 국부펀드까지 투자방식, 투자전문성, 투자규모 등에서 다양한 스펙트럼이 있다. 이런 상황에서 국부펀드 간 공동투자가 활성화될 경우 협업으로 비용이 두드러지게 감소할 것이라는 분석이다.

국부펀드가 앞으로 통일 한국의 인프라스트럭처 개발의 주요 자금원으로 자리 잡으리라는 주장도 나왔다. 마시밀리아노 카스텔리(Massimiliano Castelli) UBS글로벌자산운용 국부펀드전략부문 대표는 "한반도 통일 이후 북한을 개발하는 데 천문학적인 재원이 들어갈 것"이라며 "글로벌 국부펀드 자금을 활용하면 효율적인 개발이 가능하다"고 설명했다.

이런 개발 과정에서 정치적 이유로 다른 나라 국부펀드의 투자를 과도하게 경계할 필요가 없다는 지적도 나왔다. 찰스 댈러라 파트너스그룹 미주지역 총괄 회장은 "국부펀드는 '산티아고 원칙(Santiago Principle)'이라는 자체규율을 통해 정치적 목적을 배제하고 있다"며 "민간투자기관보다 높은 책임감도 장점"이라고 말했다.

산티아고 원칙은 국제 국부펀드 협의단(IWG)에서 자체적으로 제정한 원칙으로 국부펀드의 자금조달, 운용, 투자 과정이 외부에 명시적으로 공시한 정책에 따라 집행돼야 한다는 내용을 골자로 하고 있다. 투자 및 운용과정에서 정치적 의도 등 불순한 목적이 개입되어서는 안 된다는 의미다. 이런 상황에서 해외 국부펀드의 자국 내 투자에 대한 불필요한 제한은 오히려 외자 유치에 걸림돌이 된다는 것이 세션 참석자들의 공통된 견해다.

국부펀드는 침략자이기보다는 국가별 금융안전판 기능을 한다는 분석도 나왔다.

前 호주중앙은행 총재인 이안 맥팔레인 골드만삭스 고문은 "리먼발 금융위기 직후 씨티은행, 모건스탠리 등에 자본을 수혈한 주요 투자자는 바로 국부펀드"라며 "금융위기 이후 은행들의 회복에 국부펀드가 크게 이바지한 셈"이라고 말했다. 특히 국부펀드의 장기투자경향은 '단타'인 국제투기자본과 확연한 차별점을 가지기 때문에 금융안정에 기여하는 바가 크다는 것이 그의 설명이다.

아울러 국부펀드가 '부의 재분배' 역할도 한다는 것이 맥팔레인 고문의 설명이다. 그는 "중앙은행들은 미국, 일본 등 국채에 투자하는 선진국 투자가 주류를 이룬다. 그러나 높은 수익률 달성이 필요한 국부펀드는 개발도상국 인프라스트럭처 등에 투자한다는 점이 중앙은행과 다르다"고 말했다. 오일머니, 경상수지 흑자 등으로 쌓아올린 국부펀드의 자산이 개발도상국으로 흘러가 해당 국가 경제성장에 도움이 된다는 측면에서 긍정적인 효과가 있다는 분석이다.

6차 산업으로 불황을 넘어선다

- 농업, 제조업, 서비스업 연계시킨 6차 산업이 미래 핵심 비즈니스 모델 될 것
- 외식업, 요양시설, 노인 도시락 배달로 대박…남을 행복하게 하는 게 사업 핵심
- 고령화 사업 통해 기업과 사회 이익이라는 두 마리 토끼 잡아

- 와타나베 미키

"돈을 벌겠다는 생각보다 내가 잘할 수 있는 일을 찾아야 합니다."

15회 세계지식포럼 강연에 나선 와타미그룹 회장이자 자민당 의원인 와타나베 미키(渡邉美樹)는 24세에 이자카야(일본식 선술집) 브랜드 '와타미'로 처음 사업을 시작했다. 그의 회사는 현재 10여 개 외식 브랜드로 연 매출 1조 원 이상을 올리는 종합외식그룹으로 성장했다. 《청년 사장》이라는 책으로 국내에도 소개된 그는 창업을 꿈꾸는 젊은이들에게 '돈보다 꿈을 좇으라'고 강조했다.

"제가 열 살 되던 해에 아버지의 회사가 부도나고 어머니도 돌아가셨습니다. 생활고가 심해지면서 '나는 커서 사장이 되겠다'고 무작정 결심했습니다."

하지만 사장이 되겠다는 생각만 있었을 뿐 무엇을 해야 할지는 몰랐다.

와타나베 미키와타미그룹 회장 일본 참의원이 와타미 그룹의 성공비결로 유기농업과 제조, 서비스업을 결합한 '6차 산업' 모델을 소개하고 있다

그는 대학 시절 혼자 일본 전역과 유럽을 여행하면서 사람들은 가족과 함께 식사할 때 가장 행복해한다는 것을 느꼈다. '외식업으로 다른 사람을 행복하게 해야겠다'고 결심한 이유다.

어려서부터 식당 등에서 잡일을 많이 해 외식사업에는 자신이 있었다. 1984년 이자카야로 시작한 사업이 지금은 카페와 일본 전통식당 등 10여 개 외식 브랜드로 덩치가 커졌다. 그는 "와타미 그룹은 10년 만에 40배 성장을 이뤘다"며 "6차 산업 모델을 적용했기 때문"이라고 말했다.

6차 산업은 농업 등 1차 산업과 이를 가공하는 2차 산업, 다시 생산물을 판매·서비스하는 3차 산업을 연계한다는 발상이다. 즉, 1·2·3차 산업을 더한다는(혹은 곱한다는) 발상에서 6차 산업이라는 용어가 만들어졌다. 와타나베 회장은 "6차 산업은 굉장히 뛰어난 비즈니스 모델"이라며 "의도적으로 6차 산업을 하려는 것은 아니었지만, 결과적으로 우리의 성공 모델이 됐다"고 말했다.

그는 "채소를 찾기 위해 동분서주하던 중 유기농 채소가 당시 일본 채소의 0.2%에 불과하다는 점을 깨닫고, 직접 재배에 뛰어들기로 했다"며 "현재 홋카이도와 규슈 등에서 운영되는 일본 최대 유기농업 법인이 이런 생각에서 만들어진 결과물"이라고 말했다. 유기농업, 식품 제조, 판매를 유기적으로 이음으로써 와타미 그룹의 고속성장이 가능했다는 게 그의 설명이다. 이런 노력으로 와타미 그룹은 농업과 외식업을 연계시키며 연 매출만 1,100억 엔에 달하는 대기업으로 성장했다.

외식업이 어느 정도 성장하자 그는 또 다른 6차 산업으로 범위를 넓혔다. 바로 요양 사업이다. 일본은 고령화가 급속히 진행되면서 독거노인의 식사와 주거 등 복지문제가 큰 사회문제가 되고 있었다. 와타나베 회장은 어머니를 일찍 여의고 할머니 슬하에서 15년을 지내며 노인의 생활에 무엇이 필요한지 잘 알고 있었다. 그는 "당시 민간에서 운영하는 노인요양 시설에 입소하려면 2,000만 엔 이상의 비용이 들었다"며 "이를 800만 엔 이하로 낮춰 부담을 줄였다"고 말했다. 이렇게 시작한 요양시설이 지금은 일본 전국에 100곳이 넘는다.

특히 요양시설에 입소하기 어려운 노인들을 위해 시작한 전용 배달 도시락 사업은 와타나베 회장이 회사의 미래를 걸고 있는 새로운 '6차 산업'이다. 7년 전 회원 3만 명으로 시작한 이 사업은 지금은 10배나 규모가 늘었다. 와타나베 회장은 "노인용 도시락이기 때문에 냉동하지 않은 신선한 재료만 사용하고 열량과 염분을 낮춰 제공하고 있다"며 "최근 가장 성장하는 사업 분야"라고 설명했다.

최근 와타미 그룹이 일본 사회에서 주목받는 이유는 사회적 가치를 실현하는 기업이기 때문이다. 와나타베 회장은 "정부가 저소득층 노인 복지에 집중하므로, 민간에서는 중산층 독거노인의 복지에도 관심을 가져야 한다"며 "요양시설에서 주거와 식사, 의료, 레크리에이션 등 모든 생활이 가능하다"고 말했다.

　와타나베 회장은 또다시 새로운 행복사업을 구상 중이다. 노인 도시락 회원이 급증하면서 이들을 대상으로 필요한 물품을 전달하는 사업을 구상하고 있다. 그는 "한국도 일본처럼 고령화가 진행되고 있다"며 "이 분야에서도 민간기업이 이익과 사회적 가치를 동시에 실현할 수 있다"고 강조했다.

전 세계를 노리는 차이나머니

> · 규제완화, 기술 혁신, 내수 확대가 중국 기업의 국제 M&A 활성화 요인
> · 기술력과 브랜드파워 갖춘 한국 기업에 중국 기업의 M&A 관심 높아
> · 부정적으로만 볼 필요는 없어…한중 모두에 '윈-윈' 될 수도

"알리바바가 라인을 인수하는 날이 올 수도 있다."

리샤오양(李晓阳) 장강상학원 교수는 "최근 규제 완화 이후 중국 기업들이 외국 기업들에 대한 국제 인수·합병(cross border M&As)에 공을 들이고 있다"며 이 같이 말했다.

실제로 지난 10년간 중국 기업의 M&A는 급속도로 증가했다. 특히 3년 전부터는 능동적으로 인수 기업을 물색하는 등 적극성을 띄고 있다. 리 교수는 "과거 중국 국영기업들은 자원 선점을 위해 국제 M&A를 추진하며 노하우를 쌓았다"며 "현재는 이런 노하우를 물려받은 민간기업이 기술과 브랜드 파워가 있는 기업의 M&A에 집중하고 있다"고 설명했다. 그는 중국의 국제 M&A에 대한 자세 변화와 관련해 "규제완화, 기업 간 경쟁, 재정 지원, 기술 혁신에 대한 욕구 등이 원인이 되고 있다"고 강조했다.

리샤오양 장강상학원 교수가 최근 글로벌 기업 M&A에 나선 중국 기업들의 전략에 대해 설명하고 있다

특히 그는 '기술과 소비의 업그레이드'를 국제 M&A 활성화의 요인으로 꼽았다. 그는 "혁신 기술 성장으로 인한 기술 욕구가 M&A 확대의 핵심 요인"이라며 "중국 내수 증가에 따라 소비재 기업에 대한 M&A가 늘고 있는 것도 또 다른 요인"이라고 설명했다.

리 교수는 중국의 M&A에 대한 규제 완화와 관련해 "예전에는 금융당국이 M&A를 목적으로 하는 은행 대출을 하지 못하도록 하고 있었다"며 "그러나 2008년 규제 완화를 통해 M&A를 위한 대출이 허용됐다"고 말했다. 연이어 중국 증권감독관리위원회가 M&A 가이드라인을 발표하며 사실상 M&A에 대한 장벽이 사라졌다는 게 그의 설명이다.

리 교수는 중국 내 기업공개(IPO) 시장의 성장 지연도 M&A 활성화의 이유로 꼽았다. 그는 "IPO가 투자 증가 속도를 따라가지 못하면서 오히려 비상장 기업을 상장기업에 매각하는 형식의 출구전략이 인기를 끌고 있다"며 "이 때문에 M&A의 매력이 더욱 커졌다"고 지적했다.

리 교수는 이어 "중국 기업들이 세계시장 공략을 위해 기술력과 브랜드 파워를 갖춘 한국 기업에 대한 관심이 높아지고 있다"고 강조했다. 아가방앤컴퍼니를 인수한 패션기업 랑시그룹, 한국 여성복 업체인 아비스타를 인수한 유통공룡 디샹그룹 등에서 볼 수 있듯 중국 기업의 한국 기업공략은 이미 본격화됐다는 것.

그러나 리 교수는 이런 추세를 반드시 부정적으로 볼 필요는 없다고 주장했다. 그는 "특히 중국 자본이 바이아웃(인수한 회사를 정상화해 되파는 방식)으로 들어올 경우 한·중 양국 모두의 경제 활성화에 기여할 수 있다"고 전망했다.

04

리더십에
답이 있다

사르코지, 프랑스 정치를 말하다

- 리더는 한발 먼저 결단하고 국민에게 희망을 줘야 한다
- 합의만 기다리는 엘리트와 중간지도층이 개혁의 걸림돌이다
- 자본세 중과하는 국가에서 자본투자는 이루어지지 않는다
- 거대 중국에 대응할 길은 원아시아, 한국이 역내통합 리더십을 발휘하라

- 니콜라 사르코지

니콜라 사르코지(Nicolas Sarkozy) 프랑스 前 대통령은 장대환 매경미디어그룹 회장과의 대담 형식의 기조강연으로 제15회 세계지식포럼 개막 무대를 화려하게 장식했다. 그는 2014년 가을 정계 복귀 선언 후 첫 해외 방문으로 세계지식포럼을 택해 한국을 찾았다.

사르코지 전 대통령은 세계지식포럼 무대에 올라 '위기의 시대 리더십'을 역설했다. 그는 "21세기 리더십은 사람들에게 미래에 대한 희망을 주는 것"이라며 "과거의 영광을 다시 누릴 수 있다는 신뢰를 새겨주어야 한다"고 목소리를 높였다. 프랑스 대권을 향한 그의 의지를 엿볼 수 있는 자리였다.

한국의 리더십에 대한 조언도 아끼지 않았다. 그는 '어느 순간 생각지도 못한 방식으로 급격히 이뤄질 통일 한국'이 아시아 지역 리더십 역할을 할

것이라고 말했다. 사르코지 전 대통령은 약 50분간 진행된 대담 동안 특유의 카리스마로 좌중을 압도했고 유머 감각도 선보였다.

장대환 회장 : 프랑스 정치 리더십의 문제는 무엇인가? 국가 발전을 위한 비전을 말해 달라.

사르코지 전 대통령 : 리더는 다른 사람과 다르게, 또 먼저 보는 사람이어야 한다. 리더는 합의(consensus)가 이뤄지기 전에 본인의 논리를 가지고 결정해야 한다. 어떤 것에 투자하기 전에 모두의 동의를 얻는 것은 너무 늦다. 유럽은 민주주의 때문에 리더십을 발휘하기 어렵다. 지금까지 산업화를 이룬 국가들의 역사를 보면 개혁의 걸림돌은 국민이 아닌 (합의를 중시하는) 엘리트 계층과 중간 지도자급이었다.

장 회장 : 만일 다시 프랑스 대통령이 된다면 가장 먼저 펼치고 싶은 정책은 무엇인가. 구체적 정책 대안이 있는가?

사르코지 전 대통령 : 나를 대신해 벌써 대선 출마를 선언하신 것 같다. 아직은 아니다. 내게 가장 어려운 도전 과제는 우리 프랑스 국민에게 미래에 대한 희망을 주는 것이다. 예전 우리가 누렸던 영광을 다시 누릴 수 있다는 신뢰를 새겨주는 것이다.

장 회장 : 최근 푸틴 러시아 대통령, 아베 일본 총리 등이 조국의 힘과 영광을 되돌리고 싶다는 이야기를 해서 전 세계가 위험해진다는 우려가 있다.

사르코지 전 대통령 : 아시아적 관점에서 어떻게 중국의 바다에 대응할 수 있느냐를 짚어봐야 한다. 솔루션은 하나다. 역내 통합이다. 하나의 통합체를

니콜라 사르코지 전 프랑스 대통령이 제15회 세계지식포럼 기조강연에서 장대환 매경미디어그룹 회장과 대담을 나누고 있다

만들어 분쟁을 종식해야 한다. 그런 의미에서 한국은 아시아에서 리더십을 발휘할 수 있다. 한국은 통일될 것이다. 통일은 어느 순간 생각하지 못했던 방식으로 급격히 일어날 것이며 통일 한국은 역내 통합에 더 큰 목소리를 낼 것이다. 이 통합체는 UN과 같은 역할을 할 것이고, 그 중심에 한국이 위치할 수 있다.

장 회장 : 토마 피케티 파리경제대 교수는 전 세계 부자들에게 높은 세금을 매겨야 한다고 주장했는데, 세금에 대한 철학은 무엇인가?
사르코지 전 대통령 : 피케티 교수는 사회주의자다. 나의 철학은 피케티와 다르다. 나는 발전, 지식, 투자 등을 확고히 믿는다. 빌 게이츠, 스티브 잡스라면 모를까, 본인의 부에 그만큼 세금을 내려는 사람은 없을 것이다. 한

국가의 자본세가 높게 매겨진다면 이 국가엔 자본 투자가 안 이뤄진다. 나 같은 실용주의자에게는 부를 창출하는 것이 중요하지만, 지식인들에겐 어떤 방식으로 부를 창출하느냐의 논리가 중요한 것으로 보인다.

다비드 피에르 잘리콩 한불상공회의소 회장(영상 질문) : 프랑스는 강력한 국가 브랜드 파워를 구축했다. 비결은 무엇인가?

사르코지 전 대통령 : 가장 구축하기 힘든 것은 신뢰다. 가장 좋은 방법은 지속성을 갖고 장기적으로 접근하는 것이다. 또 나는 교육을 믿고 있다. 교육을 통해서만 문제점을 극복할 수 있다. 과다한 정부지출 문제도 교육을 통해 해결될 수 있다. 프랑스의 아름다운 유산, 인프라스트럭처, 기업인들은 우리 역사의 일부다. 미래를 보는 눈을 가져야 한다. 역사는 역사이며 과거를 돌아보고 미래를 바라보는 관점을 가져야 한다.

"한반도 통일, 철저한 대비가 필요하다."

한편 사르코지 전 대통령은 한반도 통일에도 큰 관심을 보였다. 그는 "통일은 예측하지 못한 사이에 올 수 있다. 한국은 철저한 대비가 필요하다"고 강조했다. 프랑스는 독일 통일의 주변국이자 유엔 안전보장이사회 상임이사국으로 앞으로 남북통일 과정에서 막대한 영향을 끼칠 수 있는 주요 국가다.

그는 박근혜 대통령의 '통일대박론'과 김정은 북한 국방위원장을 언급하며 "남북통일에는 비용과 이익이 수반되는 만큼 신중히 준비해야 한다"면서도 "남북통일은 반드시 이뤄질 것"이라고 말했다. 그는 "한국의 통일은 시간문제이고 갑작스럽게 이뤄질 것"이라며 "통일 한국이 하나의 나라로 탄생하는 것을 계기로 아시아 역내 통합에 큰 역할을 할 수 있을 것"이라고 했다.

남북통일이 아시아에 미치는 영향에 대해서도 말을 아끼지 않았다. 그는 "거대 바다 중국에 대응할 수 있는 유일한 길은 '원아시아'다. 한국이 아시아 통합을 주도하는 리더십을 발휘해야 한다"고 말했다.

그는 "아시아 지역 갈등을 줄이기 위해 한국이 주도해 원아시아 역내 통합에 나서야 한다"고 강조했다. 세계적인 지정학적 리스크를 해소하는 법을 질문하자 "중국의 부상과 일본의 대항 등 아시아가 겪고 있는 내부 갈등에 대한 유일한 해법은 스스로 역내 통합을 이루는 것"이라고 밝혔다. 그는 "과거 끊임없이 전쟁을 겪었던 유럽도 유럽연합(EU) 탄생 후 평화로워졌다"고 말했다.

사르코지 전 대통령은 한국과의 인연에 대해서도 강조했다. 그는 재임 당시였던 2010년 한국·프랑스 관계에서 난제로 꼽혔던 외규장각 도서 반환 문제를 놓고 결단을 내린 바 있다. "(프랑스가) 약탈해 간 것이기 때문에 돌려주는 것이 양국 발전에 도움이 될 것으로 판단했다"며 "당시 내부에서 반대가 많았지만, 미래 관계를 감안해 과감히 결정했다"고 회고했다.

사르코지, 정계복귀 후 첫 외국 방문으로 한국 택해

사르코지 전 대통령은 2014년 9월 정계 복귀를 선언하자마자 프랑스 주요 정치인 중 가장 높은 지지율을 얻어 주목받았다. 프랑수아 올랑드 대통령이 10%대 저조한 지지율에 머물러 있는 사이 우파 정당인 대중운동연합(UMP) 당수직에 도전하며 주가를 높였다.

그는 정계 복귀 선언 첫 방문국으로 한국을 선택했다. 15회 세계지식포럼에 참석하기 위해서다. 2017년 프랑스 대선 유력 후보자를 취재하기 위해 온 프랑스 기자들의 반응도 매우 뜨거웠다.

AFP통신사와 〈르 피가로〉, 〈리베라시옹〉, 라디오프랑스 등 프랑스 대표 미디어 4곳은 일찌감치 프레스 등록을 마치고 사르코지의 일거수일투족을 취재했다. 사르코지와 정치적 성향이 반대인 진보 매체 〈리베라시옹〉은 사르코지 전 대통령이 강연료를 얼마나 받는지, 《21세기 자본》의 저자인 토마 피케티 파리경제대 교수와 나란히 세계지식포럼의 기조강연자로 나선 배경은 무엇인지 궁금해했다. 포럼 시작 전주부터 매일경제신문 본사를 방문해 취재할 정도였다.

사르코지의 부인인 카를라 브루니의 이야기도 세계지식포럼을 찾은 청중의 흥미를 끌었다. 장대환 회장이 "아내분도 초청하려 했지만, 존재감이 너무 커서 사르코지 전 대통령만 초청했다"고 운을 떼자 사르코지는 "내년에 불러주면 같이 올 것이다. 아내가 연사를 하면 나는 맨 앞줄에서 경청하겠다"고 밝혀 청중의 웃음을 자아냈다.

리더의 조건

- 세월호 참사의 최대 실수는 정부가 '전원 구조' 발표한 것
- 쏟아지는 정보 옥석을 가려 대응순위 정해라
- 후유증 줄이려면 잘못된 점을 솔직히 인정하라

2014년 4월 세월호 침몰이라는 최악의 안전사고 이후 재난·위기 대응 리더십은 우리 사회의 화두가 됐다. 특히 그동안 삼풍백화점 붕괴, 대구 지하철 화재 등 잇따른 사고에도 불구하고 학습효과가 전혀 없었다는 점에 국민들은 불신을 넘어 분노하고 있다. 그러나 선진국에서는 재난이나 테러 등 국가 위기 상황에서 탁월한 리더십으로 국민의 힘을 모아 위기를 슬기롭게 극복한 사례도 적지 않다.

2014년 세계지식포럼 '재난 리더십' 세션에서는 9·11 테러 당시 세계무역센터 붕괴 구조작전을 직접 지휘했던 조지프 파이퍼(Joseph Pfeifer) 뉴욕소방청 대테러·위기대비본부장, 2010년 칠레 광산 붕괴사건 때 광부 33인 전원을 무사히 구조하는 기적을 보여준 라우렌세 골보르네(Laurence Golborne) 칠레 前 광업부 장관, 법무차관 재직 시 9·11 테러 수사를 총괄

15회 세계지식포럼 재난 리더십 세션에서 패널들이 재난 극복을 위한 리더십에 대해 토론하고 있다. (왼쪽부터) 닉 고잉 BBC 앵커, 라우렌세 골보르네 전 칠레 광업부 장관, 마이클 처토프 전 미국 국토안보부 장관, 조지프 파이퍼 뉴욕소방청 대테러위기대응본부장

한 마이클 처토프(Michael Chertoff) 前 국토안보부 장관이 재난 리더십에 대해 토론을 벌였다.

조지프 파이퍼 본부장은 "대화를 통해 정보를 모으고 최선의 대응책을 마련해 이를 조직적으로 실행해야 한다"고 강조했다. 그는 위기·재난 대응의 핵심으로 '3C'를 꼽았다. 3C란 연결(Connect), 협력(Collaborate), 조율(Coordinate)이다. 현장 사태 수습에 나선 기관들의 정보 공유와 긴밀한 협력이 위기관리 핵심이라는 얘기다.

파이퍼 본부장은 "SNS(사회관계망서비스)와 스마트폰의 발달로 재난 현장이 실시간으로 생중계되는 상황은 리더에게 엄청난 스트레스이며 때로는 우선순위를 헷갈리게 할 때도 있다"고 말했다. 그는 "정말 급박한 구조가 필요한 사람이 아니라 동영상을 많이 생성하는 사람을 먼저 구하려는 유혹에 빠진다. 동영상을 본 대중이 원하는 방향으로 잘못된 선택을 할 수도 있다"고 설명했다. 또 "리더 혼자 모든 결정을 내리는 것은 불가능하다"며 "리더의 역할은 혼자 결정하고 명령하는 게 아니라 재난 현장에서 협업할 수 있도록 하는 것"이라고 말했다.

마이클 처토프 회장은 "세월호 참사와 관련해 국민들이 깊은 슬픔에 빠져 있으며 정부를 신뢰하지 못하는 현 상황을 잘 알고 있다"며 "정부가 국민 앞에 잘못을 솔직하게 인정하는 것이 신뢰를 회복할 방법"이라고 지적했다. 또한, 그는 재난 대응 시스템은 매일 훈련을 통해 몸에 배야 한다고 강조했다. 그는 "반복훈련을 통해 위기가 발생하면 사전에 분담된 역할을 반사적으로 할 수 있게 만들어야 한다"고 말했다.

처토프 전 장관은 SNS 발달에 따라 쏟아지는 정보의 혼란 속에서 정확한 정보를 가려내는 게 재난 대응을 책임지는 리더의 첫 번째 능력이라고 밝혔다. 처토프 전 장관은 "재난 대응 초기 최악의 상황은 당국이 발표한 내용이 틀린 정보로 판명됐을 때"라며 "세월호 사고에서 '전원 구조'라는 오보가 나오도록 한 건 한국 정부의 최대 실수"라고 지적했다.

골보르네 전 장관은 '칠레 광산 기적'의 배경으로 존중과 신뢰를 꼽았다. 골보르네 장관은 "법적으로는 정부가 개인이 소유한 광산회사에 책임을 넘길 수도 있었지만, 정부가 이를 감수하기로 하고 대통령을 설득해 마음을 얻었다"고 말했다. 다음은 구체적인 실행계획이 이어졌다. 매몰된 광산에 광부들이 살아있다는 것을 확인한 순간 내린 결단력과 탁월한 전략 짜기, 팀 구성은 그야말로 한 편의 드라마 같았다.

골보르네 전 장관은 "광부들 가족 문제만 담당하는 팀, 구조를 위해 드릴로 구멍을 뚫는 팀, 구체적으로 구출방법을 찾고 실행에 옮기는 팀, 광부들이 구조됐을 때 이들 생명을 유지할 팀 등으로 세분화했다"고 설명했다. 그는 "명확한 목표를 갖고 최적화된 팀을 꾸렸지만, 위기의 순간도 있었다"며 "그러나 이를 빠르게 분석해 방해요소를 제거했고 결과적으로 전원 구조라는 목표를 달성했다"고 말했다. 그는 "기존 팀으로 새로운 문제를 해결하는 것은 어리석은 짓이다. 그 상황에 적합한 최고의 팀을 즉각적으로 구성해 협력하는 게 가장 효과적"이라고 말하기도 했다.

세월호 참사에서 안전에 대한 모든 것을 배워라. 그리고 익숙해지게끔 매일 훈련하라.
Learn everything about safety from the Sewol ferry disaster. Train yourself every day to pick it up.

- 마이클 처토프 前 미 국토안보부 장관

"
어떤 응급상황에도
대응가능한
계획을 세워라
"

마이클 처토프
前 미국 국토안보부 장관

마이클 처토프 前 미국 국토안보부 장관은 법무차관 시절 9·11 테러 수사를 총괄했으며, 테러 방지 등을 위한 '애국법(Patriot Act)' 제정에 주도적 역할을 했다. 그는 하버드대 로스쿨을 졸업한 후 국토안보부 장관직을 맡기 전까지 연방판사, 법무부 차관(한국의 검찰총장에 해당) 등 요직을 역임했다. 1994년에는 빌 클린턴 대통령 부부의 부동산 투자 의혹을 파헤친 '화이트워터스캔들' 상원 조사위원회에서 공화당 수석법률고문을 맡기도 했다. 공직에서 물러난 뒤에는 안전·위험 관리 컨설팅업체인 처토프그룹을 세웠다. 15회 세계지식포럼을 위해 방한한 그를 인터뷰했다.

미국 남부를 강타한 허리케인 카트리나 참사가 일어났을 때 재난 대응을 총지휘하는 자리에 있었다. 리더로서 무엇이 가장 먼저 떠올랐고 어떻게 실행으로 옮겼나?

▶ 무엇보다 발생한 사태에 대해 정확한 정보를 입수하는 게 중요하면서도 가장 어려운 일이다. 지금은 페이스북이나 트위터 같은 소셜미디어(SNS)의 시대다. 소셜미디어

는 도움이 될 수 있다. 유통되는 정보들 중 사건 현장에 있는 사람들이 직접 담아낸 정보도 있기 때문이다. 하지만 SNS는 오해를 야기할 수도 있다. 완전히 정확하다고 볼 수 없고, 전체적인 그림의 맥락에서 벗어나 있을 수도 있기 때문이다. 그래서 재난 대응처의 입장에서는 정확한 것과 정확하지 않은 것을 철저히 분류해야 한다.

두 번째는 사전에 대응 계획을 수립하고 있어야 한다는 것이다. 계획을 미리 세우지 않으면 당장 필요한 도움을 즉각 투입할 수 없다. 사건이 발생한 다음 대응하려고 하면 시간이 걸린다. 미리 수립한 계획에 따라 필요한 능력을 확실히 갖추고, 일어나고 있는 일에 대한 진실을 즉각 알려야 한다.

정보가 중요하다는 말을 했다. 세월호 사태를 보면 SNS는 도움을 주기보다 해가 되는 것 같다.

▶ 동의한다. SNS에 유통되는 많은 정보가 부정확하다. 그래서 무엇보다 균형을 잡아야 한다. 대중과 빨리 소통해야 한다. 정보를 원하는 대중과 소통하지 않으면 결국 다른 곳으로 가서 정보를 찾으려 한다. 하지만 이 과정에서 조심해야 할 것은 사실관계에 근거하지 않은 정보를 발표하면 안 된다는 것이다. 보통 최초 보고서는 틀리게 마련이다.

균형이 중요하다고 했다. 어떻게 균형을 잡을까? 정말 어려운 일 같다.

▶ 제일 좋은 건 정확한 정보를 빨리 공유하는 것이다. 알고 있는 것에 관해 얘기하되, 아직 확실히 모르는 게 무엇인지도 대중에게 명확히 하는 게 좋다. 국민도 정부가 알고 있는 것이 무엇이며, 모르는 것이 무엇인지 알면 정부를 이해할 것이다.

세월호 참사가 일어났을 때 한국 정부의 대응 중 미흡했던 점을 방금 언급했다. 명확하게 소통하지 못한 것. 정부가 '전원 구조'라는 오보를 낸 건 정말 큰 실수였다.

▶ 맞다. 그 부분은 한국 정부가 제대로 대응하지 못한 부분이다.

그러면 어떻게 사전에 대비하고 계획을 수립해야 하나? 이런 참사는 예견하기도 상상하기도 힘들지 않은가?

▶ 먼저 문제가 뭔지 파악하고 가능한 대응 시나리오를 설정해 일을 분담하는 게 중요하다. 특히 어떤 종류의 위기 상황인지 정확히 파악해야 한다. 전체적인 그림이 그려지면 대처 방법에 대한 판단을 세워야 한다. 어떤 전문가들을 투입하고, 어떤 식으로 문제를 처리해야 하는지 생각해야 한다.

당신은 9·11 사고 이후 수사 책임자였다. 세월호 참사 수사도 끝났지만, 사람들이 수사 과정과 결과를 믿지 못하고 있다.

▶ 신뢰를 잃는 건 정말 큰 문제다. 독립된 제삼자가 조사에 참여하는 게 방법일 수 있다. 영국에서는 사건, 당사들과 완전히 무관한 판사가 이 수사 과정에 참여한다. 미국도 9·11 이후 모든 당사자가 참여해 사건 발생 이후의 대응 과정과 원인을 분석하고 보고서를 만들었다. 제삼자가 이를 검수하는 메커니즘도 있었다. 많은 사람이 보고서가 거짓 없이 만들어졌다고 받아들이는 것 같다.

무너진 신뢰를 다시 회복하기 위해서는 어떤 노력을 해야 할까?

▶ 한국 정부를 대신해서 말할 입장은 아니지만, 일반적으로 독립된 주체가 주도하는 조사기구가 성역 없이 철저히 조사하는 게 도움이 될 수 있다. 하지만 시간이 필요하다. 실패한 것, 잘못한 부분에 대해 솔직해질 필요가 있다.

정부가 잘못을 공식적으로 인정하는 게 나을까?

▶ 그렇다. 실수로부터 배우면 신뢰를 회복할 수 있다. 미국에서는 잘못을 인정하는 게 도움이 됐다.

정부가 국가안전처라는 재난관리 컨트롤타워를 만들려고 하는데 좋은 생각인가?

▶ 모든 걸 통제할 수 없다는 건 분명하지만 각 기관이 협조적인 업무체계를 구축하는 건 상당히 가치 있다고 본다. 그리고 누군가가 사건을 관리·감독할 수 있다는 것도 분명 장점이다. 누군가 전체 그림을 보고 각 분야 전문가들이 제 역할을 할 수 있도록 관리·감독하는 건 중요하다. 미국에서도 그렇게 한다.

지금 당신이 언급한 게 세월호 참사 당시 우리가 부족했던 부분이었던 것 같다. 근데 이런 위기 상황을 교육으로 대비할 수 있을까?

▶ 물론이다. 경험을 통해 배운다. 계획을 수립하고, 관장하는 조직을 만들고, 체계적으로 해야 할 일을 정비하고, 그런 것들을 조합하는 장치들을 만드는 일은 모두 할 수 있는 일들이다. 미국은 과거 경험으로부터 배워 개선됐다고 본다.

교과서에 안전교육 단원을 넣고, 모의 훈련을 하는 건 어떤가?

▶ 모의 훈련은 큰 도움이 된다. 교과서에서 설명하는 것만으로는 부족하다. 실제로 훈련을 해보면 몸으로 익히기 때문에 부족한 부분이 사전에 노출되고, 개선된 대응 방법을 마련할 수 있다.

미국은 그런 훈련을 하고 있나?

▶ 연방정부보다 지자체 단위에서 그런 훈련을 자주 한다. 1년에 2번 정도 비상 훈련을

하고 사람들이 위기 대응을 몸으로 기억하게 한다.

마지막으로 한국 사회에 전하고 싶은 말이 있다면?.

▶ 세월호 참사의 정확한 사실관계에 대해서는 모르지만 한 가지 조언하겠다. 일단, 왜
실패했는지 이해하려고 노력해야 한다. 그리고 재발방지를 위해 계획을 세우고 프로
그램을 고안해야 한다. 이것을 체계적으로 정비하는 게 우리가 확실히 해야 할 게 아
닌가 생각한다.

극단적 갈등은 국가적 손해

- 스웨덴 국민은 극단적 갈등이 국가적 손해라고 인식한다
- 복지국가 원한다면 경제 발전을 우선하라
- 이민자를 포용하고 여성을 노동현장에서 적극 수용하는 사회적 합의 필요

- 칼 빌트 前 스웨덴 총리

"스웨덴도 실업, 재정적자, 복지 축소, 이민자 등을 두고 이해자 간 갈등이 많습니다. 하지만 갈등을 그대로 표출하면 모두가 지는 것이라는 것을 알았습니다. 그래서 스웨덴 국민은 이를 자제합니다."

칼 빌트 전 스웨덴 총리는 제15회 세계지식포럼에서 열린 '스웨덴에서 배우는 사회통합' 세션에서 스웨덴이 사회적 통합을 국가 발전의 동력으로 삼고 있는 이유는 '갈등을 극단적으로 나타내는 것이 모두가 지는 게임'이라는 것을 알기 때문이라고 밝혔다. 빌트 총리는 "스웨덴 국민도 사회 전반에 문제가 있다는 것은 안다. 하지만 기업과 노조, 심지어 정부도 재정적자가 심하고 기업들이 해외로 빠져나가 일자리가 정체되다 보니 극단적 갈등은 결국 자기 손해라는 것을 알게 되었다. 이것이 통합의 원인이 됐다"고 말했다.

칼 빌트 전 스웨덴 총리가 제15회 세계지식포럼 '스웨덴에서 배우는 사회통합' 세션에서 한국이 사회 대통합을 이루기 위한 해결책을 제시하고 있다

    의원내각제인 스웨덴은 소수의 정당이 연합해 정권을 만든다. 2014년 치러진 총선에서도 8년 이상 집권했던 중도우파연합이 좌파연합정권에 패배했다. 빌트 전 총리는 "전반적으로 중산층이 늘어나고 있어서 정치 성향도 덜 분극돼 있다"고 말했다. 빌트 전 총리도 2014년 스웨덴 외무장관으로 있다가 총선에서 패배해 같은 해 10월 3일 8년간 재직했던 외무장관직에서 물러났다. 그는 1991년부터 1994년까지 스웨덴 총리를 역임한 유럽 정치의 거물이다.

    빌트 전 총리는 또 정부와 정치권이 앞장서 '선제적 개혁'을 이뤄낸 것이 스웨덴 경제를 성장으로 이끌었다고 강조했다. 그는 "1960~1970년대 부정부패가 경제사회 발전을 저해한다고 인식해 부정부패 혁명을 만들어냈으며 1990년대 이후 임금이 생산성보다 높아지자 사회적 합의를 통해 연금 제도를 개혁했다"며 "끊임없는 개혁이 오늘의 스웨덴을 만들었다"

고 말했다. 그는 스웨덴의 세제 개혁, 토지세·상속세 개혁, 재산세 개편, 에너지 제도 개혁 등의 노력에 대해 자세히 설명했다. 2007년 글로벌 금융위기에 대해서도 "스웨덴은 은행 때문에 금융위기를 겪은 바 있어 금융제도를 미리 개편한 것이 글로벌 금융위기를 넘기는 원동력이 됐다"고 소개했다.

그는 '스웨덴식 복지국가'에 대해서도 "복지국가를 원하지만, 국가 경쟁력에 대해서 먼저 얘기해야 한다. 나라가 경쟁력을 유지하지 못하면 복지도 없다. 경제발전은 복지국가의 근본이다. 앞으로도 (복지국가로) 성공하리라는 보장이 없으므로 경제 성장과 생산성 증대를 먼저 이뤄낼 수 있어야 한다"고 강조했다.

빌트 전 총리는 앞으로 '노동시장 불균형'이 세계적으로 사회 갈등의 원인이 될 것으로 전망했다. 젊은이들이 노동시장에 늦게 투입되는 반면 은퇴는 빨라지기 때문이다. 그는 "이민자를 포용하고 여성들을 노동현장에서 적극적으로 활용할 수 있도록 정책을 수립하는 것이 각 국가의 핵심 경쟁력이 될 것"이라고 말했다.

"
여성 스스로
제한을 두지 말라
"

노니 푸르노모
블루버드 사장

"남자처럼 되려고 하지 않았습니다. 여성으로서 나 자신에 제한을 가하지 않았을 뿐입니다."

제15회 세계지식포럼에 참석한 노니 푸르노모(Noni Purnomo) 블루버드 사장은 여성들 스스로 제한을 두지 않고 적극적으로 다양한 도전을 해야 한다고 강조했다.

블루버드는 인도네시아뿐 아니라 아시아 최대 규모의 택시회사로, 여행객들에게 '동남아에서 가장 안전한 택시'로 통한다. 푸르노모 사장은 창업주의 손녀로, 택시 26대로 설립된 회사를 물려받아 2만 7,000여 대의 택시를 보유한 거대 업체로 성장시켰다.

그는 여성들이 사회에 기여할 수 있는 무한한 잠재성을 믿고 자신만의 강점을 살리기를 제안했다. 푸르노모 사장은 "학업을 마치고 조모가 세운 회사로 들어왔을 때 남성 경험자들의 노하우를 존중하면서도 섬세한 감성 등 나만의 장점을 최대한 살려 일했다"며 "여성들은 자신에게 한계를 두지 않고 자신의 강점을 최대한 활용하면서 도전하는 자세가 필요하다"고 주장했다.

또한 푸르노모 사장은 여성이 직간접적으로 항상 경제에 공헌한다는 점을 인식해야 한다고 지적했다. 그는 "회사에 취직해 일하는 것만이 여성이 하는 경제활동이라고 보지 않는다"며 "가정주부로서 아이들에게 좋은 교육을 제공하고 올바른 인식을 심어줌으로써 사회에 기여하는 인재를 길러내는 일도 사회·경제에 매우 중요하다는 것을 염두에 둬야 한다"고 전했다.

한편 택시회사를 아시아 최대 규모로 성장시킬 수 있었던 비결에 대한 질문에 '행복'이란 단어를 언급했다. 푸르노모 사장은 "행복한 사람만이 다른 사람도 행복하게 만들 수 있다고 믿는다"며 "고객의 만족도는 택시기사들의 행복과도 직결된다고 보기 때문에 멘토링, 일대일 대화 등 직원들의 만족도를 높이기 위해 다양한 시도를 하고 있다"고 했다.

푸르노모 사장은 택시 회사 운영뿐 아니라 직원 부인들에 대한 직업교육, 회사 인턴십, 청소년 교육 등 여성과 아이들을 위한 다양한 프로그램도 병행하고 있다. 그는 "블루버드에서 일하는 직원의 부인이나 아이들 또한 경제적 관념, 경영 노하우 등을 배움으로써 약자가 아닌 동등한 사람으로 자신의 능력을 갖출 기회를 제공하고 있다"며 "아울러 이 같은 교육은 남성들의 역할을 이해하는 것도 도와준다"고 전했다.

단 여성이 약한 존재로서 더 대우받는 것에 대해서는 적극적인 찬성을 표하지 않았다. 푸르노모 사장은 "여성이 사회에 진출할 수 있도록 하는 첫 시도로서 여성할당제 등은 필요하지만, 일시적인 기간으로 정해야 한다"며 "여성과 남성을 구분 짓기보다는 동등한 인격으로서 받아들이는 사회적인 의식이 더 중요하다"고 말했다.

마지막으로 그녀는 고지식한 발언도 했다. "사회에 진출해서 일할 수 있게끔 도와주는 열린 마음을 가진 남편을 만나는 것도 여성이 사회에서 성공할 수 있는 핵심 요소다. 여기까지 이뤄낼 수 있게 도와준 남편에게 항상 고맙다."

부패와의 전쟁

- 엘리트 범죄를 내버려두면 제2의 금융위기 온다
- 부패 먹이사슬을 끊기 위해선 법 자체에 포괄주의를 확대해야
- 부패가 국가경쟁력을 갉아먹는다는 인식이 개도국에도 확산

2014년 세계지식포럼 '부패와의 전쟁' 세션에서는 부패의 고리를 근본적으로 끊기 위해 어떤 변화가 필요한지 열띤 토론이 열렸다. 부패는 기업, 정부, 국제 사회가 풀어야 할 영원한 과제다. 부패는 이제 단순한 도덕적 문제를 넘어 사회 안전과 기강에도 악영향을 미치기 시작했다. 최근 한국에서 국민들의 삶을 빼앗아간 안전사고들은 원칙·원리보다 부패한 관행을 중요시한 악습의 결과물이기도 하다.

미국 대형 로펌인 코빙턴앤벌링의 래니 브루어(Lanny Breuer) 부회장은 "자본주의가 발달할수록 화이트칼라 범죄가 지능적이고 전문적으로 발전하고 있다"며 "화이트칼라 범죄는 수많은 일반인의 재산권과 생존권을 위협하는 심각한 사회병리학적 현상"이라고 지적했다. 브루어 부회장은 미국 법무부 형사담당 최장수 차관보를 지내며 2008년 금융위기 직후

금융기관의 화이트칼라 범죄 처단의 선봉에 섰던 인물이다.

그는 "경제시스템과 규모가 커질수록 과거와 동일한 패턴의 범죄가 발생해도 피해 규모는 상상할 수 없을 정도로 커질 것"이라며 "화이트칼라 범죄예방 시스템을 구축하지 않으면 '제2의 금융위기'가 올 수도 있다"고 경고했다.

강영철 국무조정실 규제조정실장은 "개도국은 모든 권한이 정부 관료에게 집중돼 있어 이해가 상충하는 집단이 있을 때 최종 결정권이 관료한테 있다"며 "또 법률이 열거주의(Positive System)[2] 중심이기 때문에 부패 먹이사슬의 악순환이 발생한다"고 지적했다. 강 실장은 "부패 먹이사슬을 끊기 위해선 법 자체에 포괄주의(Negative System)[3]를 확대해 관료의 재량을 줄이는 방향으로 가야 한다"고 말했다.

헤비에른 한손 노르딕아메리칸탱커스 회장은 "부패가 국가경쟁력을 갉아먹는다는 인식이 이제는 개도국에도 많이 퍼져 있다"며 "부패방지를 위한 여러 제도를 확립해 철저히 시행하는 국가가 많아지는 것은 비즈니스 환경에 긍정적"이라고 말했다.

존스턴 전 OECD 사무총장 : 부패가 심해지면 신뢰도 무너지고 법치도 무너진다. 상거래와 무역에도 영향을 미친다. 무역의 공정성을 해친다. 많은 공적 예산이 공무원의 주머니로 들어간다. 세계은행의 통계에 의하면 국제원조의 30%가 부패 때문에 공무원이나 관계자의 돈이 돼 버린다고 한

2　원칙적으로 모든 것을 금지하고 예외적으로 규제나 금지가 되지 않는 사항을 나열하는 원칙
3　제한·금지하는 규정 및 사항을 나열하고 나머지는 자유화하는 원칙

다. 경악할만한 상황이다. 이렇게 되면 외국인 직접 투자가 저해된다. 경제와 사회가 제 기능을 하기 위해선 부패를 척결해야 한다.

브루어 부회장 : 나는 법조계에 오래 근무했다. 검사로 활동했고, 내각에도 있었다. 부패 문제를 많이 다뤘다. 미국 대통령과 법무부 장관은 국내외 부패에 대해 많은 신경을 쓰고 있다. 부패는 젊은 근로자들의 노력과 땀을 물거품으로 만들어 버리기 때문이다. 뇌물로 성공을 사는 사회엔 신뢰가 없다. 이렇듯 부패 척결이 중요한 건 모두가 아는 사실인데, 왜 뇌물 방지책이 효과가 없었을까?

미국은 1970년대에 대통령이 부패 때문에 자리에서 물러나는 치욕을 겪었다. 미국에선 뇌물을 주는 관행이 있었다. 70년대에 부패 때문에 대통령이 물러나면서 우리는 반성을 하게 되었다. 뇌물 관련 법안도 통과됐다. 당시에는 크게 실효성이 없었다. 그러나 최근에는 제대로 집행되고 있다. 기업 임원들이 엄격한 법 적용을 인식하기 시작했다. 뇌물을 묵인했으면 교도소에 갈 수 있다는 것을 깨달은 것이다.

지난 4년 동안 50명의 고위 경영인들이 기소를 당했고 현재 옥살이를 하고 있다. 각국이 법을 집행하는 방식이 중요하다. 외국에도 부패 방지 관련 법안을 입법한 곳이 많아지고 있다. 중국, 인도, 브라질 등도 뇌물방지법을 시행하고 있다. 부패를 법으로 엄격히 다스리니 기업인들이 부패에 대해 다시 생각하기 시작했다.

존스턴 전 OECD 사무총장 : 미국이 부패를 매우 심각하게 생각하고 있다. 한국의 생각은 어떤가? CI(부패지수)에 따르면 한국의 부패는 중국과 비슷한 수준이다.

제15회 세계지식포럼 '부패와의 전쟁' 세션에서 연사들이 열띤 토론을 벌이고 있다. (왼쪽부터) 도널드 존스턴 전 OECD 사무총장, 래니 브루어 코빙턴앤벌링 부회장, 헤비에른 한손 노르딕아메리칸탱커스 회장, 강영철 국무조정실 규제조정실장

강영철 실장 : 조금은 깨끗해졌다고 생각한다. 다들 알다시피 세계은행에선 부패 등식을 만들었다. 이 등식을 사법제도 측면에서 논하고 싶다. 한국 정부는 60~80년대에 기간산업을 직접 육성했다. 이 과정에서 정부의 선정이 있었고, 결국 정부의 관리들이 상당한 재량권을 가졌다. 어떤 산업을 육성할 것인가 하는 재량권이었다. 소수에 집결된 재량권은 곧 책임성을 줄이는 결과를 낳았다.

이익이 상충하는 집단들이 있으면 최종 결정권은 정부에게 있었다. 이로써 부패한 관행이 생겨난 것이다. 열거주의에 기반을 두고 허용하는 게 예외가 돼 버렸다. 규제의 90%는 열거주의였고 이는 정부가 간섭할 수 있는 여지를 남겨뒀다.

변화를 도모하는 한국은 이제 열거주의보다 포괄주의를 지향하고 있다. 그러나 아직 한국 국회의원이나 사법부는 열거주의에 익숙해져 있다. 지금 현재 가장 중요한 것은 법이 관료의 재량과 책임을 줄이는 방향으로 나아가야 한다는 점이다.

존스턴 전 OECD 사무총장 : 규제가 오히려 부패한 환경을 만들어줬단 뜻인데, 어려운 상황인 건 확실해 보인다. 양날의 검인 것 같다. 부패는 국내를 넘어 국제적으로도 심각한 문제다. 국제 비즈니스 경험이 많은 한손 회장의 견해를 들어보고 싶다.

한손 회장 : 나는 40년 동안 해운회사를 운영하고 있다. 1982년 회사 소유 유조선을 남미에 매각하려 했다. 우리가 부른 가격은 3,200만 달러였고 사는 쪽에서 받아들였다. 그런데 상대 쪽에서 500만 달러 리베이트를 요구했다. 먼저 3,700만 달러를 받고 500만 달러를 돌려달라고 한 것이다. 어떻게 해야 하냐고 물었더니 노르웨이 정부에게 당시 이를 승인해줬다. 참고로 거래가 성사되지는 않았다.

지금이라면 이런 거래는 불가능하다. 그만큼 노르웨이 법이 엄격해졌다. 미국의 부패방지법과 비슷한 수준이다. 2003년 법 개정을 통해 뇌물을 받는 게 불법이 됐다. 부패에 대한 정의도 명확해졌다. 그래서 기업들도 신경을 쓰기 시작했다. 어떤 형태의 부정부패라도 징역형을 받는다. 최고 10년 징역형까지 받을 수 있다. 따라서 부패에 대한 인식이 개선됐다. 노르웨이뿐만이 아니다. 지난 수십 년간 한국, 일본, 중국 등 국가와 거래를 했는데, 최근 들어 모든 국가에서 변화가 보이기 시작했다. 엄격한 법이 도입되고 있다.

존스턴 전 OECD 사무총장 : 근본적으로 부패한 특정 지역에서 사업하면 해당 기업도 부패할 수밖에 없다. 지역 관료나 정치인 등 누군가에게 돈을 주지 않으면 사업을 할 수 없다. 동의하나?

강영철 실장 : 미국 유통회사 코스트코는 중국에 진출하지 않았다. 중국에 매장을 열려고 시도는 했다. 중국의 정부관리가 매장 용지까지 지정해줬다. 그러나 그 부지에는 다른 사업장이 이미 존재하고 있었다. 코스트코 측에서 중국정부에 물어보니 돌아오는 답변은 그 사업장을 없애면 된다는 말이었다. 코스트코 회장은 그 얘길 듣고 중국에 한 푼도 투자하지 않기로 했다.

존스턴 사무총장 : 부패를 척결하려면 공무원에게 충분한 연봉을 줘야 한다. OECD 국가 공무원들은 대부분 높은 연봉을 받고 있고, 따라서 더 청렴한 편이다. 개도국이 이렇게 할 수 있다면 효과가 있을 것이다.

브루어 부회장 : 맞다. 공무원들에게 합리적인 대접을 해줘야 한다. 내 고객 중 하나는 동남아에서 사업을 하고 있다. 기차를 통해 상품 운송을 하는데, 공무원 파업으로 운송할 수 없던 적이 있었다. 공무원들은 문제 해결을 위해 돈을 요구했다. 생계를 위해 기업에 돈을 요구한 것이다. 어느 측면에선 이해가 간다. 공무원들의 생계가 보장되지 않으면 돈을 요구할 것이며 정부가 눈감아 준다고 생각하면 더욱 심각해질 것이다.

"
반부패방지법은
기업에도
유리한 법안
"

래니 브루어
코빙턴앤벌링 부회장

"선진 기업의 **CEO**라면 부패를 저질렀을 때 리스크가 훨씬 더 커진다는 사실을 분명히 알아야 합니다. **CEO**가 반부패방지법에 걸릴까 두려워 잠 못 이루는 일은 없어야 하지 않겠습니까?"

제15회 세계지식포럼에 참석한 래니 브루어 코빙턴앤벌링 부회장은 반부패방지법이 기업 입장에서도 '유리한' 법안이라는 점을 강조하며 이같이 말했다. 브루어 부회장은 "기업이 뇌물을 쓰기 시작하면 사업 전략이 뇌물을 받은 사람에 의해 좌지우지된다. 다른 기업이 더 큰 액수로 그를 매수하면 사업은 끝난다"라고 강조했다.

브루어 부회장은 2009년부터 2013년 1월까지 역대 최장수 미국 형사담당 법무부 차관보를 지냈다. 1977년 제정됐지만, 사문화된 법이었던 반부패방지법을 수면 위로 끌어올려 강력하게 집행한 것으로 유명하다. 기업이 해외에서 뇌물을 주는 행위를 처벌하는 이 법은 제정 당시에는 미국 국내 기업에만 적용됐으나 1998년부터 외국 기업으로 확대되면서 국제적인 이슈로 부각됐다. 그는 "국내 기업이든 외국 기업이든 인정사

정 봐주지 않았다"며 "법무부에 있는 동안 뇌물을 준 혐의로 기소해 감옥에 보낸 경영진이 최소 50명이 넘는다"고 말했다.

브루어 부회장은 반부패법의 중요성을 UN과 OECD 등을 통해 전 세계에 알린 것이 가장 자랑스럽다고 했다. "한 국가에서는 공직자를 매수하면 안 되는데 다른 국가에서는 매수해도 된다면 반부패방지법이 아무 쓸모도 없게 된다"며 "요즘에는 많은 글로벌 기업들이 이 법을 의식해 부패를 저지르지 않으려고 노력하고 있다"고 말했다.

현재까지 한국 기업이 제재를 받은 사례는 없다. 하지만 법 집행이 점점 엄격해지면서 해외 사업을 펼치고 있는 한국 기업들도 안심할 수 없는 상황이다. 브루어 부회장은 "미국과 연관된 한국 기업이라면 아프리카 공무원을 매수했다고 하더라도 반부패방지법에 따라 미국에서 처벌받을 수 있다"고 설명했다.

그는 노력한 자에게 합당한 보상이 주어지는 공정한 사회를 만들기 위해서 각국의 정부가 반부패를 실천하는 노력을 해야 한다고 강조했다. "아무리 어려운 환경에 처해있다고 할지라도 뇌물 한번 쓰면 그동안의 노력이 다 헛수고가 된다는 것이 이 법의 중요한 교훈"이라며 "후손들에게 공정한 룰에 따라 노력하면 성공할 수 있다는 희망을 심어주기 위해서라도 부패는 반드시 막아야 한다"고 말했다.

이민자를 위한 나라는 있다

- 고숙련 이민자를 받아들여 '지식허브' 조성해야
- 다문화 사회가 미래경제의 질적성장을 결정한다
- 〈포춘〉 500대 기업 중 18%는 이민자가 창업한 기업

제15회 세계지식포럼 '21세기 이민강국의 조건' 세션에선 포용적 성장을 위한 바람직한 글로벌 이민정책과 한국형 이민정책 수립을 위한 각국 전문가들의 조언이 있었다.

2014년 브라질 월드컵에서 독일이 우승할 수 있었던 또 하나의 이유로 이민이 꼽힌다. 새로운 인재들을 받아들이고 이들을 성장의 기반으로 삼아 발전한 사례는 역사 속에서 어렵지 않게 발견할 수 있다. 그러나 과거 포용적 이민정책을 주도했던 국가들에서는 정반대의 상황이 벌어지고 있다. 세계의 용광로라는 미국조차도 이민법 개혁을 둘러싸고 극심한 진통을 겪고 있다.

이민정책을 둘러싼 논란은 이제는 먼 나라 이야기가 아니다. 한국은 오래전 이민사회 대열에 올랐다. 결혼이민자는 26만 명, 다문화가정 구성원

제15회 세계지식포럼 '21세기 이민강국의 조건' 세션 연사들이 바람직한 이민정책에 대한 혜안을 밝히고 있다. (왼쪽부터) 모종린 연세대 교수, 아비샤이 아브라하미 윅스 CEO, 대니얼 앨트먼 뉴욕대 교수, 에릭 잭슨 캡링크드 CEO, 벤자민 존슨 미국이민정책위원회 디렉터

은 100만 명을 넘어섰다. 그러나 여전히 한국 정부의 이민정책은 과거의 폐쇄주의 틀을 벗어나지 못하고 있다.

모종린 연세대 교수는 "현재 한국의 이민자는 전체 인구 대비 3.3% 수준으로 OECD 국가 평균 10%보다 한참 모자라다"고 강조했다. 이어 "한국도 머지않아 이민자 비율이 5%를 넘어 10%까지 도달할 것"이라며 "급격한 이민자 증가에 대한 대책 마련이 시급하다"고 말했다.

이스라엘의 IT기업 윅스의 아비샤이 아브라하미(Avishai Abrahami) CEO는 "이민자가 들어오면 그들의 기술과 지식도 함께 들어온다"며 "고숙련 이민자를 많이 받아들여 이들의 지식이 모이는 '지식허브'를 만드는 게 올바른 이민정책"이라고 강조했다. 그는 "똑똑한 외국인이 쉽게 이민오고 자연스럽게 그 나라의 일부가 될 수 있게 해야 한다"며 "이민을 받아들이고 다문화 사회가 되는 것은 미래 경제의 질적 성장을 결정짓는 중요한 요소"라고 말했다.

대니얼 앨트먼 뉴욕대 교수도 "단순 노동인력 중심에서 벗어나 전문인력 중심의 이민정책 방향 전환이 필요하다"며 "국가경쟁력을 강화하는 방향으로 이민정책을 추진해야 한다"고 강조했다. 그는 "전 세계가 고숙련 인재 이민을 늘리기 위해 치열하게 경쟁하고 있다"며 "한국이 이들에게 더 많은 당근을 제시하지 않으면 좋은 인재를 유치하기 힘들다"고 지적했다.

에릭 잭슨(Eric Jackson) 캡링크드 CEO는 "포춘 500대 기업 중 18%가 이민자가 창업한 기업이고, 이민자가 CEO인 미국 기업들의 연간 매출액이 7,700억 달러에 달한다"며 "이민자의 모험 정신과 창업가 정신을 적극적으로 활용해 경제를 성장시켜야 한다"고 말했다.

벤자민 존슨(Benjamin Johnson) 미국이민정책위원회 디렉터는 "정부의 정책 기능이 여러 곳으로 나눠져 있으면 체계적인 이민정책을 펼칠 수 없다"며 "적극적인 이민정책을 수립하기 위해 '이민청' 같은 정부 차원의 컨트롤타워를 갖춰야 한다"고 강조했다. 그는 "한국은 세계적으로 저출산 문제가 심각한 나라이기 때문에 줄어드는 경제인구를 외국인으로 채울 수밖에 없다"며 "외국인에 대한 한국인들의 인식을 어떻게 바꿀 것인가가 가장 중요한 문제"라고 말했다.

진짜 사나이의 기업경영

- MBA 과정에 군사훈련을 포함해 해낼 수 있다는 믿음 심어준 파리공립경영대학원
- 힘든 상황에서도 지도력을 발휘해 조직원을 이끌 수 있는 게 진정한 리더십
- 수년간 교육하는 군대처럼 리더십 교육에도 충분한 시간을 투자해야

　명문으로 손꼽히는 프랑스의 파리공립경영대학원(HEC)은 2013년에 이어 2014년 세계지식포럼에서도 독특한 MBA 특강으로 청중의 눈길을 끌었다. 2014년에는 군 출신 HEC 교수들을 세계지식포럼으로 보내 MBA 과정과 군사훈련의 융합을 소개했다.

　토론 좌장을 맡았던 베르나르 가렛(Bernard Garrette) HEC 교수는 "군대식 훈련이 교실에서 배운 이론과 결합했을 때 훌륭한 리더를 육성할 수 있다"고 설명했다. 끊임없이 바뀌는 경영 환경 속에선 군사 훈련에서 얻을 수 있는 위기대응 리더십과 침착함이 필수라는 게 이유다. 그는 "훌륭한 리더가 되기 위해선 현장 중심의 훈련도 필요하다"고 강조했다. 이 세션에는 군 출신인 시릴 바스 교수와 사비에르 부트 교수도 참여했다.

제15회 세계지식포럼에서 프랑스 경영대학원인 HEC의 교수들이 기업경영과 위기관리 리더십에 대해 발표하고 있다. (왼쪽부터) 사비에르 부트 교수, 베르나르 가렛 교수, 시릴 바스 생 시르 재단 사무국장

베르나르 가렛 교수 : HEC MBA 학생들은 프랑스 서쪽에 있는 브루타뉴 지방에서 리더십 트레이닝 워크숍을 한다. 프랑스 육사 생도들과 함께 훈련을 받는데, 처음에는 MBA 학생들이 군인들로부터 무엇을 배울 수 있을지 의문이 들기도 했다.

하지만 훈련을 마치자 학생들은 군사훈련이 도움이 되었다고 답했다. 불가능해 보이는 일도 해낼 수 있다는 믿음을 얻었다는 것이다. 더불어 힘을 모아 문제를 함께 해결하는 훈련도 된다. 교실에서 배우는 것보다 훨씬 즉각적인 지식을 얻을 수 있다.

MBA 과정에선 책으로 이론을 배우지만 실전에서는 머리로 이해하는 것보다 몸으로 반응하고 실천하는 게 중요하다. 사람들과 힘을 모아 해결하는 실천력도 중요하다. 이런 이유로 기업 경영진에게도 군사 훈련을 경험하게 하면 어떨까 고민했다. 현재 기업 경영환경에는 지속적 위기감이 존재하기 때문이다. 나는 군사훈련이 학생들뿐만 아니라 기업 임원진에게도 필요하다고 생각하게 됐다.

시릴 바스 교수 : 군대는 젊은이들이 평생 리더십을 가지고 살 수 있도록 훈련하는 조직이라고 생각한다. 그리고 필요하다면 전쟁이라는 최악의 상황에 나설 수 있도록 하는 조직이기도 하다. 따라서 군대는 항상 군인들이 극한 상황을 경험하고 이 과정에서 창의력을 발휘해 적응하고, 지도력을 발휘해 사람들을 이끌도록 훈련한다. 나는 학생들이나 임원들에게도 이런 훈련이 꼭 필요하다는 걸 알게 됐다. 기존의 이론 교육을 유지하며 실제 상황을 체험하게 하는 것이 우리의 목표다.

베르나르 가렛 교수 : 기업들이 직원들에게 바라는 역할은 영웅 행세나 개인 활동이 아니다. 기업은 팀 플레이어를 찾는다. 팀의 중요성, 타인의 기여도를 인정하고 타인의 역량을 활용할 줄 아는 것이 중요한 자질이다. 한 명에게는 기업 경영상의 문제를 해결할 역량을 찾기 힘들다. 다양한 가치관을 지닌 사람들의 역량을 활용하는 것이 기업이 바라는 리더십 스타일이다. 그런 의미에서 군대 문화와 MBA의 접목은 의미가 있다.

사비에르 부트 교수 : 21세기 군대 문화는 예전과 다르다. 지금 군 문화에선 동지애가 매우 중요한데, 이는 비즈니스 환경에서도 마찬가지다. 리더와 팀원들 간에 애정과 믿음이 있어야 한다. 어렵고 위험하고 목숨을 잃을 정도의 상황이라도 동료와 함께 싸워나가게끔 하는 게 군사 훈련이다.

1차 세계대전 당시 프랑스군이 어떤 마음으로 전투에 임했을까? 국가의 임무를 다한다는 다짐도 있겠지만, 무엇보다 혼자가 아니라는 점이 중요했을 것이다. 따라서 훌륭한 리더는 그 팀원을 진정으로 사랑해야 한다고 본다. 팀원들에 대해 강한 애정이 없다면 모든 어려운 미션, 위기상황을 극복하기 어려울 것이다.

베르나르 가렛 교수 : 기업은 모든 것을 너무 빠르게 추진하려 한다. HEC에 직원을 보내는 기업들은 항상 교육을 빨리 끝내달라고 요청한다. 그들에게는 교육이 곧 비용이기 때문이다. 그러나 군에서는 리더십 교육을 몇 년에 걸쳐 진행한다.

기업의 성급함은 진정한 리더를 육성하려는 목적과 상치된다. 온라인 코스 등으로 교육을 갈음하는 게 추세이지만 짧은 온라인 교육으로 얻을 수 있는 건 많지 않다. 시간과 팀원들과의 상호작용(interaction)을 최소화하면 원하는 결과를 결코 얻을 수 없다. 충분한 시간을 투자해 동료들과의 교류가 함께 이뤄질 때야 비로소 진정한 리더를 키워낼 수 있다.

효율성을 극대화하는 것이 기업의 목표라는 건 이해한다. 그러나 효율성을 어느 분야에서 추구하느냐는 고민할 필요가 있다. 리더십이나 인적자원 개발에서 효율성을 극대화하려는 건 아니라고 본다. 충분한 시간, 관심, 노력이 필요하다. 이 분야의 개발에는 충분한 시간을 들여야 한다.

9·11 영웅의 '위기 리더십'

- 진정한 영웅은 재난 사태와 같은 비정상 상황에서 일상적인 행동을 하는 사람이다
- 위기 상황에서 리더는 '3C'를 명심하라
- 미국이 9·11 후 국가사고관리시스템을 도입한 것처럼
  한국도 세월호 참사의 교훈을 적극 실천해야 한다

- 조지프 파이퍼 본부장

뉴욕소방청 대테러·재난대비본부장 조지프 파이퍼(Joseph Pfeifer)의 15회 세계지식포럼 강연은 생동감이 넘쳐났다. 9·11 테러 직후 세계무역센터 구조현장 모습을 사진으로 보여주며 청중의 눈길을 사로잡았다. 파이퍼 본부장은 세계무역센터 붕괴 현장에 가장 먼저 도착해 구조작전을 지휘한 인물이다. 그는 당시 미국 재난관리 당국이 얻은 교훈을 포럼 참석자들과 공유했다.

2014년 봄 세월호 참사가 일어난 직후, 세계지식포럼 사무국은 15회 포럼 주요 주제로 '재난 리더십'을 선정했다. 제2의 세월호 참사를 막기 위해서였다. 외국 전문가들의 혜안을 듣고 한국 사회가 나아가야 할 방향을 제시하고자 여러 연사를 초청했다. 가장 먼저 세계지식포럼 사무국의 초청을 수락한 사람이 파이퍼 본부장이었다. 그는 "재난에는 국경이 없다"며

양국이 아픈 경험을 나누는 일을 적극적으로 희망했다.

9·11테러 구조작업에서 파이퍼 본부장이 보여준 리더십이 언론 보도 등을 통해 미국 전역에 알려지면서 그는 9·11테러의 영웅이 됐다. 그가 구조 현장에서 입었던 소방복이 스미스소니언역사박물관에 전시되기도 했다. 파이퍼 본부장은 당시 경험을 리더십이라는 주제로 삼아 하버드대 케네디스쿨, 펜실베이니아대 경영대학원 등에서 강연했으며 유엔의 대테러 콘퍼런스에 연사로 초청되기도 했다.

그러나 개인적인 아픔도 있었다. 소방관이었던 그의 동생은 9·11테러 구조 작업 중 사망했다. 파이퍼 본부장은 "세월호 유가족들의 사진을 보니 13년 전 그날이 떠올랐다"며 유가족들에게 위로의 말을 전하기도 했다.

세계지식포럼 사무국은 그의 경험을 더욱 많은 사람에게 알리기 위해 그를 15회 세계지식포럼 오픈 세션 무대에 초청했다. 오픈 세션은 사전 신청을 한 사람이라면 누구나 무료로 들을 수 있다. 현직 경찰 40여 명도 파이퍼 본부장의 강연을 듣기 위해 행사장을 찾았다.

파이퍼 본부장은 강연 중 "진정한 '영웅'은 재난 사태와 같은 비정상적 상황에서 일상적인 행동을 하는 사람이다"라고 강조했다. 거창한 일보다 본인이 해야 할 일을 실천하는 사람이 더 훌륭하다는 뜻이다. 과한 영웅심은 오히려 해가 될 수 있다고 했다. 그는 "세월호 참사 때 학생들의 대피를 도운 건 선장도 선원도 아닌 평범한 승객들이었다"고 말하며 "이런 작은 도움 하나하나가 기적을 만들어 낼 수도 있다"고 설명했다.

그는 9·11 테러 때 구조대원들이 거창한 계획을 세웠던 건 아니라고 밝혔다. 일단 신속한 대응을 하려면 계획을 세울 시간이 없다. 그는 "우리는

조지프 파이퍼 뉴욕소방청 대테러·위기대비본부장이 15회 세계지식포럼 무대에 올라 9·11 테러 당시 경험을 청중과 나누고 있다

무너져가는 세계무역센터 안에서도 항상 정보를 교환했고, 눈앞에 보이는 환자를 어떻게든 대피시키는 등 사소해 보일 수 있는 일을 상황에 맞게 처리하는 데 주력했다"고 말했다.

파이퍼 본부장은 이어 재난 사태 시 현장 리더는 '3C'를 명심해야 한다고 했다. 3C는 연결(Connect), 협력(Coordinate), 조율(Collaboration)을 뜻한다. 그는 "긴박한 상황에는 한 지휘관이 모든 업무를 감당할 수 없다"며 "권한과 역량을 갖춘 사람들을 모아 네트워크를 형성하는 게 중요하다"고 말했다. 이런 네트워크를 만드는 게 리더의 역할이라는 뜻이다.

그는 "재난 상황에선 누구나 협력할 것으로 생각하지만 사실 그렇지 않다"며 "조직 편견이 일어난다"고 설명했다. 각 기관과 직원이 각자 이해관계에 얽매여 분리돼 활동한다는 말이다. 이런 상황을 방지하기 위해 리더의 '3C' 리더십이 필요하다.

파이퍼 본부장은 이런 재난 현장 협업을 '클러스터 네트워킹(Cluster Networking)'이라고 표현한다. 9·11테러 당시의 경험을 살려 자신이 개발한 용어다. 지난해 4월 보스턴마라톤 테러 때에도 이러한 클러스터 네트워킹 덕분에 2차 피해를 막을 수 있었다.

더불어 그는 미국이 9·11테러 대응 과정에 대한 분석을 하고 그것을 반영한 국가사고관리시스템(NIMS, National Incident Management System)을 도입했다고 소개했다. 파이퍼 본부장은 9·11테러 직후 이뤄진 뉴욕시와 뉴욕소방청의 테러 대응 과정 평가·분석에 참여했다.

미국은 9·11 테러 당시 기관 간 정보교환 등이 제대로 이뤄지지 않은 점을 발견해 NIMS를 도입했다. NIMS는 재난 발생 시 위기 대응 절차와 사고 관련 정보를 공유하는 시스템이다. 파이퍼 본부장은 "NIMS를 통해 소규모 화재부터 테러까지 모두 대비·대응할 수 있다"고 설명했다. NIMS는 연방·지역 정부 기관들은 물론 NGO와 민간단체까지 하나가 되어 움직일 수 있도록 한다.

그는 "케네디 전 대통령은 '언젠가는 우리 모두에게 용감한 행동을 할 기회가 주어질 것이다'라고 말했다"며 강의를 들으러 온 청중에게 앞으로 위기 상황에 처하더라도 용기를 잃지 말고 대응하라고 조언했다.

"
인재를
현장으로
모이게 하라
"

조지프 파이퍼& 라우렌세 골보르네

세월호 참사의 여파로 재난 리더십에 대한 관심이 뜨거웠던 **2014년 가을 15회 세계 지식포럼**엔 전무후무한 재난을 겪은 조지프 파이퍼 뉴욕소방청 대테러·위기대비본부장과 라우렌세 골보르네 전 칠레 광업부 장관이 연사로 참여했다. 파이퍼 본부장과 골보르네 전 장관은 각자 9·11테러와 칠레 광산 붕괴 사건이라는 대형 재난 사태를 현명하게 지휘해 유명세를 얻었다. 세계지식포럼 행사장에서 열린 기자회견에서 두 사람은 그들의 경험과 혜안을 아낌없이 공유했다.

골보르네 장관에게 질문한다. 칠레 광산 붕괴 사건을 설명해 달라.

▶ **골보르네 전 장관** : 4년 전이었다. 칠레 북쪽 작은 광산에서 사고가 났다. 사태에 대응할 인프라가 없는 곳이었다. 사실 구조 책임은 광업회사에 있었는데, 회사가 감당하지 못해 정부가 책임지고 구조해야 하는 상황이었다. 당시 피네라 대통령이 나를 현장 구조 책임자로 임명했다. 정보가 없었고 아주 복잡한 상황이었다. 정부와 민간

이 힘을 합쳐 구조에 성공했다.

기술적인 문제가 중요했지만, 그 외에도 의료, 의사전달 관리가 중요했다. 요즘엔 국민들이 휴대전화 카메라로 사진을 찍는다. 더불어 그들은 인터넷을 통해 모든 걸 공유하기 때문에 정부의 모든 결정은 자세히 평가받는다는 걸 명심해야 한다.

나도 사고 당시 언론으로부터 압박을 많이 받았다. 모두가 우리를 비판했다. 광부들의 친인척도 현장에 왔기 때문에 부담감을 많이 느꼈다. 17일간 구조작업 성과가 없다가 지하 700m쯤 광부들이 있다는 걸 발견했다. 사실 리더십의 핵심은 압박과 의구심을 이겨내고 잘할 수 있다는 신념을 지니면서 계속 일하는 것이다. 53일 동안 꾸준히 구조작업을 진행했다. 48시간동안 잠도 못 자는 경우도 많았다. 그리고 결국 10월 12일, 구출에 성공했다.

17일 동안 구조를 못 했을 때 사임하고 싶지 않았나? 견딘 비결은 뭔가?

▶ 골보르네 전 장관 : 솔직히 피하고 싶었다. 스트레스도 많았다. 그렇지만 선택할 여지가 없었다. 내가 책임지고 최선을 다해 해결할 수밖에 없다고 생각했다. 사실 특별히 준비할 수 있는 해결책, 해답은 없다. 나는 예전엔 대기업 임원으로 근무했는데, 당시에도 다양한 압박감을 이겨내고 살았다. 광산 붕괴 사태는 과거 경험과 비교할 수 없었지만, 그래도 예전 경험을 토대로 견딜 수 있었다.

타고난 리더십이나 정부의 전폭적 지원이 있었나? 구조대가 훈련이 잘되어 있었나?

▶ 골보르네 전 장관 : 사실 위기에서 가장 중요한 건 최고 인재를 최대한 빨리 현장으로 투입하는 것이다. 이런 인재들은 한곳에 모여 있는 게 아니라 흩어져 있다. 리더가 하나의 팀으로 모아 협력하게 해야 한다.

9·11 테러 후 사태를 신속히 수습할 수 있었던 비결은?

▶ 파이퍼 본부장 : 위기 시 정말 중요한 게 리더십이다. 구조 작전에 투입된 전문
가들이 정보를 교환하고 협력하도록 하는 게 재난 리더십이다. 리더십과 관리
(management)는 분명 다르다. 리더십이 잘 발휘돼야 관리도 된다.

광산사고가 기업 책임인데도 정부가 나서서 해결했다고 했다. 한국 정부는 세월호 사태
를 책임지지 못해서 비판을 받고 있다.

▶ 골보르네 전 장관 : 사실 칠레 광산 사고는 광산을 소유했던 기업의 책임이었다고 본
다. 그들은 예비 탈출구를 마련하지 않았다. 하지만 정부 책임도 없진 않았다. 안전
점검이나 관리에선 미흡했었다.

칠레 국민과 언론은 누구를 비판했나? 정부였나 기업이었나?

▶ 골보르네 전 장관 : 결과적으로 봤을 땐 정부를 비판하지 않았다. 광부 전원을 성공
적으로 구출해 냈기 때문이다. 중요한 건 위기를 통해 교훈을 얻어야 한다는 것이다.
칠레 정부도 재발방지를 위해서 많은 변화를 추진했다. 기업들이 광산 안전을 잘 점
검하도록 규제가 많이 바뀌었다. 2010년에 대비해 2014년에는 칠레 광산 사망사고
수가 반 이상으로 줄었다.

9·11 테러 이후 정서적 위기를 어떻게 극복했는가?

▶ 소방서에서는 심리상담 전문가를 초빙했다. 소방서에서 개인적으로 상담할 수 있게
했으며 집단상담도 진행했다. 형제자매를 잃은 사람들, 자녀를 잃은 부모들이 상담
을 받았다. 내 생각에 위기 상황에서 가장 중요한 것은 자신을 통제하는 것이다. 우리
와 피해자들은 도망가지 않고 자신이 맡은 일을 계속하고자 했다.

일본에서 쓰나미 대지진을 겪었던 학생들이 뉴욕에 방문한 적이 있다. 그 학생들은 9·11 테러 현장을 바라보며 "우리도 비상대책위원회에서 일하고 싶습니다. 이러한 재해를 막고 싶기 때문입니다"라고 했다. 세월호에서 살아남은 학생들도 아마 같은 마음일 것이다. 나는 학생들이 재해 전의 일상생활을 계속하는 것이 문제를 해결하는 방법이라고 생각한다.

혹자는 위기에 영웅이 되는 것은 추천하지 않는다는 얘기를 한다. 잘못된 의사결정을 내려 더 많은 목숨을 앗아가거나 위기가 확대될 수 있다는 것이다. 어떤 식으로 균형을 맞춰야 하는가?

▶ 사람들이 영웅이 되기 위해 영웅적 행동을 하는 것은 아니라고 본다. 대중 매체에서나 그렇게 보이는 것이다. 위험에 처한 사람들이 다른 사람들을 구하기 위해 행동할 때 '내가 나중에 공로상을 받아야지'라고 생각하지 않는다. 이보다는 누군가가 위험에 처했기 때문에 자연스럽게 손을 뻗게 된다.

영웅이 되고자 하는 사람이라면 비상대책위원회 같은 곳에서 일해서는 안 된다. 그런 사람은 위험하다. 타인의 생명을 구하려는 사람이 일해야 한다. 사고 당시 내가 만났던 사람들은 '우리는 성공할 것이다. 뭔가 잘못되더라도 누군가 와서 도와줄 것이다' 라고 생각하고 있었다.

한국은 국가안전처라는 재난대응 총괄 컨트롤타워를 신설하려 하는데 어떻게 생각하나?

▶ 파이퍼 본부장 : 컨트롤타워는 정보를 받고 조율하는 데 중요한 역할을 한다. 컨트롤타워는 어떤 사태든 대응할 수 있는 적응력이 있어야 한다. 어떤 위기 상황이 일어날지는 아무도 모른다. 따라서 컨트롤타워는 상황에 맞춰 대응할 수 있도록 유연해야 한다.

한국은 소방인력 처우가 열악하다. 미국에서는 소방관이 희망직업 상위권에 있다. 재난 대응 인력 처우 개선에 대한 생각을 말해 줄 수 있나?

▶ 파이퍼 본부장 : 우선 소방인력 작업환경 개선의 표준화가 중요하다. 성과금부터 안전 장비 착용부문까지 표준을 만들고 실천하는지 점검해야 한다. 소방 당국만 하는 게 아니라 지역사회와 협력해서 해야 한다.

처우에 대해서는 말하기 조심스럽지만, 사회의 우선순위가 뭔지 일단 정해야 한다. 정부가 우선순위를 토대로 해당 기관 직원들의 처우를 개선하면 아무래도 그 기관의 수준이 올라간다. 원하는 대우를 받을 수 있으니 입사 경쟁이 높아지고 인재들이 몰린다.

9·11 테러 이후에 1년에 걸쳐 대응 과정 백서를 만든 것으로 안다. 우리나라는 세월호 참사를 잊어 가는 것 같다. 백서를 만드는 게 왜 중요한가?

▶ 파이퍼 본부장 : 뉴욕시는 컨설팅 기업인 맥킨지에 9·11 테러 당시 수습 과정에서 어떤 일들이 일어났는지를 알아보는 후속 보고서를 의뢰했고 개선안까지 부탁했다. 맥킨지는 무료로 보고서를 작성했다.

당시 조지 부시 대통령은 사망자 가족들의 요청을 받아들이며 9·11 조사위원회를 꾸렸다. 세월호 사태의 경우엔 법적 수사가 진행된 것으로 안다. 9·11 테러 땐 가족들의 부탁을 받아들여 조사위원회를 결성하였고 대응 과정을 주도면밀이 분석했다. 문제가 있다면 추후에 같은 문제가 되풀이되지 않는 방법은 무엇일지 연구했다. 사태의 잘잘못을 따지는 법적 수사와 사태 대응 과정 조사는 다르다고 봐야 한다.

05

지정학적 리스크에
대비하라

강자들, 새 판을 짜다

- 중국·러시아 급부상에 세계는 카오스 상태
- IT 혁명은 전 세계를 하나로 묶었지만, 갈등을 촉발하기도
- 민주주의가 국지적 분쟁 줄이는 필수 조건 아니다
- 한국과 같은 강소국은 이런 상황이 기회가 될 수도

"절대 패권을 가진 국가의 힘이 약해지면서 지정학적 리스크가 커지고 있다. 지금 세계 질서는 새로운 변혁기를 맞고 있다."

15회 세계지식포럼에서 열린 '역사와 지정학의 부활' 세션에서는 미국 패권주의가 약화된 이후 세계는 무질서(chaos) 상태라는 진단이 나왔다. 이 세션에는 이언 모리스(Ian Morris) 스탠포드대 교수, 마이클 리히텐슈타인 공국 왕자(Prince Michael of Liechten Stein), 월터 러셀 미드(Walter Russell Mead) 바드대 교수, 김성환 前 외교통상부 장관이 모여 전 세계에서 동시 다발적으로 전개되는 지정학적 분쟁에 대해 대화를 나눴다. 좌장은 티에리 드 몽브리알(Thierry de Montbrial) 프랑스 국제관계연구소 소장이 맡았다.

미드 교수는 "중국, 러시아 등 국가가 미국의 절대 패권에 잇달아 도전

관중들이 신라호텔 다이너스티홀을 가득 채운 가운데 15회 세계지식포럼 '역사와 지정학의 부활' 세션에서 연사들이 열띤 토론을 벌이고 있다

장을 내밀면서 세계는 다극화 시대를 맞고 있다"며 "절대 강자가 힘을 잃기 시작하면 분열 리스크가 커질 수밖에 없다"고 말했다. 새롭게 부상하고 있는 강자들이 우월한 지위를 차지하기 위해 새 판을 짜려고 하면서 세계 질서를 혼돈으로 몰아넣고 있다는 분석이다.

미드 교수는 또 민주주의가 지정학적 우려를 해소하기 위한 필수 요건은 아니라는 의견도 제시했다. 미드 교수는 "민주주의가 세계 질서를 안정시키느냐는 질문에 답하려면, 민주주의를 자본주의로 대체해 말할 수도 있다"며 "전 세계 모든 국가는 (민주주의로 인해) 많은 기회를 얻고 있지만 그만큼 스트레스도 많이 받고 있어 이 같은 상태가 안정인지 불안인지 단정 지을 수 없다"고 말했다.

몽브리알 소장은 "문화적으로 동질감을 느끼는 지역의 국가들끼리 뭉쳐 하나의 제국을 만들고 다른 제국을 견제하는 움직임이 역사적으로 반복되고 있다"며 "나아가 같은 제국 안에서도 패권을 잡기 위해 국가 간 신경전을 펼치면서 불안이 증폭되기도 한다"고 말했다.

모리스 교수는 "글로벌 통합이라는 측면에서 IT 혁명을 바라본다면 정보통신기술은 전 세계를 하나로 묶기도 했지만, 갈등을 촉발하기도 했다"며 "전 세계인이 IT를 통해 소통하면서 서로의 차이를 극단적으로 인식하고 있기 때문"이라고 설명했다.

또한 모리스 교수는 초강대국의 패권이 약화되는 것이 무력 충돌을 증가시킨다는 주장을 펼쳤다. 그는 "지중해 중심의 로마 제국, 아시아에서 중국의 한·당·청 왕조, 1850년부터 1870년까지의 대영제국이 무력 분쟁을 줄이는 역할을 했다"며 "이렇게 절대 세력이 지역에 존재했을 때 지정학적 문제는 불거지지 않았다"고 말했다.

이어 "냉전 종식 이후 미국이라는 절대 강자가 25년간 지배력을 유지해 왔는데 이는 역사상 유례없는 사건"이라며 "많은 사람이 미국의 지배가 앞으로는 어려울 것이라고 얘기하지만, 미국이 원한다면 계속 유지할 수 있다고 본다"고 말했다.

이처럼 지정학적 리스크가 커지고 있지만, 한국과 같은 강소국은 오히려 이런 상황이 기회가 될 수 있다는 의견도 나왔다. 리히텐슈타인 왕자는 "한국은 미국, 중국, 러시아, 일본 등 강대국들에 둘러싸여 있다"며 "한국이 이들 국가와의 이해관계를 조율하고 힘의 균형을 잡는다면 국가 발전의 기회로 만들 수도 있을 것"이라고 말했다.

66

절대 강자가
있을 때
분쟁은 감소한다

99

이언 모리스
스탠퍼드대 교수

전쟁은 인류 역사에서 가장 끔찍한 폭력의 일종으로 기록된다. 전쟁의 피해는 패전국은 물론 승전국에까지 영향을 미치기 마련이고, 이 때문에 인류는 전쟁을 피하고자 유럽연합(EU)이나 국제연합(UN) 등과 같은 초국가적인 국제기구를 창설하기까지 했다.

그러나 최근 미국 역사학계에서는 전쟁이 인류 역사를 이끌어 왔고, 특히 경제 성장의 견인차 역할을 해왔다는 이색적인 주장을 펼치는 학자가 등장해 주목을 끌고 있다. 주인공은 바로 인류문명사의 대가로 꼽히는 이언 모리스 스탠퍼드대 역사학 교수다. 그는 올해 출간한 저서 《War! What Is It Good For?》에서 전쟁을 깊이 고찰했다. 모리스 교수는 최근 세계 경제의 가장 큰 고민거리인 선진국들의 장기 저성장 기조의 원인을 고령화나 소득불평등 심화 등이 아닌 전쟁에서 찾았다.

모리스 교수는 "1만 년이 넘는 시간을 거슬러 역사를 보면 우리는 늘 반복되는 패턴을 발견한다"는 그는 "전쟁으로 인해 많은 사람이 죽고 도시가 파괴되지만, 100~200년 후에는 결국 승전국이나 패전국 모두 부유해졌다"고 말했다. 하지만 모리스 교수는 사회발전이나 경제발전을 이끈 전쟁 개념이 현재 '변화 중'이라는 사실이 더 중요하다고 강조했다. 그는 "세계 역사를 연구하면서 전쟁이 더 큰 사회를 창조하는 데 매우 중요한 역할을 했다는 것을 확인할 수 있었다"면서도 "최근 200~300년 동안 전쟁의 역할이 변했다"고 말했다.

모리스 교수는 "사회의 규모가 너무 커지고 무역규모도 함께 커지면서 사람들은 서로 정복하는 것만이 부를 얻는 방법이 아니라는 걸 깨닫게 됐다"며 "유럽 특히 영국이 이를 가장 먼저 깨달았다"고 말했다. 유럽은 세계를 정복하는 것이 아닌 국제 자유무역 시스템을 보호함으로써 자유무역이 작동한다면 유럽이 부를 축적할 거라고 믿었다. 이 방식이 최근 몇백 년 동안 효과를 보았다는 게 모리스 교수의 주장이다.

모리스 교수는 이 같은 시스템은 독점적으로 관리하고 경찰 역할을 하는 국가가 있어야 제대로 작동할 수 있다고 지적했다. 즉 미국이 경찰국가 역할을 약 50년간 해왔으나 최근 들어 그 역할이 줄어들면서 100년 전 영국이 글로벌 리더십을 잃었던 것과 비슷한 모습을 보이고 있는 게 문제라는 것이다.

그는 "이 시스템은 현재까지는 아주 잘 작동하고 있지만, 미국이 계속 힘을 잃을 경우 향후 30년 동안 어떻게 진행될지 걱정된다"고 말했다. 모리스 교수는 또 경제발전을 이끄는 전쟁의 효과가 반드시 폭력을 수반하지 않아도 된다고 덧붙였다.

그는 그 예로 중국을 들었다. 중국이 동아시아에서 한국이나 일본을 정복하지 않아도 기본적인 안보 장치(security framework)를 제공하기 때문에 동아시아 국가들이 평화적으로 발전할 수 있게 해준다는 것이다. 모리스 교수는 "우리가 평화에 대한 확신만 있다면 비폭력적 전쟁효과가 가능하다"고 말했다.

모리스 교수는 이번 세계지식포럼 강연을 통해 한국에 번역 소개된 자신의 책《왜 서양이 지배하는가》에 대한 오해를 풀고 싶어 했다. 이 책의 영문은《Why the West Rules-for Now》인데 마지막 부분인 'for Now(지금까지는)'가 번역서 제목에는 빠져서 마치 서양이 영구히 동양을 지배하는 듯한 뉘앙스를 풍기지만 전혀 그렇지 않다는 것이다. 또한 자신이 고안한 사회 발전 지표에 따르면 지금까지는 서양이 동양보다 앞서 왔지만 2103년부터 동양이 서양을 앞설 것이라고 단언했다.

그는 "세계 중심이 서쪽에서 동쪽으로 이동하고 있다는 사실을 부정할 사람은 거의 없을 것"이라며 "이는 역사의 일부이고, 늘 반복돼 왔다"고 말했다. 그러나 모리스 교수가 염려한 것은 서에서 동으로의 권력 이동이 자칫 폭력이나 전쟁으로 이어질 수 있다는 점이었다. 역사적으로도 파워시프트가 일어날 때마다 아주 큰 폭력이 발생했다. 부와 권력이 300~400년 전 서쪽으로 이동했을 때에도 큰 전쟁이 있었다.

그는 "지금 그 같은 전쟁이 다시 일어나면 안 된다. 하지만 역사가 반복되고 전쟁은 일어나게 되어 있다. 이게 가능하다는 여러 징후가 존재한다"고 경고했다. 이 같은 파워시프트를 전쟁과 폭력 없이 넘어가기 위한 해법을 물어보니 그는 '세력 균형(Balance of Power)'을 유지해야 한다고 답했다. "도발적인(Aggressive) 국가들은 고립될 수 있다는 확신이 있어야 한다"며 "미국이 한걸음 뒤로 물러나고 다른 국가들과 파워시프트, 균형을 인정해야 한다"고 말했다.

전쟁을 회피하는 데에는 기술의 발전도 긍정적인 역할을 할 것으로 모리스 교수는 기대했다. 기술의 발전으로 인해 전 세계가 개인, 조직, 국가 간 그 어느 때보다 서로 연결되고 이는 전쟁 가능성을 낮춘다는 게 그의 논리였다. 예를 들어, 독일과 프랑스가 전쟁할 가능성이 매우 낮은 이유는 양국이 서로 밀접히 연결되어 있기 때문이다.

• 미래는 변혁과 재앙의 경쟁시대

모리스 교수는 지금은 동양과 서양의 구분이 일반적이지만 미래에는 동양과 서양 간 경쟁이 아닌 변혁과 재앙 간 경쟁이 되리라 전망했다. 모리스 교수는 동양과 서양이 과거 차이가 났던 것은 지리적 요인이 큰 역할을 했지만 이제 지리적 의미가 기술의 발달로 대체된다는 것이다. 또 전 세계가 초연결 사회가 되면서 동서양 간 구분이 무의미해지고 새로운 도전을 얼마나 슬기롭게 극복하는지가 관건이 될 거라는 설명이다.

그는 "서양이 동양보다 더 빨리 발전할 수 있었던 것은 지리가 가장 큰 요인이었다"며 "지리적인 특성, 즉 농경하기 좋은 곳을 찾아내서 발전하기 시작했다"고 말했다. 이에 500년 전 미국인과 중국인들을 서로 맞바꿔 놓더라도 지리적으로 서양이 동양보다 앞설 수밖에 없었다고 모리스 교수는 주장했다.

모리스 교수는 "일부 교과서는 동양이 과거 유교 때문에 부유해질 수 없었고 서양을 앞지를 수 없었다고 설명하지만 지금 일부 교과서를 보면 동양이 유교 때문에 잘살게 되었다고 한다"며 "이는 동양의 부상이 부정할 수 없는 사실이기 때문"이라고 말했다.

그는 "세계가 하나가 되고 있다"며 "그렇다고 유토피아가 이뤄지는 건 아니다. 전쟁이 일어날 수도 있다"고 말했다. 그러나 장기적으로 지리적 차이가 사라지고 인류가 점점 더 통합되어 거대 조직이 만들어지고 있다고 분석했다. 그러나 더 먼 미래에 동양과 서양의 구분이 사라지게 되면 기술 변혁이 굉장히 큰 힘으로 작용할 것이라고 모리스 교수는 전망했다. 이 기술을 둘러싸고 부자나 부국이 이익을 볼 가능성이 크지만 이에 따른 갈등으로 다시 위기가 찾아올 수 있다고 덧붙였다.

모리스 교수는 "기술이 세계의 기류를 변화시키고, 여기서 대체로 이익을 보는 이들은 부자들"이라며 "과거 산업혁명 초기에 영국이 관련 기술을 장악함으로써 다른 나라보다 부자가 되고 영국의 군사력에 투자하는 도구가 되었다"고 말했다. 그러나 그는 "기술 변화 초기에 세계의 안정을 해칠 우려도 있다"고 경고했다.

"
세계 질서는 새로운 변혁기를 맞고 있다
"

티에리 드 몽브리알
프랑스 국제관계연구소 소장

미국의 패권이 점차 감소하면서 지정학적 리스크가 국제정세의 관건으로 떠올랐다. 중국, 러시아 등이 미국의 절대 패권에 잇달아 도전장을 내밀면서 세계가 점차 분열되는 시대를 맞고 있다.

제15회 세계지식포럼에서 국제정세분야 전문가인 티에리 드 몽브리알 프랑스 국제관계연구소 소장은 "역사적으로 문화적으로 동질감을 느끼는 지역의 국가들끼리 뭉쳐 하나의 제국을 만들고 다른 제국을 견제하는 움직임이 반복되고 있다"며 "나아가 같은 제국 안에서도 패권을 잡기 위해 국가 간 신경전을 펼치면서 불안이 증폭되기도 한다"고 말했다.

우리나라의 지정학적 리스크 중 하나는 북한의 존재다. 그는 북한 김정은 체제를 계속 지켜보면서 급변 가능성을 대비해야 한다고 조언했다. 몽브리알 소장은 "세계가 북한이 붕괴하는 것을 원하지 않기 때문에 북한을 생존시키고 있다"며 "하지만 북한도 아랍처럼 언제든 급변 가능성이 있다"고 분석했다.

그는 북한 문제 해결을 위해 아시아 국가 간의 공조를 강조했다. 몽브리알 소장은 "동아시아가 확고한 안보를 확보하기 위해서는 유럽연합(EU)과 같은 집단 안보체제가 필요하다"며 "한국이 이들 국가와의 이해관계를 조율하고 힘의 균형을 잡는다면 국가 발전 기회로 만들 수도 있을 것"이라고 말했다.

최근 심각한 우리나라 청년실업 문제에 관해서도 조언했다. 유럽국가도 현재 심각한 청년실업 문제를 겪고 는데, 그는 지금 실업난에 시달리는 젊은이들을 '잃어버린 세대'라고 표현하면 안 된다고 말했다. 젊은이들을 불안하게 만들어 정치적으로 이용하려 든다는 것이 그의 설명이다. 그는 "실업은 기본적으로 거시경제 정책 실패에 따른 것"이라면서 "거시경제 정책은 경제 구조가 제대로 성립됐을 때 실천될 수 있는데, 바로 남유럽 국가들"이라고 분석했다.

그가 내놓은 실업 문제 해결의 열쇠는 수요 못지않게 공급에도 신경을 쓰는 것이다. 물론 질 좋은 일자리를 창출하는 것이 교육 수준이 높아진 지금 젊은 세대에게 필요한 부분이겠지만 공급자 역시 일자리에 맞는 교육을 해야 한다는 것이다. 또한, 취업 경쟁력을 높이는 일이 젊은 세대에만 국한된 건 아니라고 강조했다. 그는 "모든 세대에 걸쳐 지속해서 이뤄지는 교육이야말로 실업난으로 고통받는 많은 나라에서 시급하게 준비해야 할 과제"라고 말했다.

거인들의 대결

• '힘의 외교' 우려 낳는 중국 결국 미국과 협력의 길 택할 것
• 동아시아 국가들도 중국의 굴기 정책에 저항할 수 있다
• 중국의 부상은 다른 국가들에겐 혜택, 중국도 '팍스 아메리카나' 유지 원해

"아시아 국가들이 중국의 '힘의 외교'에 반대표를 던지고 있다."

(마이클 브라운 조지워싱턴대 엘리엇 국제관계대학원장)

"중국은 AIIB를 통해 질서 개선에 일조하기를 원한다."

(션딩리 푸단대 국제관계학 교수)

15회 세계지식포럼에서 열린 '거인들의 대결 : 미·중 격돌의 아시아' 세션에서는 G2로 부상한 중국을 둘러싼 아시아와 미국의 우려, 이에 대한 중국의 반박이 치열하게 오갔다.

중국은 미국의 최대 무역 상대다. 미국에서 공부하는 중국 유학생만 27만 명에 이른다. 중국은 외환 보유액의 약 30%를 미국 국채에 투자했다. 미국과 중국은 이처럼 불가분의 관계이면서도 주도권을 잡기 위한 치열한 경쟁을 벌이고 있다.

15회 세계지식포럼 '거인들의 대결 : 미·중 격돌의 아시아' 세션에서 한국을 포함한 미중일 전문가들이 미중 갈등이 아시아 지역에 미칠 영향에 대해 토론하고 있다. (왼쪽부터) 션딩리 푸단대 교수, 마이클 브라운 조지 워싱턴대학교 교수, 크리스토퍼 힐 덴버대 학장, 다카하라 아키오 도쿄대 교수, 류용욱 호주국립대 교수

　33년간 미국 외교관으로 활동한 크리스토퍼 힐(Christopher Hill) 덴버대 조지프코벨국제대 학장은 "중국이 현재 남중국해 영유권 분쟁 등에서 '골목대장' 역할을 한다는 비판이 있다"며 "중국은 아시아·태평양 지역에 대해 종속을 요구했던 과거의 패턴에서 벗어나야 한다"고 지적했다.

　일본 내 중국 전문가인 다카하라 아키오 도쿄대 교수는 중국 외교 정책이 자국 내 문제에 따라 변한다고 진단했다. 그는 "중국 강경 외교 정책의 핵심은 국내 정치력 강화, 즉 영토와 단결 유지"라며 "시진핑 주석의 지도력이 강화되면 지금까지와 다른 온건 정책을 펼 여지가 커질 것"이라고 전망했다.

브라운 원장은 "미국이 봉쇄 정책을 펴는 게 아니라 중국 스스로 이런 상황을 초래하고 있다"며 "동아시아 국가들도 중국의 굴기 정책이 평화가 아니라 주도권(hegemony)을 추구하는 것을 알게 된다면 크게 저항할 것"이라고 지적했다.

이에 선딩리(沈丁立) 교수가 중국의 입장을 대변했다. 션 교수는 "중국의 부상이 다른 국가들에 혜택을 주고 있다"며 "AIIB(아시아인프라스트럭처은행)를 설립하려는 것도 평화로운 경쟁의 일환"이라고 반박했다. 다만 그는 "중국으로서는 현재의 '팍스 아메리카나'가 바람직하다"며 "국제 관계 자체를 바꿀 의향은 없다"고 이어갔다. 션 교수는 "남중국해에서 중국이 바라는 것은 단지 해양 자원을 공유하자는 것"이라고 주장했다.

날선 공방이 오갔지만, 결론은 미국과 중국이 상호 협력을 통해 해법을 찾아야 한다는 온건한 내용이었다. 힐 학장은 "미국은 태평양에서 영향력을 이미 중국과 나누는 상황"이라며 "당사국이 모여 다자간 협력 채널을 통해 논의가 전개되길 바란다"고 말했다. 션 교수는 "AIIB는 국제 질서에 도전할 만한 규모가 아니고 그럴 필요도 없다"며 "중국은 국제법에 따라 관계를 맺어나갈 것이고 지금도 UN 헌장에 따라 활동하고 있다"고 답했다.

> ❝
> # 미국과 중국은
> # 협력과 갈등 관계를
> # 오갈 것이다
> ❞

크리스토퍼 힐
덴버대 조세프코벨국제대 학장

크리스토퍼 힐 학장은 미국을 대표하는 외교관으로 이라크, 마케도니아, 폴란드, 한국 대사를 지냈다. 이후 코소보 특사, 미국 국무부 동아시아태평양 담당 차관보로 근무했으며, 북핵 문제를 다룬 6자회담에서 미국 대표로 참석하고 국가안전보장회의에서 대통령의 선임 보좌관으로 일하기도 했다. '거인들의 대결 : 미·중 격돌의 아시아' 세션에 참여하기 위해 15회 세계지식포럼을 찾은 그를 〈매일경제〉가 인터뷰했다.

중국은 세계 2위 경제규모를 바탕으로 아시아인프라스트럭처은행(AIIB)을 추진하는 등 동아시아에서 미국 주도의 경제 질서에 도전장을 던지고 있다. 미국은 이에 어떻게 대응하고 있나?

▶ 국제사회가 중국의 정책 하나하나에 과한 의미부여를 하는 것 같다. 중국이 국제 질서를 무너뜨리거나 급격히 바꾸어 놓을 생각은 없다고 본다. AIIB 등 새로운 국제금융기관을 만드는 건 국제사회로선 오히려 반가운 소식이다.

일각에서는 미국이 중국의 동아시아 내 영향력 확대를 봉쇄하는 정책을 펴고 있다고 주장한다. '아시아로의 회귀(Pivot to Asia)'도 이 정책의 일부라고 해석하고 있다. 이런 해석이 맞다고 보나?

▶ 중국 입장에서는 그렇게 생각할 수 있다고 본다. 그러나 미국은 중국을 봉쇄하려는 게 아니다. 시진핑 중국 국가주석도 미국과 중국이 맞설 이유는 없다고 말한 바 있다. 중국은 아시아 지역 영토분쟁의 책임을 미국에 떠넘기려고 있다. 그러나 영토분쟁 문제는 중국의 의지에 따라 해결될 수 있다고 본다. 중국이 직접 주변 국가와 대화를 해야지, 미국을 걸고넘어지면 안 된다.

미국은 미일 방위협력지침(Guideline) 개정을 통해 일본의 집단적 자위권을 용인하고 있다. 중국을 겨냥한 것이다. 특히 한국은 이 지침이 일본의 군국주의를 부추긴다고 여기는데, 미국이 이러한 정책을 펴는 이유는 무엇인가?

▶ 미국은 일본이 향상된 국방 능력을 갖추는 걸 지지한다. 그러나 그 과정에서 주변 국가들과의 관계가 나빠지면 무용지물이다. 미국은 일본이 중국 등 아시아 주변국과 우호적인 관계를 유지하길 바란다. 미일 관계가 특별한 건 사실이지만, 한미 관계도 미국에게는 중요하다. 일본의 집단적 자위권을 용인한다고 한미 관계가 악화되리라 생각하지 않는다.

미중 양국은 경제적으로 긴밀하게 얽혀있기 때문에 군사적 충돌 가능성이 매우 낮다는 관측은 현실적이라고 평가하는가?

▶ 충돌 가능성은 매우 낮다고 본다. 앞으로도 미국과 중국은 협력과 갈등의 관계를 오갈 것이다. 미중 관계가 개선될 수 있는 가장 효과적인 방법은 북한 문제 같은 두 국가의 공통 관심 분야에서 협력을 도모하는 것이다.

중국정부는 미국의 대중 정책을 어떻게 이해해야 하나?

▶ 중국정부는 미국을 필요 이상으로 적대시하는 경향이 있다. 대부분의 미국인은 중국
을 긍정적으로 생각한다. 미국은 인권이나 환경 문제와 같은 특정 분야에 대해서만
중국을 부정적으로 평가한다. 그 정도 의견 차이는 두 국가 관계에 영향을 미치지 않
는다.

김정은이 인민의 경제 수준을 높이려면?

- 핵 개발·경제 발전 병진노선은 현실성 없다
- 선딩리 "중국, 북한 첫 핵실험때 이미 혈맹 부인"
- 아인혼 "남북·북미 대화 동시에 이뤄져야 효과"

리언 시걸 미국 사회과학연구소 동북아협력안보프로젝트 디렉터는 "북한 김정은이 인민의 경제 수준을 높이는 유일한 방법은 외부 투자를 받는 것이다. 그는 중국에 완전히 종속되는 것을 원치 않는다. 만약에 그가 진정으로 경제 수준을 높이려 한다면 한국과 그 밖의 다른 나라의 투자가 필요하다. 이는 북한이 한국, 그리고 결국에는 미국과 교류해야 한다는 뜻이고, 내 생각에는 김정은이 이 전략을 사용하고 있다"고 말했다.

15회 세계지식포럼 '김정은 시대의 북한' 세션은 김정은 북한 국방위원회 제1위원장이 잠적한 후 39일 만에 모습을 드러낸 직후라 더욱 관심을 끌었다. 북한의 제1위원장 체제가 불안정하다는 관점은 제기되지 않았다.

조엘 위트(Joel Wit) 존스홉킨스대 초빙연구원은 "김정은은 권좌에 오른 지 몇 년 되지 않았고 30년 이상 자신이 북한을 지배하리라 생각할 것"

15회 세계지식포럼 '김정은 시대의 북한' 세션에서 패널들이 북한의 미래에 대해 발표하고 있다. (왼쪽부터) 이정민 연세대학교 교수, 리온 시걸 미국 사회과학연구소 동북아협력안보 디렉터, 로버트 아인혼 브루킹스연구소 수석연구원, 조엘 위트 존스홉킨스대 초빙연구원, 션딩리 푸단대 교수

이라고 평가했다.

김정은 집권 후 공표된 '핵·경제 병진 노선⁴'은 특히 논쟁거리였다. 북한이 핵 개발과 경제 발전이라는 상호 모순적인 목표를 추구하는 것에 대해 위트 연구원은 "북한은 아직 선택하지 않았고 두 가지를 함께 추구할 것"이라고 말했다.

버락 오바마 미국 정부에서 북핵 특사를 맡았던 로버트 아인혼 브루킹스연구소 수석연구원은 "경제를 발전시키고 싶다면 핵무기에 대한 결단을 내려야 한다"고 강조했다. 그는 "북한이 핵무기를 포기할 가능성은 현재로서는 전혀 없다"며 "김정은의 핵·경제 병진 정책은 현실성이 없다"고

---

4 경제건설과 국방건설의 어느 하나도 약화하지 않고 비슷한 비중으로 발전시켜나가는 것

단언했다. 세션 이후 〈매일경제〉와 인터뷰하면서 "핵·경제 병진 노선은 미국이 자신들을 적대시한다는 오해에서 비롯된 것"이라며 "북한 내부적으로 정권의 정당성을 지켜가는 역할도 하고 있다"고 부연 설명했다.

논의는 북핵 해법으로 옮겨갔다. 위트 연구원은 "북한은 미국으로부터 안보를 위협받고 있다고 여긴다"며 "미국의 적극적인 참여가 필요하고 정치·외교 분야에서 총괄적 대북 전략을 구상해야 한다"고 말했다.

반면 그간 한국과 미국의 대북 정책에 대한 반성도 나왔다. 시걸 디렉터는 "한·미가 북한에 대한 경제 제재를 지속하고 평화협상을 재개하지 않는 것이 두 나라 이익에 부합하는지 의문"이라고 진단했다. 또 아인혼 수석연구원은 "북한이 적어도 영변 이외에 핵시설은 인정하는 등 6자회담 재개를 위한 합의에 약속해야 한다는 조건은 한·미가 받아들여야 한다"고 말했다.

한편 션딩리 교수는 "중국은 북한이 처음 핵실험을 한 2006년에 이미 북·중 혈맹을 사실상 부인했다"며 "양국 간 안보조약에도 불구하고 중국은 더는 북한을 위해 피를 흘리지 않을 것"이라고 예상했다.

김정은은 한국과 그 외 나라에서 투자가 필요할 것이다. 이는 북한이 한국, 그리고 결국에는 미국과 교류해야 한다는 뜻이다.

He's going to need an investment from South Korea and others and that means he has to try to engage South Korea and ultimately the U.S.

- 리언 시걸 동북아협력안보프로젝트 디렉터

"

핵 개발과
경제 발전의
동시 진행은 불가능

"

로버트 아인혼
브루킹스연구소 수석연구원

로버트 아인혼 브루킹스연구소 수석연구원은 미국 내 손꼽히는 북한 전문가 중 한 명이다. 1990년대 초반부터 북한 연구에만 주력했으며, 1996년부터 4년 동안은 북한 미사일 문제와 관련해 대북 특별 협상위원으로 나서기도 했다. 2013년 브루킹스연구소로 이직하기 전에는 미국 국무부 특별 고문으로 활약했고 힐러리 클린턴 전 국무장관에게 국무부 핵무기 비확산 및 군비통제 전문을 자문했다. 15회 세계지식포럼에 참여한 그를 〈매일경제〉가 인터뷰했다.

한국에서는 북한의 핵·경제 발달의 병진노선이 실현 불가능하다고 본다. 이것이 북한 정권의 수사(rhetoric)에 불과한지 평가해달라.

▶ 핵 개발과 경제 발전을 동시에 진행한다는 건 불가능해 보인다. 선택의 여지도 없어 보인다. 핵을 포기해야 한다. 그러면 자연스럽게 여러 국가가 북한에 우호적인 태도를 보일 것이다. 이에 따른 경제적인 이익이 분명 있다.

북한이 남측 탈북자단체가 날린 대북 전단에 총격을 가했다. 북한은 이를 실질적 위협으로 평가한 것인가, 아니면 남한을 위협하는 여러 방법의 하나인가?

▶ 총격을 가하는 건 남한을 위협하려는, 매우 뻔한 위협 방법이다. 남한에서 날리는 전단지가 북한에 큰 영향을 미치지 않는다. 다만 북한은 국민이 '사실'에 눈을 뜨는 걸 두려워하긴 한다. 이런 면에선 전단지에 담긴 내용이 북한 정부에겐 눈엣가시일 거다.

클린턴 정부 말기에 북한과 외교관계를 정상화할 여지가 있었는데, 부시 정부에서는 뒤바뀌었다. 지금도 민주당과 공화당 간에 대북 관점이 완전히 다른가?

▶ 북한과 관계를 개선하려는 노력이 실패로 돌아간 경우가 많다. 미국 정계도 이 때문에 후유증을 느끼고 있다. 더는 노력할 의미가 없다고 보는 사람도 많다. 더불어 북한을 상대하는 것이 리스크를 동반한다는 목소리도 커지고 있다.

6자회담이 별다른 성과를 내지 못하고 있다. 6자회담이 생산적으로 진행되기 위해서는 어떤 변화가 필요하다고 보나.

▶ 일단 미국과 북한이 대화해야 한다고 본다. 양자회담을 통해 북한의 진실성을 확인한 후 6자회담을 재개해야 한다. 미국은 절대 북한이 핵보유국이 되는 걸 용납하지 않을 것이다. 북한도 2017년까지 핵 개발 중단 여부를 결정해야 할 것이다.

통일 대박의 조건

- 통일만 되면 대박? 한국은 환상 버려야 한다
- 북에 대한 동질감 회복 없는 통일 대박 어려워
- 철저한 준비와 일관된 정책이 필요하다

"통일은 무조건 '대박'이라는 기대를 버려라. 철저한 준비와 일관된 정책, 상대 국민에 대한 공감과 배려 없이는 쪽박이 될 가능성이 크다."

15회 세계지식포럼에서는 한국 사회를 휩쓴 '통일 대박'을 10대 화두 중 하나로 다뤘다. 독일 통합, 동유럽과 중국의 시장경제로의 이행 등을 연구해온 전문가들이 김병연 서울대 교수가 좌장을 맡은 '통일 대박의 조건' 세션에서 내놓은 메시지는 단순했다. '철저히 준비해도 통일은 매우 어려운 과정'이라는 것.

이날 세션에는 조셉 브라다 애리조나주립대 교수, 쉬청강((許成鋼) 홍콩대 교수, 스테판 샤이블레 롤랜드버거 대표가 패널리스트로 참석했다. 패널리스트들은 "통일은 장기적으로 한국 사회에 긍정적인 효과를 미칠 것"이라면서도 "지금까지 사례를 볼 때 매우 오랜 기간이 필요했음을 명심해야 한다"고 강조했다.

독일은 통일 과정에서 동독 경제 수술을 위해 신탁관리청(THA)을 세웠다. 국가 소유인 동독 기업들의 경쟁력을 높일 방안을 마련하자는 취지였다. 이 신탁관리청을 컨설팅한 곳이 롤랜드버거다. 샤이블레 대표는 올해 세계지식포럼을 위해 독일 통일 당시의 사례를 많이 연구했다며 독일이 배운 5대 원칙을 제시했다.

우선 통일에 대한 유연한 접근(flexibility)이 필요하다. 언제든 통일이 될 수 있음을 염두에 둬야 한다는 것. 샤이블레 대표는 "독일 통일 직전까지 대부분 사람이 '통일은 내 생애에 어렵다'고 답했음을 기억하라"며 "다양한 가능성을 열어둬야 한다"고 조언했다.

두 번째 원칙은 '현실 직시(realism)'다. 샤이블레 대표는 "통일 후 25년간 격차가 줄었지만, 여전히 옛 동독 지역 실업률은 서독 지역의 1.6배에 달한다"며 "급한 통일엔 여파가 따른다"고 말했다. 그가 "정치인들은 (남북한 모두에 대해) 장밋빛 미래라고 전망하겠지만 이에 휘둘려선 안 된다"고 말할 때는 목소리에 힘이 들어가기도 했다.

세 번째 원칙은 철저한 준비다. 샤이블레 대표는 "통일 당시 사회 안정을 위해 동서독 환율이 1:1로 결정됐지만 이로 인해 동독 경제가 더 어려워졌다"며 "구체적인 부분에 대해 철저한 준비는 기본"이라고 꼬집었다.

그는 통일 후 상대국 국민에 대한 동감(empathy)을 갖는 것, 또 힘든 과정에서도 통일에 대한 '낙관론'을 갖는 것이 나머지 조건이라고 덧붙였다.

브라다 교수는 "20~30년 동안 일관된 통일 정책을 추진해야 하고 큰 경제적 이득은 포기하는 게 낫다"고 잘라 말했다. 그는 통일에 관한 한 매우 비관적인 입장을 보여온 인물이다. 스스로도 "통일에 관해서는 나를 비관

쉬청강 홍콩대 교수가 15회 세계지식포럼 '통일 대박의 조건' 세션에서 발표를 하고 있다. (왼쪽부터) 김병연 서울대 교수, 조셉 브라다 아리조나대 교수, 쉬 교수, 스테판 샤이블레 롤랜드버거 독일 사장

론자(Mr.Doom)로 불러도 좋다"고 표현할 정도다.

그는 미국, 이탈리아, 독일의 사례를 경제적으로만 놓고 보면 통일이 양쪽 간 격차를 해소해주지는 못했다고 설명했다. 그나마 좋은 결과를 얻은 독일만 보더라도 여전히 격차가 존재하는 게 엄연한 현실이다.

브라다 교수는 "옛 동독 지역은 서독과 같은 수준이 되지 못했으며, 동구권에 자금이 몰릴 때에는 소외되는 상황"이라고 덧붙였다.

브라다 교수는 "장기적으로 일관된 정책 집행 의지가 있는지, 지나치게 많은 북한 내 군부 세력의 처리 방안, 동북아 지정학 조건 등을 고려해야 하는 한국은 특히 복잡한 상황"이라고 지적했다. 이런 질문에 대한 답변 없이는 통일 한국의 대박은 쉽게 이뤄지지 않을 것이란 얘기다.

중국경제의 변화 과정을 연구해온 쉬 교수는 "중국만 하더라도 시장경제 모습을 갖추는 데 35년이 걸렸다"고 말했다. 이어 그는 "통일의 정의가 북한이 시장경제로 전환되는 것이라면 민간 부문 역할이 중요하다"고 강조했다. 쉬 교수는 "개방 초기 중국은 외국으로부터의 투자와 신뢰관계 구축이 필요했다"며 "당시 자금 대부분을 홍콩에서 들여오며 초반 난관을 극복했다"고 말했다. 그는 "(남북통일을 위해) 남한 기업들이 더욱 적극적으로 나서서 자본과 기술을 북한으로 유치해 민간 부문을 먼저 발전시켜야 한다"고 설명했다.

경제적 통합을 주로 다루기 위한 세션이었지만 패널리스트들이 문화적 통합을 강조한 것도 이례적이었다. 샤이블레 대표는 "독일의 경우 통일 과정에서 동독 지역 사람들이 느끼는 상실감과 적응의 어려움을 이해하지 못한 면이 컸다"고 말했다.

브라다 교수는 "미국과 이탈리아가 19세기에 사회 통합을 거치는 과정에서 가장 어려웠던 것은 문화의 통합이었다"고 강조했다. 문화의 통합 없이 이뤄지다 보니 시너지를 기대하기 힘들었고 결국 기존보다 경제적 격차는 더 벌어지는 꼴이 됐다는 것이다.

일례로 이탈리아는 19세기 북부 사르데냐 왕국 주도로 통합이 이뤄졌다. 북부는 산업화를 원했지만 남부는 봉건적인 조직이었다. 통합 140년 후 남과 북의 격차는 2배로 벌어졌다. 오늘날 이탈리아를 보면 북부는 밀라노 250㎞ 반경으로 유럽에서 가장 높은 소득을 자랑하지만 남부는 유럽에서 가장 낙후된 지역이 돼버렸다.

이질적인 문화가 문제였다. 농촌 지역의 남부 주민들은 산업화에 저항했고 산업단지를 남쪽으로 이전해도 대부분 실패했다. 브라다 교수는 "정치적 통일과 경제적 효과는 별개 문제"라며 "이탈리아 등 많은 나라에서 통일은 경제적 효과를 낳지 못했다"고 지적했다.

> ❝
> 한국에는
> 제대로 된
> 로드맵이 있는가?
> ❞

스테판 샤이블레
롤랜드버거 독일 사장

"독일 통일 이전에 누군가 제게 통일 가능성을 물어보면 '내 생전에는 통일이 없을 거다'라고 말해왔죠. 실제로 통일이 되고 나서는 많은 사람이 놀라서 허둥지둥 댔습니다. 사전대책(contingency plan)이 없었으니까요. 만일 존재했다면 동독의 발전은 지금보다 더 빨랐을 겁니다."

스테판 샤이블레 사장은 15회 세계지식포럼에서 〈매일경제〉와 인터뷰하면서 '한국은 제대로 된 통일 로드맵이 있는가?'를 화두로 던졌다. '통일대박의 조건' 세션에서 연사로 나선 그는 독일 통일 과정에서 옛 동독 경제체제 전환을 위해 세워진 신탁관리청에 컨설팅을 제공하기도 했다. 신탁관리청이 존속한 1994년까지 동독의 900여 개 기업 경영 실태 분석과 구조조정 컨설팅을 담당했던 경험을 토대로 샤이블레 사장은 인터뷰 내내 한국에 대한 조언을 아끼지 않았다.

먼저 "동독 기업의 민영화 과정에서 가장 어려웠던 점은 동독과 서독의 화폐(마르크)를 1:1로 교환했던 조치다"라고 운을 뗀 그는 "이는 사회 안정을 위해 어쩔 수 없었지만, 그로 인해 동독 회사들의 경쟁력이 크게 떨어졌다"고 지적했다. 특히 "일부 정치인들이 통일 직전 여러 공약을 남발해 환율뿐만 아니라 사회보장 체계도 서독과 똑같이 제공해야만 했다"며 "한반도 통일 시에는 현실적인 기대관리를 위해 처음부터 많은 것들을 약속하지 않고 5~10년 정도 남한의 사회보장에 북한을 점진적으로 포함해야 한다"고 조언했다.

그가 인터뷰 내내 가장 많이 사용한 단어는 '현실'과 '점진적 접근'이었다. 그는 "당시 독일 정치인들이 시민들에게 통일에 대한 장밋빛 전망만 얘기해 왔다"며 "6,000억 마르크가 당장 동독 국부 민영화로 들어올 것이라고도 봤지만, 현실은 동독 지원액으로만 1조 6,000억 마르크가 들었다"고 말했다. 또한 "하나의 독일이지만 동서독 격차는 아직도 크다"며 "25년 동안 동독의 인구는 계속 감소했고 실업률도 줄곧 서독의 1.6배 이상이었다"고 덧붙였다.

민영화 과정에 대해서는 "동독 근로자들의 저항이 매우 심했지만, 원칙대로 밀고 나갔다"며 "2~3년의 기한을 주고 목표치에 미달할 경우에는 인력조정 등 구조조정을 추진력 있게 진행했다"고 소개했다. 다만 그는 "동독의 경우 콤비나트 등 대규모 기업집단이 존재했고 통일 과정에서는 이들을 민영화하는 게 주 업무였지만 북한은 다르다"며 "북한엔 사실상 기업이라고 할 만한 것이 거의 없으므로 그린필드 투자[5] 밖에는 방법이 없다"고 분석했다.

마지막으로 샤이블레 사장은 "통일은 분명 긍정적인 측면이 더 많다"면서도 "이런 모든 걸 고려해 비용을 타당하게 계산하고 통일에 대한 그랜드 로드맵을 마련하는 게 가장 중요하다"고 조언했다.

---

5   용지를 직접 매입해 공장이나 사업장을 새로 짓는 투자 방식

동북아 갈등의 책임은 일본에 있다

· 한·중·일 갈등의 가장 큰 책임은 일본에 있다
· 위안부 강제동원 사실은 의문의 여지 없어
· 아시아의 새로운 미래 '원아시아'가 해답

- 하토야마 유키오 前 총리

하토야마 유키오(鳩山由紀夫) 前 일본 총리는 15회 세계지식포럼 '아시아의 새로운 미래' 세션에 참석해서 한·중·일 3국 간 관계가 악화한 데에는 일본에 좀 더 큰 책임이 있다고 지적했다. 하토야마 전 총리는 조현재 MBN 대표와의 대담에서 "미래의 아시아 공동체를 위해 아시아인들은 같은 동포라고 인식하는 것이 필요하지만, 일본은 제2차 세계대전 이후 미국에 치우치면서 한국과 중국 등 아시아인들을 상대적으로 소홀히 대해 왔다"며 "일본은 한국과 중국에 대해 기존의 고압적인 자세를 바꿔야 한다"고 말했다.

하토야마 전 총리는 최근 한국과 일본, 중국과 일본 간 불화로 '원아시아' 비전이 멀어지고 있다는 것에 대해 우려를 나타냈다. 그는 "2010년 세계지식포럼에서 우리가 '원아시아' 비전을 논의했지만 최근 동향을 보면

하토야마 유키오 전 일본 총리가 15회 세계지식포럼 강단에 올라 '아시아의 새로운 미래'를 주제로 발표하고 있다

구상이 실천과 멀어지고 있다"며 "한·중·일 과거사 문제 해결과 위안부를 포함한 일본 제국주의 피해자들의 입장을 공감하는 것이 가장 큰 전제"라고 강조했다.

그는 "아베 신조 총리는 최근 개각에서 우익 인사를 납치 문제 담당 장관으로 기용해 기존의 우경화 의지를 더 분명히 보여주고 있다"며 "신임 장관은 우익단체들이 내뱉는 한국인을 향한 인종차별적 발언을 묵인하고, 재일 한국인에 대해 강한 편견을 드러내는 등 적절한 인사로 볼 수 없다"고 비판했다. 그는 아베 정권이 야스쿠니 신사참배, 센카쿠 열도를 포함한 주변국과의 영토분쟁, 비밀보호법과 집단적 자위권 등으로 한·중·일 간 협력에 큰 차질을 빚게 한다고 지적했다.

하토야마 전 총리는 특히 센카쿠 열도(중국명 '댜오위다오')에 대해서도 더 이상 일본 정부가 '(일본 땅인 만큼)영토 분쟁이 없다'는 태도를 보이면 안 된다고 강조했다. 그는 "일본 정부는 1972년 중국과 수교 당시 센카쿠열도 문제를 미뤄두자는 데 양국이 암묵적 동의를 했다고 주장하고 있다"며 "하지만 실제 발생하고 있는 영유권 분쟁을 인정하고 미래 지도자들이 문제를 해결하는 데 나서는 것이 중요하다"고 밝혔다.

위안부 문제에 대한 일본 내 신문의 오보 논쟁에 대해서도 일침을 가했다. 그는 "위안부들이 강제로 성노예가 됐다는 것에는 의문이 없다"며 "핵심은 위안부 모집과 운영이 체계적으로 이뤄졌고 인륜에 반하는 일이었다는 것"이라고 강조했다. 하지만 그는 "이 같은 의견을 일본에서 말하면 일본의 주류 언론은 아예 무시하거나 철저히 비판할 것"이라며 편치 않은 속내를 드러냈다.

이와 함께 하토야마 전 총리는 박근혜 대통령이 대일 외교를 정치와 경제 문제를 분리해 운영하려는 전략에 동조한다는 의견도 밝혔다. 그는 "한·중·일 간에 단일 통화가 아니라 통화 바스켓을 구성해 자국 통화와 공동화폐를 함께하는 시스템을 구축할 필요가 있다"며 "매년 3개국의 도시 하나씩을 선정해 왕래하는 동아시아 문화도시 사업, 캠퍼스 아시아 비전, 아시아 슈퍼그리드 사업 등 정치 현안을 떠나 3개국 간에 협력할 경제사회 분야가 많다"고 강조했다.

동아시아에서 미군의 역할을 묻는 청중의 질문에 대해서는 일본에는 상시 미군이 불필요하다는 파격적인 발언을 하기도 했다. 하토야마 전 총리는 "일본은 존망의 위기에 닥칠 때에만 미군에 협력을 요청하고 그 외에는 미군이 상시적으로 일본에 주둔할 필요가 없다"며 "아시아 각국에 점점 미군의 존재가 없어지도록 하는 것도 동아시아공동체 구상을 실현

해가는 방안"이라고 말했다.

　그는 끝으로 동아시아 공동체 건설을 위해 청중들에게 "원아시아라는 숭고한 목적을 위해 우리의 노력과 열정을 모을 때가 바로 지금이다"라고 다시 한 번 호소했다.

Speaker's Message

나는 일본 쪽에 (한·중·일 갈등)문제의 가장 큰 책임이 있는 게 확실하다고 생각한다.
I believe it is clear that the lion`s share of this problem lies on the Japan side.

- 하토야마 前 일본 총리

06

파괴적 혁신에서 찾는
새로운 미래

창조경제로 가는 길

- 창조는 창의력과 실행의 조합, 정부가 기반 닦아야 한다
- 창조경제 생태계 조성 후에는 기업이 리더를 맡아야 한다
- 몬테소리 교육법으로 호기심 넘치는 인재 길러내는 것도 중요하다

제15회 세계지식포럼에서는 창조경제의 의미를 정의하고, 이를 달성하기 위한 전략과 모멘텀을 이끌어내기 위해 다양한 분야의 전문가들이 머리를 맞댔다.

저성장 구조가 굳어지는 상황에서 창조경제를 돌파구로 삼아 잠재성장률을 끌어올려야 한다는 목소리가 높아지고 있다. 한국 정부도 '창조경제'를 핵심 정책으로 내세우고 있다. 그러나 정작 창조경제의 실체가 모호해 정책 수립을 위한 사회적 합의조차 이끌어내지 못하고 있다. 세계지식포럼에서 '창조경제로 가는 길' 세션을 기획한 이유다.

이스라엘 창조경제를 이끈 이갈 에를리히(Yigal Erlich) 요즈마펀드 회장, 앤드루 맥아피 MIT디지털비즈니스센터 수석연구원, 벤 카스노카(Ben Casnocha) 와사비벤처스 자문위원, 류중희 퓨처플레이 CEO가 연사

15회 세계지식포럼 '창조경제로 가는 길' 세션에서 벤 카스노카 와사비벤처스 자문위원이 실리콘밸리의 경험을 토대로 한국형 창조경제를 위한 비법을 발표하고 있다. (왼쪽부터) 이갈 에를리히 요즈마펀드 회장, 앤드루 맥아피 MIT 수석연구원, 류중희 퓨처플레이 CEO, 존 칠드러스 글로벌리더십어드바이서리 회장, 벤 카스노카 자문위원

로 참여했다. 기업 문화를 30년간 연구해 온 존 칠드러스 글로벌리더십어드바이서리 회장이 좌장을 맡았다.

에를리히 회장은 창조를 정의하는 데 발표의 많은 시간을 할애했다. 그는 "창조는 창의력과 실행의 조합이다. 추진력이 받쳐주지 않으면 창의력은 가치가 없다"고 말했다. 그가 창조경제를 위해선 정부의 역할이 중요하다고 주장하는 이유다. 정부가 기반을 닦아야 실천할 수 있다는 뜻이다.

그러나 에를리히 회장은 정부는 창조경제를 위한 생태계를 구축하는 초기 단계에만 개입해야 한다고 덧붙였다. "이스라엘 정부도 벤처펀드를 만들고 기반이 다져진 후에는 관여하지 않았다"고 말했다. 벤처 산업이 활성화돼 '창업국가'라는 별명을 얻은 이스라엘의 정부도 분위기 조성 역할만 맡았다는 설명이다.

카스노카 자문위원은 "창조경제 생태계를 구축하는 건 기업인들의 몫이다"며 에를리히 회장의 주장에 동의했다. 그는 '리더(Leader)'와 '피더(Feeder)'의 개념을 사용하며 발표를 이어갔다. 창조경제 생태계를 이끌어가는 민간기업이 '리더'고 필요한 재원과 인력을 제공하는 정부나 대학은 '피더'라는 뜻이다. 그는 "인프라스트럭처를 제공하는 정부와 대학도 중요하지만 결국 실리콘밸리에서도 혁신을 이끄는 건 기업"이라고 말했다.

맥아피 수석연구원은 피더의 역할도 중요하다고 했다. 그는 창조경제를 이끌 인재를 키우려면 교육 혁신이 있어야 한다고 주장했다. "미국의 IT 거물인 제프 베조스나 구글 창업주들의 공통점은 어릴 때 몬테소리 교육을 받았다는 점이다"고 말했다. 몬테소리는 책상과 의자 없이 자유롭게 학습하는 특수한 교육법이다.

맥아피 수석연구원은 본인도 몬테소리 교육을 받았다고 말했다. "덕분에 나는 즐겁게 공부했고 세상을 재미있게 배워갔다"고 덧붙였다. 따라서 호기심과 탐구심이 자연스럽게 생겼다고 했다. MIT에서 대학을 나온 그는 오히려 대학 시절 공부가 창조성을 기르는 데에는 도움이 안 됐다고 설명했다.

에를리히 회장은 더불어 창조경제 실현을 위한 재원은 해외에서 유치해야 한다고 강조했다. 그는 연구개발(R&D) 수치를 꺼내들었다. "이스라엘은 R&D 자본 중 대부분을 해외에서 마련한다"면서 "한국은 민간 부담률이 72%고 해외에서 유치한 자본은 0%에 가깝다"고 밝혔다.

박근혜 대통령과 '한국경제 새로운 태동'

박근혜 대통령은 15회 세계지식포럼 축사를 통해 "혹자들은 지금의 저성장 상황을 '뉴노멀 시대'라 부르며 다시는 고성장 시대로 돌아갈 수 없다고 한다"면서 "하지만 나는 과감하고 창의적인 경제 정책과 국제적인 공조가 잘 이뤄지면 '새로운 성장의 시대'가 열릴 것으로 믿는다"고 밝혔다. 이어 박 대통령은 세계경제가 재도약하기 위한 전제 조건으로 창조적 성장, 균형 잡힌 성장, 기초가 튼튼한 성장이라는 3가지 원칙을 제시했다.

박 대통령은 '창조적 성장'에 대해 "앞으로는 '발명가가 곧 기업가가 되는 시대'가 올 것이라고 한다"며 "이제 창의성을 경제 핵심동력으로 해 새로운 부가가치와 일자리를 창출하는 창조경제로의 전환이 필수적"이라고 강조했다. 그러면서 "대한민국은 창업국가로 탈바꿈하고 있다. 아이디어와 기술만으로 투자를 받을 수 있는 금융시스템을 만드는 등 창조경제 생태계 조성을 경제의 최우선 과제로 추진하고 있다"고 말했다.

박 대통령은 축사를 통해 '새로운 성장의 시대'라는 표현을 세 번씩이나 사용하는 등 경제 성장의 중요성을 수차례 언급했다. 박 대통령이 "저성장의 고리를 끊고 새로운 성장 시대를 만들어가야 한다"고 밝히자 참석자들의 박수가 쏟아졌다. 또 장기화된 저성장 시대를 끝내고 새로운 성장 동력을 만들기 위해 국제적인 협력이 필요하다는 점도 함께 지적했다.

이를 위한 방안으로 박 대통령은 정부가 추진하는 '경제혁신 3개년 계획'을 소개하면서 창조경제를 통한 역동적인 혁신경제, 균형 있는 성장을

박근혜 대통령이 제15회 세계지식포럼 개막식에서 축사하고 있다

통한 성장의 저변 확대, 비정상의 정상화 개혁이라는 세 가지 핵심 원칙을 제시했다.

박 대통령은 또 15회 세계지식포럼 사전행사로 열린 《21세기 자본》의 저자 토마 피케티 교수의 국내 첫 강연도 언급했다. "많은 논쟁이 있지만 한 가지 분명한 것은 경제 성장의 혜택이 선진국과 개도국, 기업과 소비자, 대기업과 중소기업 등 경제주체에 골고루 퍼져 나가야 성장이 지속될 수 있을 것"이라며 '균형 있는 성장'을 강조했다.

기조연설에 앞서 박 대통령은 니콜라 사르코지 전 프랑스 대통령과 약 5분 동안 비공개 면담을 진행했다. 시종일관 웃음소리가 끊이지 않을 정도로 화기애애한 분위기에서 대화가 오갔다. 이 자리에서 사르코지 전 대통령은 박 대통령의 원칙 있는 대북 정책에 대해 지지 의사를 밝히며 이는 조만간 북한의 변화로 이어질 것이라고 말한 것으로 전해졌다.

박 대통령은 스스로 '경제 활성화 복장'이라고 부르는 빨간색 상의를 입고 연설에 임해 지식포럼 주제인 경제 활성화에 대해 강한 의지를 피력했다.

청와대 관계자는 "박 대통령은 현 정부가 추진하는 경제 활성화 의지의 진정성을 세계적인 석학과 외신을 대상으로 보여주고 싶어 했다"며 "이런 의지를 담아 연설문의 문구 하나하나까지 직접 수정했고, 의상도 본인이 선택했다"고 설명했다.

스타트업 '창업부터 성공까지'

- 완벽함에 집착하지 말고 제품출시 앞당겨 고객대응에 집중하라
- 스타트업 초기의 '공짜 전략'은 장기적으로 도움되지 않는다

많은 청년 창업가들이 제2의 스티브 잡스나 마크 주커버그를 꿈꾼다. 그러나 '기업가 정신'만으로는 부족하다. 아이디어를 실현할 전략이나 종잣돈조차 없이 창업에 나섰다가 '죽음의 계곡'을 넘지 못하는 스타트업이 부지기수다. 15회 세계지식포럼에서는 '사업 구상-투자 유치-경영 전략-자금 회수'에 이르는 스타트업 창업에 관한 모든 것을 한자리에서 배울 수 있는 세션이 잇달아 열렸다.

스텝1 : 실패에서 배우고 직관을 키워라

"실패를 두려워하지 않는 강한 의지를 키워라." 미국 스마트카드 기업 '코인(Coin)' 창업자인 카니시 파라샤 (Kanishk Parashar) CEO는 "창업을

지난 16일 열린 15회 세계지식포럼 '스타트업 스텝2 : 투자유치' 세션에서 연사들이 투자유치 성공 비법을 공개하고 있다. (왼쪽부터) 조나단 테오 바이너리캐피탈 파트너, 제이슨 포트노이 섭트랙션캐피탈 창업자, 음재훈 트랜스링크캐피탈 매니징 디렉터, 데이브 매클루어 500스타트업 대표

위한 첫 단계는 실패를 두려워하지 않는 굳건한 의지"라고 강조했다. 파라샤 CEO는 코인 성공에 앞서 다섯 차례나 창업에 실패한 경험이 있다. 그러나 그는 "여러 번 헛스윙하다 보면 삼진을 당할 수도, 홈런을 칠 수도 있다는 강한 마음가짐이 생긴다"며 이같이 말했다.

코인은 '작은 아이디어'로 대박을 친 대표적인 실리콘밸리 성공 사례다. 신용카드를 여러 장 갖고 다니는 불편함을 없애자는 취지에서 스마트폰과 연동한 카드 한 장으로 결합해 사용하는 스마트카드가 핵심 사업모델이다. 그러나 이런 아이디어는 화수분처럼 마냥 샘솟는 것이 아니다.

파라샤 CEO는 "창업자만의 독특한 직관으로 새로운 테크놀로지를 끊임없이 살피고 도입해야 한다"며 지속적인 아이디어 발굴 노력이 중요하다고 강조했다. 그는 또한 이 같은 아이디어를 사업모델로 다듬기 위해 "아이디어를 지속해서 피드백할 수 있는 훌륭한 팀이 필요하다"고 설명했다.

스텝2 : 투자를 위해서는 성공을 입증하라

벤처기업은 우수한 기술을 갖추고도 실패하는 사례가 적지 않다. 대기업과 달리 생산이나 마케팅을 위한 실탄이 부족하기 때문이다. 스타트업 성공과 투자 유치가 불가분의 관계인 이유다. 벤처투자회사인 500스타트업의 데이브 매클루어 대표는 "초기 벤처들이 범하기 쉬운 것은 기술 확보에만 집착하는 것"이라며 "제품이나 기술 자체보다는 그 아이디어를 시장에 설명하는 것이 중요하다"고 말했다.

대표적인 '페이팔 마피아'[6]로 꼽히는 매클루어 대표는 "회사에 대한 투자가 실제적인 수익으로 이어질 수 있다는 점을 정교하게 설명해야 한다"고 덧붙였다. 제이슨 포트노이 서브트랙션캐피털 창업자는 "많은 투자자는 창업가와 시간을 보내며 인간적 유대를 쌓고 이해하는 시간을 갖기를 원한다"며 "이런 과정에서 기획 능력과 예측하지 못한 상황이 발생했을 때의 대응 능력, 집중력 등을 투자자들에게 보여줄 수 있어야 한다"고 강조했다. 음재훈 트랜스링크 캐피털 매니징 디렉터는 "방향조차 잡지 못한 채 공모전 등에서만 많은 시간을 소진하는 기업에는 매력을 느끼지 못한다"고 단언했다.

---

6 페이팔 출신들이 실리콘밸리의 주요 스타트업 기업들을 진두지휘하면서 생긴 별칭

스텝3 : 고객의 목소리를 직접 들어라

이 세션에서 창업 전문가들은 벤처기업을 정상 궤도에 올리기 위해선 개발자로서의 역량과 경영자로서 리더십이 균형을 이뤄야 한다고 입을 모았다. 페이팔 마케팅 부사장 출신인 에릭 잭슨(Eric Jackson) 캡링크트 창업자는 "많은 창업자가 '완벽한' 제품에 집착해 아까운 시간과 자원을 소모한다"며 "아이디어를 현실화할 제품을 최대한 빨리 내놓은 뒤 시장의 피드백을 거쳐 업그레이드해야 한다"고 조언했다. 그는 "이는 제품 품질을 소홀히 하라는 의미는 아니다"며 "모든 아이디어를 제품에 담으려 하기보다는 가장 기본이 된 최초의 아이디어에만 집중해 제품을 개발·판매하라는 뜻"이라고 말했다.

또한 잭슨 창업자는 "많은 창업자가 제품 개발에만 집중하고 마케팅은 전문가에게 맡기자는 식으로 생각한다"며 "초기 단계에서는 창업자가 발로 뛰어다니며 고객의 목소리를 직접 들어야 한다"고 설명했다. 이어 판매 전략에 대해서도 "초기에 제품을 무료로 제공하고 고객이 확보되면 유료로 전환하는 방식을 생각하지만, 이는 잘못된 발상"이라며 "무료 제공은 오히려 제품의 가치를 떨어뜨려 장기적으로 경영 전략에 도움이 되지 않는다"고 설명했다.

스텝4 : 기업공개에 적극적으로 도전하라

결국 '창업-투자-재투자'라는 선순환 고리를 완성하기 위해선 안정적인 자금 회수 방안이 마련돼야 한다. 크게 두 가지 방안이 있다. M&A를 통한 방식과 기업공개를 통한 방식이다.

　이스라엘 벤처기업 윅스를 나스닥 상장까지 성공시킨 아비샤이 아브라하미(Avishai Abrahami) CEO는 "M&A보다는 IPO를 우선에 두고 적극적으로 도전하라"고 조언했다. 그는 "IPO를 통해 자금력을 확충하고 큰 잠재시장을 향해 도전장을 내는 것은 충분히 의미 있는 일"이라고 말했다. 아브라하미 CEO가 말하는 기업공개의 강점은 조직 문화를 지킬 수 있다는 점이다. 그는 "IPO를 통해 직원을 한 명도 잃지 않고 조직 문화를 보존하면서도 폭넓은 투자와 전략 수립이 가능해졌다"고 설명했다.

"

하드웨어나
기술보다
아이디어가 생명

"

데이브 매클루어
500스타트업 대표

"한국 스타트업들은 글로벌 시장에 신속하게 진출해야 한다는 착각에 빠져있다. 이는 투자가 입장에서 한국 스타트업들의 매력을 떨어뜨리는 요소다."

데이브 매클루어 500스타트업 대표는 15회 세계지식포럼에서 〈매일경제〉와 인터뷰하며 국내 시장을 공략하는 게 우선이라고 충고했다.

매클루어 대표는 실리콘 밸리를 대표하는 엔젤투자자 중 한 명이다. 페이팔 창업자들과 초창기 직원들을 뜻하는 '페이팔 마피아' 중 한 명이기도 하다. 현재 스타트업 육성 기관인 500스타트업을 이끌고 있다.

매클루어 대표는 "한국과 일본에선 '미국 시장이 최고'라는 잘못된 인식이 퍼져있다"고 말했다. 그는 "한국경제는 이미 세계 10위권에 가까운 규모로 성장했다"면서 "창업한 지 얼마 안 된 스타트업은 내수시장을 공략하는 게 맞다"고 설명했다. 그는 글로벌 시장 진출이 삼성과 같은 대기업에겐 약이 될 수 있지만, 규모가 크지 않은 창업 초기 기업에겐 독이 될 수 있다고 주장한다. "한국 정부가 벤처기업들의 글로벌 시장 진출을 부추기고 있지만, 이는 실패를 앞당기는 불안 요소다"라고 비판하기도 했다.

그는 '언어와 문화적 차이'가 문제라고 지적했다. "영업과 마케팅을 잘하려면 언어 실력을 넘어 고객들의 소비 심리를 이해할 수 있어야 한다"고 설명했다. 진출 국가의 문화와 역사를 이해할 수 있어야 한다는 말이다. 그는 "비영어권 출신들에겐 어려운 일"이라며 솔직히 말했다.

한편 그는 국내 시장 공략과 더불어 온라인·모바일 시장에 적극적으로 도전하라고 조언했다. 인터넷과 IT 발달로 창업 장벽이 낮아졌다는 점을 강조했다. "이제는 하드웨어보다는 온라인·모바일 플랫폼을 활용한 창업이 대세"라고 말했다.

대표적으로 그가 제시한 사례는 우버다. 스마트폰 콜택시 서비스인 우버는 '공유경제' 돌풍을 일으키고 있다. 한국에도 상륙해 파문을 일으켰다. 매클루어 대표는 "우버는 매우 단순한 아이디어 하나로 모바일 시장에서 성공했다"고 소개하며 거창한 기계나 기술을 앞세울 필요가 없다고 했다.

더불어 그는 "온라인 창업의 최대 장점은 속도다"라고 강조했다. 소비자 심리에 맞춰 상품과 서비스를 재빨리 업그레이드할 수 있다. 또 소셜네트워크(SNS) 등을 적극적으로 활용해 단기간에 많은 고객에 접근할 수 있다. 온라인 마케팅은 고객들의 소비 심리를 파악하기도 쉽다.

매클루어 대표는 마케팅 전략을 사업 아이디어 구상 단계부터 준비해야 한다고 말했다. 그는 "스타트업 기업인들이 가장 자주 저지르는 실수는 '쓸모없는 상품'을 시장에 내놓는 것이다"라고 비판했다. 그가 상품 개발 전에 예상 고객층이 원하는 상품이나 서비스가 뭔지 정확히 파악하라고 조언하는 이유다.

교육의 미래와 디지털 기술

- 디지털로 교육 재생목록 만들어 전 세계 우수 강의 들을 수 있을 것
- 온라인 강의는 학습 의지가 없으면 오히려 역효과
- 현 교육 제도, 아이들에게 '이미 끝난 전쟁에서 이기는 법' 가르치고 있다

디지털 기술이 교육 현장 곳곳에 침투하고 있다. 미국에서는 기존 대학 강좌의 15%가 온라인 교육으로 대체될 것이라는 전망도 나온다. 전 세계 교육 전문가들은 앞으로 온라인 교육이 개발도상국의 신성장동력이 될 것이라고 입을 모았다. 15회 세계지식포럼 '교육의 미래' 세션에서는 좌장을 맡은 도널드 존스턴 전 OECD 사무총장을 비롯해 칼 빌트 스웨덴 전 총리, 타일러 코웬 조지메이슨대 교수,《집단지성이란 무엇인가》를 쓴 찰스 리드비터 데모스 연구원 등이 모여 기술 발전과 교육의 미래에 대해 열띤 토론을 펼쳤다.

빌트 전 총리는 온라인 교육이 인도 같은 신흥국에 가장 큰 파급력을 몰고 올 것이라고 강조했다. 그는 "유럽이나 아시아는 교육에서 비교적 선진국이지만 인도·나이지리아·중국의 상황은 다르다"며 "아직 인터넷이

16일 서울 신라호텔에서 열린 세계지식포럼에서 패널들이 기술 발전과 교육의 미래에 대해 열띤 토론을 펼쳤다. (왼쪽부터) 도널드 존스턴 전 OECD 사무총장, 칼 빌트 전 스웨덴 총리, 타일러 코웬 조지메이슨 대 교수, 찰스 리드비터《집단지성이란 무엇인가》저자

제대로 보급되지 않은 인도가 10년 후 인터넷에 연결된다면 전 세계 교육 콘텐츠를 유리하게 확보해 교육 강국으로 거듭날 수 있을 것"이라고 말했다.

리드비터 연구원 역시 교육과 기술의 결합 속도가 빨라질 것으로 전망했다. 그는 "기술을 통해 효율적으로 콘텐츠를 제공함으로써 남는 시간과 자원으로 음악을 배우고 탐험활동을 하는 등 다른 활동을 할 수 있다"며 "아이들이 스포티파이(Spotify:음원 스트리밍 서비스)의 재생목록에 음악을 저장하고 감상하듯이, 교육 재생목록을 만들어 전 세계 강사들을 선택할 수 있게 될 것"이라고 말했다.

코웬 교수는 기술 발달이 바꿔놓을 교육현장에 대해 기대와 우려의 시각을 동시에 내비쳤다. 그는 온라인 교육이 성공적으로 작동하려면 학생들의 동기부여가 가장 중요하다고 강조했다. 온라인 강의는 다른 사이트에 대한 유혹이 존재하기 때문에 학생들의 학습 의지가 없으면 오히려 효과가 떨어질 수 있다는 것. 그는 "온라인에 양질의 교육 콘텐츠는 지금도 매우 많다"며 "동기부여를 제공할 개인 강사를 육성하는 것이 더욱 중요하다. 이 부분에서는 튜터링 시장이 발달한 한국이 앞서고 있다"고 말했다.

도널드 전 총장은 "변화에 제대로 대응하지 않으면 거대한 '눈사태(avalanche)'가 모든 교육 제도를 휩쓸고 갈 것"이라는 래리 서머스 하버드대 교수의 주장을 인용하며 대학과 교육의 판도가 바뀌고 있다고 설명했다.

이에 대해 리드비터는 아이들을 기존 제도에 끌어들이는 것이 아니라 교육체계를 근본적으로 바꿔야 한다고 역설했다. 학생들을 평가하는 잣대를 바꿔야 한다고도 했다. 그는 "현재 교육 제도와 평가방식은 아이들에게 이미 끝난 전쟁에서 이기는 법을 가르치고 있다"며 "교육을 21세기에 맞게 재설계할 수 있다면 아이들이 기회를 감지하고, 과감하게 도전하고, 정답이 없는 모호한 문제에 대한 해법을 찾을 수 있도록 해야 한다"고 전했다.

빌트 전 총리는 교육에서 소통의 중요성을 꼽았다. 그는 "새로운 기술 발달과 정보통신 혁명으로 인해 교육에서 일고 있는 새로운 과제는 바로 소통"이라며 "현재 아이들은 에세이를 쓰는 것으로 소통의 방법을 배우고 있지만, 굉장히 빠르게 변화하는 환경에서 효과적으로 소통하는 방법을 배워야 할 것"이라고 말했다.

현 교육 시스템 문제가 대학의 정체성과 고용시장의 기형적 구조에서 나온다는 의견도 나왔다. 코웬 교수는 대학 졸업자들의 초봉이 5년 전에 비해 낮다는 점을 언급하며 고등교육기관은 부채가 많고, 대학 졸업증의 가치가 이전보다 낮아지는 게 문제라고 설명했다.

교육에서 기술의 활용은 이제 시작 단계에 불과하다. 특히 많은 신흥국에서 큰 변화가 일어날 것이다.

The use of technology in education is just at the beginning. The biggest changes will come in many developing countries.

- 찰스 리드비터 《집단지성이란 무엇인가》 저자

알리바바와 중국금융 2.0

· 알리바바가 주도하는 '중국금융 2.0'이 비효율적 제도권 금융의 대안으로 떠오르다
· 새로운 온라인 투자상품 쇼핑 후 남은 돈을 운용해 6~7% 이자 얻기도

"중국에는 5,000만 개 이상의 기업이 존재하지만, 이 중 10%만이 정상적인 금융 시스템을 이용하고 있다."

류차오 베이징대 광화학원 부학장은 '중국금융 2.0' 세션에서 중국금융 시스템의 문제점을 이같이 지적하고 "효율적인 기업에 자금이 흐르게 하는 것이 중국경제의 가장 큰 현안"이라고 밝혔다. 그는 "기업공개가 자금을 끌어들일 수 있는 유일한 창구인데 그나마 정부 승인 없이는 상장이 불가능하므로 사실상 부실한 국영기업들만이 기업공개를 진행하고 있다"고 말했다. 알리바바 같은 민간기업은 미국으로 갈 수밖에 없는 현실이라는 것이다.

그러나 류차오 부학장은 차세대 금융 시스템에 중국경제의 희망이 있을 것이라 봤다. 구체적으로 그는 P2P(Peer to Peer) 금융과 위어바오(餘額

류차오 베이징대 광화학원 부학장이 15회 세계지식포럼에서 강연을 하고 있다

寶) 등을 '중국금융 2.0'이라고 소개했다.

P2P 금융은 금융회사를 거치지 않고 인터넷에서 이뤄지는 개인 간의 직접적인 금융거래를 말한다. 그는 "중국 P2P 금융의 고객은 개인과 중소기업"이라며 "매일같이 2~3개씩 새로운 플랫폼이 등장해 제도권 금융이 책임지지 못하는 영역을 채우고 있다"고 말했다.

위어바오는 알리바바그룹이 내놓은 온라인 투자 상품으로, 결제 시스템인 즈푸바오(支付寶, 알리페이)에 돈을 충전하고 쇼핑 후 남은 금액을 위어바오로 이체하면 금리를 운용한 이자를 얻는다. 류차오 부학장은 "위어바오를 통해서 6~7%의 이자를 얻기도 한다"며 "6개월 만에 9,000만 명의 투자자가 모였고 전체 자산 규모는 6,000억 위안 이상"이라고 소개했다. 알리바바는 플랫폼으로 수집한 정보를 분석해 이용자들의 신용등급까지도 부여한다. 예를 들어 누군가 50만 위안의 대출을 신청하면 다른 사람이 온라인상에서 이 사람의 신용점수를 조회한 뒤 거래를 승인하는 식이다. 3~4분이면 모든 과정이 끝난다.

그는 "이 같은 새로운 투자 상품이 초기 단계에 있기는 하지만 시간이 지나면 공식 금융권에 대적할 수 있을 것"이라고 말했다. 이어 "중국정부는 급속한 변화가 안정을 저해한다고 생각하지만, 이는 지나친 우려"라며 "통제보다는 한 발짝 뒤에서 시장을 바라보는 것이 도움될 것"이라고 조언했다.

" 부의 추월차선에 올라타려면 대기업과 손잡고 IT를 팔아라 "

리이닝
베이징대 광화관리학원
명예원장

"부의 쏠림 현상이 심한 한국 사회에서 돈이 없는 창업가가 성공하기 위해서는 세 가지 충분조건을 갖춰야 한다. 준비만 잘한다면 누구나 부의 추월차선에 올라탈 수 있다."

리이닝 베이징대 광화관리학원(경영학과) 명예원장은 "시대마다 부를 빠르게 축적할 수 있는 성공 방정식은 항상 존재해 왔다"며 이같이 말했다.

리 원장은 '리커창의 스승'으로 유명한 중국경제학계 거물이다. 그의 제자들은 시진핑 지도부 곳곳에 자리 잡고 있다. 리커창 총리를 포함한 리위안차오 부주석, 차세대 지도자라 평가받는 루하오 헤이룽장 성장 등이 그의 제자다. 더불어 그는 1988년부터 2003년까지 중국 전국인민대표대회의 재정위원회 부주석과 법률위원회 부주석을 역임했다. 또 2003년부터 전국정치협상회의 상무위원으로 활동하는 실세다.

그가 말하는 '차선(길)'은 서행차선과 추월차선으로 나뉜다. 서행차선을 달리는 사람들은 정해진 시장 시스템에 순응하면서 기업과 같은 조직에서 월급을 받는다. 이 때문에 부의 축적 속도가 무척 느리다. 반면 추월차선은 거대한 시장과 연결돼 차별화된 재화와 서비스를 유통한다. 시장과 연결될수록 시장의 지지를 받기 때문에 폭발적으로 부가 쌓이게 된다. 마치 파도와 바람의 힘을 이용해 윈드서핑을 즐기면 더 오래 더 멀리 나아갈 수 있는 것과 같은 이치다.

리 원장은 부의 추월차선에 올라탈 수 있는 조건으로 세 가지를 제시했다. 인터넷 기반 사업(global connectivity), 차별화된 전문 분야(differential specialty), 대기업과 연계한 규모의 경제 달성(economy of scale)이 주된 내용이다.

우선 인터넷을 비롯한 정보기술(IT) 수단을 활용하는 방식은 손쉽게 세계 시장과 연결할 수 있기 때문에 스타트업에 유용한 전략이라고 설명했다. 그는 "스타트업이 빠르게 성장하려면 큰 시장에 빠르게 서비스를 전달하고, 유통 비용이 적게 들어야 한다"며 "시장 규모와 비용적 측면에서 봤을 때 인터넷 사업은 매력적이다. 알리바바나 구글이 빠르게 성장할 수 있었던 것도 인터넷 생태계를 잘 이해했기 때문"이라고 말했다.

또 자신만의 차별화된 기술이 있어야 한다고 강조했다. 그는 "상대에게 매력적으로 보이기 위해서는 자신만의 전문 분야가 있어야 한다"며 "차별화된 기술은 진입 장벽을 높여 시장 지배력이 오래 지속되도록 하며, 첫 독과점체제 단계에서 빠르게 부를 증식시켜 준다"고 지적했다. 이어 "일단 기업의 차별화 기술이 시장에서 하나의 브랜드로 자리 잡게 되면 그 자체가 오라를 만들어 시장 지배력을 더욱 견고하게 만드는 선순환 고리가 형성된다"고 덧붙였다.

스타트업은 초기에 자금 부족으로 쓰러지기 쉬우므로 대기업과 손잡는 수익 안정화 전략도 필요하다. 그는 "스타트업이 대기업과 연계해 사업을 시작할 경우 초반 수익을 보장받을 수 있어 안정적인 운영이 가능해진다"고 설명했다.

한편 리 원장은 "중국은 '뉴노멀(new normal)' 시대로 진입했고 혁신을 통한 구조 개혁을 통해 지속 가능한 성장을 이어나갈 것이다"고 전망했다. 그는 "일각에서 재기하는 차이나리스크를 운운하는 것은 의미가 없다"고 말했다.

리 원장은 중국 현대경제학의 태두로 불리며, 시장경제를 전파한 인물이다. 중국의 개혁개방 과정에서 주식회사 형태의 국유기업 개혁을 지속적으로 강조해왔으며, 현대 자본시장 시스템을 안착하는 데 힘을 쏟았다. 리 원장은 "중국이 안정적인 성장을 이어나가기 위해선 기득권 집단의 간섭을 배제하고 기업의 자주적 역할과 경영활동을 확대해야 한다"고 강조했다.

시진핑 정부가 추진하고 있는 '구조개혁'의 핵심 내용은 무엇인가?

▶ 크게 세 가지다. 우선 중국은 고성장 대신 '지속 가능 성장'을 하는 방향으로 경제 목표를 바꿨다. 중국은 대국이기 때문에 단기 성장보다는 장기적인 틀 안에서 안정적인 경제 환경을 만들어나가는 데 힘쓸 계획이다. 둘째는 서부 개발 프로젝트다. 개혁개방 이후 동부 연안 개발을 하면서 동서부간 경제 격차가 커졌다. 특히 소수민족들이 사는 지역을 중심으로 경제 개발에 노력하고 있다. 셋째 경제, 문화 등 모든 분야에 '혁신'을 접목하는 것이다. 혁신이 없으면 경제의 지속성장이 힘들지만, 혁신을 접목시키면 성장에 탄력이 붙게 된다.

중국경제의 전망은 어떤가?

▶ 2012년부터 올해 상반기까지 중국의 GDP 성장률은 개혁개방 이후 네 번째로 8%를 밑돌았다. 이는 순환적 요인에 따른 경기둔화가 아니라 경제발전 단계상의 '근본적인 전환'인 것으로 평가된다. 중국이 경제성장의 활력을 잃어간다는 지적에 대해서는 부정적이다. 뉴노멀 시대의 중국경제는 네 가지 특징을 가지고 있다. 중고속 성장, 경제구조 변화, 성장동력의 전환, 불확실성 증대다.

뉴노멀 시대 중국경제의 특징에 대해 말해달라.

▶ 중국은 10% 내외의 고속성장에서 7~8%의 중고속성장 국면으로 접어들었다. 중국은 부문 간 불균형 발전이 크고, 잠재력이 큰 대국경제이기 때문에 상당기간 지속가능 성장을 이어갈 전망이다. 숫자(성장률)는 큰 의미가 없다. 구조변화의 의미는 서비스업 위주의 산업구조, 소비 주도의 수요구조, 도농 간 격차의 축소로 대두하는 도농구조, 소득분배 개선 등을 뜻한다. 현재 커다란 경제적 구조 변화를 겪고 있다.

과거에는 저렴한 생산요소 가격이 중요한 성장동력이었으나 최근에는 요소 비용이 크게 상승해 생산요소 투입 및 투자에서 '과학기술 혁신'으로의 성장동력 전환이 불가피한 상황이다. 노동력, 자원, 토지 등 생산요소 비용의 급등으로 공업기업 이윤 증가율이 1998~2008년 연평균 35.6%에서 올해 상반기 5.8%로 둔화되고 있다. 올해 들어 중국경제는 적정수준 성장률을 유지하고 있기는 하지만 지방정부 부채, 금융리스크 등 잠재 위험 요소가 점차 드러나고 있어 이를 적절하게 관리하지 못할 경우 안정성장이 저해될 우려가 있다.

임금 등 요소비용 상승 문제에 대한 해법은?

▶ 중국에서 급여(비용)가 빠르게 올라가면서 노동 생산성이 떨어지고 있다는 지적이 있다. 하지만 비용 대비 중국 노동의 질은 아직 비교우위가 있다고 생각한다. 일부 중국의 민간기업이 높은 임금 수준 때문에 동남아국가로 공장을 이전했다가 중국으로 돌아오는 사례가 있다. 그 이유는 비용 대비 중국 노동의 질이 경쟁력이 있다고 판단했기 때문이다. 현재 중국정부에서는 대대적으로 '직업 교육'을 하고 있다. 이를 통해 노동생산성을 높이고, 혁신을 통해 부가가치를 높일 수 있는 인재를 양성한다는 구상이다.

구조개혁으로 부정적인 측면이 두드러질 것이란 지적도 있는데?

▶ 일각에서 구조개혁의 부정적인 영향으로 반부패 정책, 과잉설비 규제, 지방정부와 국유기업의 예산관리강화, 환경오염 규제, 부동산 세제 개혁 등이 단기적 경기 하방 리스크로 작용할 것으로 내다보고 있다. 하지만 이는 일종의 '비정상의 정상화'로 볼 수 있으며 단기 영향에 그칠 것이다. 구조개혁은 완전히 이익을 가져다주는 개혁이 다. 부작용을 말하는 것 자체가 의미가 없다고 본다. 다만 이런 단기 부작용이 나타나 는 것을 방지하기 위해 중국정부에서는 사회 전반에 '법치질서'를 정비하고, 개혁이 사회에 스며들 수 있도록 힘쓰고 있다.

중국정부는 부실대출 문제에 대해 어떤 해법을 제시할 것인가?

▶ 부실대출 문제 때문에 중국정부는 은행에 대한 감독을 강화하고 있다. 그동안 은행 이 국유기업에 대량융자를 한 것이 부실대출의 시발점이었다. 하지만 지금 국유기업 의 수익창출 능력은 많이 떨어져 있고 내부 부실 문제도 대두하고 있다. 반면 그동안 은행들은 민간기업에 대출을 상대적으로 꺼렸고, 대출금리를 높게 설정했다. 이 때 문에 민간기업이 자금 조달에 힘겨워했고 부담도 컸었다.

금융 개혁은 민간기업이 손쉽게 대출을 받고 경영할 수 있도록 만들고 있다. 또 중국 은 금융 시스템 자체의 개혁에도 신경 쓰고 있다. 자본시장 효율화 증진 방안에 대해 논의하며 잠재력이 있는 중소기업의 금융 지원에도 드라이브를 걸고 있다.

상하이 자유무역지대(FTZ)가 홍콩에 버금가는 성공적인 금융 허브로 자리 잡기 위해서 구상하는 정책은 무엇인가? 최근 홍콩시위에 대한 생각은?

▶ 중국은 홍콩이 금융허브로서의 지위를 유지하길 희망하며 이를 위한 정책은 유지할 것이다. 상하이 자유무역지대가 성장할수록 홍콩과 금융허브 자리를 놓고 경쟁할 수

도 있고 상하이가 홍콩보다 더 나아질 수도 있다. 하지만 중국정부는 홍콩의 지위를 빼앗거나 시장을 교란할 의도가 없다. 상하이가 급부상하면서 일각에선 중국의 금융 허브로 상하이를 낙점한 것 같은데 후보도시는 상하이 말고도 많다. 복건성 지역이 라든지, 시아먼 등도 충분히 잠재성을 보이고 있는 지역이다. 사실 홍콩의 발전은 중국의 경제 발전에 영향을 미치지 않으며, 중국의 발전 또한 홍콩의 발전에 영향을 미치지 않을 것이다.

한중 FTA에 대한 논의가 양국에서 심도 있게 진행 중이다. 어떤 방식의 FTA가 양국 상호 간에 도움이 될 것으로 생각하나?

▶ 한중 FTA는 양국에 이득이 될 것이다. 비교우위론에 입각해 한중 FTA의 거시적인 틀을 짜는 것이 유효하다. 즉 다른 국가에 비해 앞서 있는 분야나 비용절감을 할 수 있는 부문을 중심으로 협력하는 방안이다. 한중 FTA를 통해 한국이 중국 시장의 IT, 자동차 분야 진출에 더욱 탄력을 받을 것으로 예상한다.

한중 양국 경제가 '커플링(경제 동조화 현상)' 현상을 보이고 있다. 중국경제가 고도 성장기에서 안정적인 성장기로 접어들면서 한국경제에 악영향을 미칠 것이란 우려도 있다. 이에 대해선 어떻게 생각하나?

▶ 결론부터 말하자면 한국경제에 악영향을 미칠 것으로 보지 않는다. 현재 중국은 고도성장기를 벗어나 '지속 가능한 안정적인 성장'을 추구하는 뉴노멀 시대에 접어들었다. 중국정부는 현재 대외 무역뿐 아니라 국내 취업 문제, 자원배분 문제 등 여러모로 경제안정화를 꾀하고 있다. 중국이 안정적인 성장을 지속할 경우 한국경제 역시 순항할 것으로 기대한다. 한국은 중국의 거대한 시장을 옆에 두고 있기 때문에 기회가 많다.

한중 간에 기술 격차가 줄어들고 있어 한국이 비교우위를 보였던 IT, 조선 등 부문의 시장을 중국이 차지할 가능성이 있지는 않나?

▶ 중국 기업들이 빠르게 성장하면서 양국 간 기술 격차가 줄어들고 있다고 여길 수도 있다. 그렇다고 중국이 기존에 한국이 장악했던 시장을 차지할 것이란 우려는 하지 않아도 될 것 같다. 시장은 냉정하다. 글로벌 소비자가 나라의 상품과 서비스를 결정한다. 즉 생산자(한국 혹은 중국)가 시장장악력이 있는 것이 아니다. 소비자의 선택을 받아야 살아남을 수 있는 것이 시장 논리라고 생각한다. 한국과 중국이 동일 산업군에서 경쟁을 펼치는 것은 당연한 시장 논리이며, 그 과정에서 발전할 수 있다.

한중 양국은 지리적으로도 인접해 있으며, 역사와 문화에서도 비슷한 점이 많아 중국에서는 한류 열풍이 있고, 한국에서도 화류(華流)가 예상되고 있다. 문화 경제적 측면에서 양국이 장기적으로 윈-윈 할 방안은 무엇이라고 생각하나?

▶ 한류 열풍이 불고, 한국에서 중국에 대한 관심이 높아지고 있는 것은 양국 모두에게 유리하다. 문화 경제적 측면에서 양국이 '윈-윈'하기 위해서는 상대방을 이해하고 서로에 대해 학습할 기회가 많아져야 한다. 양국 학생들의 인적 교류라든지, 한중 기업인 간 협력 논의 등의 시도가 그 예이다. 인적 교류를 통해 상대방의 문화를 접한 사람들은 한류나 화류를 지속하는 원동력이 될 수 있고, 기업 간 협력을 유도하는 윤활유 역할을 할 수 있다.

싸이월드가 페이스북에 진 까닭은?

• 페이스북보다 싸이월드가 먼저 등장했지만, 세계시장 진출 못 해 무용지물
• 우수한 기술력을 활용할 수 있는 글로벌 네트워크 갖춰야 한다
• 이스라엘에서는 창업 후 실패했을 경우 개인 부채 생기지 않아

"한국인은 근면하며 똑똑하고 교육 수준이 높다는 점에서 이스라엘인과 비슷합니다. 우수한 기술력을 활용할 수 있는 글로벌 네트워크만 갖춘다면 세계 시장에 진출할 수 있습니다."

이갈 에를리히(Yigal Erlich) 요즈마그룹 회장은 15회 세계지식포럼에서 글로벌 네트워크의 중요성을 역설하며 이 같이 밝혔다. 요즈마그룹은 1993년 이스라엘에서 출범해 수익률 100%를 넘나들며 40억 달러 규모의 자금을 운용하는 벤처캐피털이다.

전 세계적으로 사용되는 페이스북, 인터넷전화 스카이프 등의 원조는 국내에서 개발된 싸이월드와 다이얼패드라 할 수 있다. 황금알을 낳는 플랫폼을 국내 기업들이 선점했지만 정작 세계 진출에 실패해 과실을 수확하지 못했다. 이런 사례가 반복되지 않기 위해서는 한국인들이 글로벌 마

이갈 에를리히 요즈마그룹 회장이 15회 세계지식포럼에서
한국형 창조경제 모델을 제시하고 있다

인드로 무장해야 한다는 것이 에를리히 회장의 조언이다.

그는 "요즈마그룹이 지난 20년간 나스닥에 상장시킨 이스라엘 벤처기업만 20여 곳"이라며 "첫 상장이 어려웠을 뿐, 이후 나스닥 진출 기업이 다른 벤처기업에 글로벌 네트워크를 제공하며 잇달아 나스닥에 진출할 수 있었다"고 말했다. 요즈마그룹은 의료장비업체 인스턴트(Instant), 스팸방지 소프트웨어업체 컴터치(Commtouch) 등을 잇달아 나스닥에 상장시켰다. 이 과정에서 이스라엘 스타트업 기업 생태계가 선순환 구조를 만들어낸 것이 요즈마의 성공비결이라고 설명한다. 이러한 생태계를 한국에서 적용하는 것이 에를리히 회장의 목표다.

한국 젊은이들의 도전정신이 부족하다는 것도 문제점으로 지적됐다. 이런 '위험 회피현상'을 바꿀 수 있는 묘안은 무엇일까? 그는 "이스라엘에서는 창업에 실패했을 경우 개인의 부채가 생기지 않는다"고 말했다.

정부 재정을 활용해 창업 실패 후 재기를 도모할 수 있도록 채무를 면제해주고 재능 있는 개인의 재창업을 유도한다는 것이다. 이 밖에 대기업에 취직한 인재들이 분사(spin-off)를 통한 도전에 나서는 것을 장려할 필요가 있다는 것이 에를리히 회장의 조언이다. 삼성SDS 사내벤처로 출발해 국내 최대 포털업체로 성장한 네이버 같은 사례가 자주 나와야 한다는 것.

요즈마그룹은 이스라엘, 미국을 기반으로 활약 중이며 2013년 6월 아시아에서는 처음으로 한국지사를 설립해 3년간 최대 1조 원 규모의 펀드를 조성하는 한편 초기 단계 벤처기업에 대한 멘토 역할을 자청해 '요즈마 스타트업 캠퍼스'를 만들 계획이다.

아직도 세계는 넓고 할 일은 많다

"인구와 자원이 풍부한 동남아시아에서 꿈을 펼칠 청년 사업가 양성에 최선을 다하겠다."

2014년 8월 회고록 《김우중과의 대화 : 아직도 세계는 넓고 할 일은 많다》를 출간하고 공식 활동에 나선 김우중 前 대우그룹 회장(78)이 제15회 세계지식포럼에서 연사로 나섰다.

독감 탓인지 얼굴은 초췌해 보였고 강연 중에도 여러 번 기침하는 등 힘 들어하는 기색이 역력했지만 "대우의 DNA를 가진 청년 기업가를 배출하 는 데 여생을 바치겠다"며 후배 양성에 강한 의지를 보이기도 했다. 객석 은 재계를 비롯해 정부 관계자와 대학생 등 각계각층에서 온 청중으로 가 득했다.

김 전 회장은 "글로벌 청년 기업가 육성 프로그램을 3년 동안 시행했는 데, 연수생 전원이 베트남에 진출한 우리 기업에 취업하는 등 성공했다" 며 "고용주 만족도도 매우 높은 만큼 앞으로 미얀마·태국·인도네시아·필 리핀 등으로 연수 대상국을 늘릴 것"이라고 말했다.

과거 '세계경영'을 좌우명으로 대우를 재계 수위 그룹으로 성장시켰던 경영 노하우를 청년들에게 전수함으로써 세계 각국으로 뻗어 나가는 '제2 의 대우'를 기대하겠다는 의지를 보인 것이다.

실제로 김 전 회장은 2010년부터 후진 양성의 뜻을 실천으로 옮기고 있 다. 그는 "과거 정신없이 바쁘게 살 때는 늘 젊을 것으로 생각했는데, 지금

김우중 전 대우그룹 회장이 서울 국립극장 하늘극장에서 열린 제15회 세계지식포럼 오픈세션 강연에서 청년들의 해외 사업 진출을 조언하고 있다

은 그렇지 않다는 것을 느끼고 있다"며 "후진을 양성하는 게 내가 할 일"이라고 말했다. 김 전 회장은 이어 "지난 4년간 청년들과 부딪치면서, 이들이 경제개발의 주도 세력이었던 과거 세대보다 더 높은 성취를 거둘 수 있다고 믿게 되었다"며 "이들을 더욱 발전된 길로 인도하고 미래 주역으로 키우기 위해 앞선 세대로서 관심과 배려의 손길을 내밀어야 한다고 생각했다"고 밝혔다.

07

대가들에게
묻다

부탄 총리가 말하는 행복의 조건

- "한국, 경제는 발전했으나 국민 표정은 더 어두워져"
- 부탄 국민 100명 중 97명은 '행복하다'
- '만족'하는 것이 '행복'은 아니다. 당장 불편해도 멀리 보라

제15회 세계지식포럼을 위해 서울을 찾은 지그메 틴레이(Jigme Thinley) 부탄 前 총리 눈에 가장 먼저 들어온 것은 시민들의 딱딱한 표정이었다. 상점이나 길거리에서 마주친 사람들의 얼굴은 생동감을 잃고 굳어 있었다. 1985년 그가 서울을 처음 방문했을 때와 확연히 달랐다.

"그때는 한국이 성장하기 전이었지만 밝게 인사하는 분들을 많이 봤어요. 사람들 표정이 밝고 활기찼던 기억이 납니다. 지금 빌딩은 더 많아졌는데 웃음은 사라졌네요."

그의 관찰에는 일리가 있었다. 지난 3월 20일 '세계 행복의 날'을 맞아 유엔은 156개국 행복 지수를 조사했다. 우리나라는 41위였다. 한 해 GDP가 1조 4,495억 달러(2014년 IMF 기준)로 전 세계 13위인 것을 감안하면, 한국은 '돈은 많이 벌지만 행복하지 않은 나라'다.

지그메 틴레이 전 부탄 총리가 15회 세계지식포럼 행사장인 신라호텔 정원에 서 있다

2014년을 기준으로 10년 연속 OECD 국가 중 자살률 1위를 차지한 오명도 비관론에 힘을 싣는다. 그런 의미에서 부탄은 한국과 대척점에 있다. GDP는 한국과 비교할 수 없을 정도로 미미하지만, 행복지수는 앞서간다. 부탄은 1972년부터 '국민총행복지수(GNH, Gross National Happiness)'를 만들어 행복 중심의 경제 발전을 추구하고 있다.

지속 가능한 성장의 중요성을 절감한 유엔이 '세계 행복의 날'을 지정한 게 2012년이었다. 인구 72만 명인 소국이 40년 앞서간 것이다. 2008년부터 2013년까지 총리를 두 번이나 역임하면서 부탄 GNH를 끌어올린 그는 세계에서 '행복 전도사'로 통한다.

그는 "GDP에 기반한 경제 모델은 인간에게 가장 중요한 본질, 행복을 놓치고 있다. 이제 세계는 행복에 기반한 새로운 경제 패러다임을 모색해야 한다"고 말했다.

유엔이 공식으로 행복지수를 조사하기 40년 전에 이미 부탄이 GNH를 개발한 점이 놀랍다. GNH는 어떤 배경에서 탄생했나?

▶ GNH는 1970년대 지그메 싱기에 왕추크 국왕이 제안한 개념이다. 당시 나를 포함한 관료들은 여행하면서 사람들을 만나본 결과, 이들이 원하는 것은 호화로운 물품이 아니라 '행복'이라는 것을 알게 됐고, 이를 국왕에게 건의해서 2008년 GNH를 만들었다. 경제·문화·환경·정부 등 4개 항목과 심리적 복지, 건강, 문화, 시간 사용 등 9개 영역을 각각 72개 척도에 따라 평가해 수치화하는 행복 측정 공식이다.

정부는 개발은 경제적 성장 그 이상을 가져와야 한다고 결론 내렸고, 이를 위해 국가가 해야 할 일을 고민하게 되었다. 이를 기초로 사람들이 지속적으로 행복을 느낄 수 있는 바탕을 만드는 데 주력하게 됐다. GNH는 행복이 지속 가능한 '여건'을 측정하는 지표다.

부탄 사람들이 행복한 이유는 무엇일까?

▶ 우리가 '국민총행복지수'를 만들 때 왜 '만족'이 아닌 '행복'이란 말을 썼을까? 만족과 행복은 다르다. 서로 비슷해서 만족하는 것이 행복은 아니다. 만족은 수동적인 상태다. 부탄이 GNH를 도입하기 전 국민은 빈곤 속에서 만족했지만, 삶의 수준이 너무 낮았다. 행복은 적극적인 사고다. 행복하기 위해서는 조화가 필요하다. 일과 휴식, 직장과 가족, 개발과 자연의 공존을 맞춰가야 한다. 행복한 조건을 유지하기 위해 모두가 노력할 때 얻어지는 것이다.

정부는 국민이 행복할 수 있도록 이런 요소를 추구해야 한다. 부탄은 GNH를 도입한 후 문화적 다양성을 존중하고, 자연과 공존하고, 정부가 안전망을 제공하고, 교육의 기회를 균등하게 제공하는 쪽으로 정책 방향을 맞추고 있다. 부탄에선 편리를 위해 도로를 만들려고 하다가도 히말라야 산을 파괴할 것 같으면 개발을 멈춘다. 지속 가능한 가치가 중요하기 때문이다. 당장은 불편해 보이지만 장기적으로 봤을 땐 더 큰 행복을 준다.

뒤늦게 전 세계가 GNH에 관심을 두고 있다. 중국을 비롯한 각국에서 경제 성장 목표에 '행복'을 명시하는 사례가 많다. 왜 이 시대 경제에서 '행복'이 화두로 떠오른 것인가?

▶ 시장은 그동안 큰 성공을 거뒀다. 2차 세계 대전 이후에 급속도로 팽창했다. 하지만 시장의 성장은 요즘 한계에 다다른 것 같다. 글로벌 금융 위기가 자주 발생한다. 사람들은 집과 일자리를 잃었다. 노력해도 안 된다는 패배감이 커지고 있다. 경제학자들은 침체를 벗어났다고 하는데, 유럽이나 미국에선 우울한 신호가 감지된다. 질 좋은 일자리가 부족하고, 경제성장률이 하락하는 것은 불가피하다는 전망이 많다. 자원은 유한한데 무한한 성장을 추구하기 때문이다.

15회 세계지식포럼에서 제러미 리프킨 교수가 '공유경제'를 주장한 것이 흥미로웠다. 이젠 생산하고 소비하는 경제 모델을 버려야 한다. 물질적 행복의 다음 단계를 지향해야 한다. 인간의 삶은 물질을 쫓아가다 목적의식이 없는 여정, 파도 속에서 표류하는 배가 됐다. 의미 있는 목표를 가지고 시장을 재구성해야 한다.

한국에는 피로감을 호소하는 사람이 많다. 자살 원인 1위가 우울증일 정

도로 마음의 병이 심각하다. 왜 한국 사회는 '한강의 기적'을 이루었는데 행복은 늘지 못한 것일까?

▶ 한국은 정말 놀라운 국가다. 아시아에서 발전을 이뤘다. 정말 존경스럽다. 그런데 너무 치열한 삶이 몸과 마음을 피폐하게 한 것 같다. 한국 사람들은 4시간 자거나 아예 안 잔다는 얘기를 들었다. 또 17시간씩 일하는 사람도 봤다. 말이 안 된다. 이것만으로도 한국이 얼마나 바쁜지 알 수 있다.

물론 한국인들은 매우 근면하다. 그러나 충분히 자야 한다. 일은 좀 줄이고 자신만을 위한 시간을 늘려야 한다. 건강을 해치고 가족과 멀어지면 나중에 후회한다. 많은 돈을 벌어도 함께 나눌 사람이 없다면 의미가 없다. 조화를 추구할 수 있도록 사회가 변해야 한다.

한국 사회는 경쟁이 치열하다. 타인 시선을 의식하는 것도 강하다.

▶ 대만도 한국처럼 아시아에서 성공한 국가다. 그런데 대만 부자들은 명품을 사지 않고, 저렴한 자동차를 탄다. 얼마 전에 네덜란드에 갔는데 사람들이 명품을 잘 안 사고, 비싼 차를 운전하는 것을 창피해 하더라. 그들은 '내가 이걸 사면 더 많은 문제가 세상에 나온다'고 생각한다. 소비할수록 쓰레기가 더 발생한다고 생각한다.

한국은 외부에서 주어지는 명예나 성공, 시선을 위해서 내면적 만족감을 포기하는 일이 많은 것 같다. 스스로 세운 가치에 따라 덜 경쟁하며 산다면 남들도 그렇게 살게 된다. 행복한 사람은 남의 시선을 신경 쓰지 않는다.

행복을 위해 당신이 가장 추천하고 싶은 것은 무엇인가?

▶ 명상이다. GNH를 평가하는 요소 중 하루에 얼마나 명상하는지가 포함돼 있다. 내가 말하는 명상은 종교적 행위가 아니다. 매일 아침 일어나 시간을 내서 가만히 생각하는 거다. 어제 내가 뭘 했고 어떤 게 의미가 있었는지, 오늘 만족스러운 하루를 보내기 위해 어떤 일을 할지 떠올려 보자. 동료에게 친절을 베풀겠다, 출근할 때 환한 표정을 짓겠다 등. 인생을 의미 있게 만들기 위해 무엇을 할 것인지 생각하라. 그리고 인간으로서 내가 얼마나 발전하고 있는지 잘 관찰해 보자. 명상은 행복한 상태를 추구하는 적극적인 행위다.

나는 고등학교 때부터 명상을 시작했다. 아침에 일어나서, 저녁에 잠들기 전에 나만의 시간을 가졌다. 이렇게 내면을 다듬는 습관은 어른이 돼서 큰 도움이 됐다. 나는 총리직을 수행할 때 큰 스트레스를 받았다. 회사 대표처럼 위기를 관리해야 했다. 그러나 큰 문제가 발생해 스트레스를 주면 판단이 흐려져서 다른 결정에도 영향을 미치기 때문에, 이를 흘려보내고 긴장을 풀어야 한다. 그래야 다른 문제도 냉정하게 볼 수 있다. 명상은 마음을 차분하게 하는 데 도움이 된다.

행복을 되찾고 싶은 한국인들에게 조언해 달라.

▶ 한국인들은 충분히 경쟁력이 있다. 이제 많은 것을 이루었으니 마음을 챙겼으면 한다. 무엇보다 잠을 많이 잤으면 좋겠다. 또 직장에만 두었던 관심을 가족과 친구로 돌리기 바란다. 내가 가장 행복한 순간을 요즘 곰곰이 생각해 보니 아내와 있을 때다. 둘이 같이 노력해서 공동의 삶을 의미 있게 꾸려나가는 지금이 행복하다. 나를 위해 무엇을 해줄 사람이 있고,

나를 믿어주고 사랑할 사람이 있다고 깨닫는 순간이 기쁘고 감사하다. 나는 가정이 정말 중요하다고 생각한다. 우리는 살면서 친구를 만들고 가족을 만든다. 이 관계는 많은 노력을 통해서 만들어가는 것이다. 서로를 위해 희생하고 시간을 썼을 때, 그 관계가 나중에는 엄청난 즐거움을 가져다준다. 한국인들이 가족과 친구를 챙기는 여유가 있었으면 좋겠다. '좋은 벗을 만들고 친구에게 충성을 보여라' 이 말을 하고 싶다.

행복지수 세계 1위…부탄의 비밀

세계에서 부탄은 '행복의 나라'로 통한다. 2011년 유럽 신경제재단(NEF)이 발표한 국가행복도 조사에서 부탄은 143개국 중 1위를 차지했다.

이 조사는 국민들이 삶에 만족과 안정감을 느끼고 있는지, 또 정부는 국민의 행복을 위해 정책을 잘 수행하고 있는지를 다각적으로 평가했다. 조사에서 부탄 국민 100명 중 97명은 '나는 행복하다'고 답했다.

부탄 행복 정책은 1972년으로 거슬러 올라간다. 당시 국왕은 GDP 대신 국민총행복지수인 'GNH'를 국가 발전의 잣대로 삼겠다고 선언했다. 행복 정책이 본격적으로 탄력을 받은 것은 2008년 틴레이 총리 시절이다.

당시 틴레이 총리는 행복 정책을 총괄하는 국민총행복위원회(GNHC, Gross National Happiness Commission)를 만들었다. 경제 성장을 많이 해도 사람들이 행복해지지 않는다면 그 정책은 실패한 것으로 판단했기 때문이다. 총리가 위원장을 맡고 각 부처 장관이 모두 참석하는 이 조직 권한은 막강하다. 각 부처에서 입안하고 집행하는 모든 국가 정책은 반드시 위원회의 심의를 통과해야 하며, 예산 배분권도 행사한다.

GNH는 공동체 활력 부문에선 기부·안전·소속감에 대한 신뢰를, 심리적 웰빙 부문에선 삶의 만족도와 영성을, 시간 이용 부문에서는 하루 근로 시간·수면 시간 등을 조사한다. 정부는 GNH 결과에 따라 국민의 실질적인 삶을 개선할 수 있는 구체적인 정책을 마련해 중장기적인 '5개년 계획'을 실시하고 있다.

틴레이 총리는

△1952년 부탄 붐탕 출생 △1976년 미국 펜실베이니아대 졸업 △1990년 부탄 동부 지역 행정국장 △1994년 내무부 부장관 △1998년 외교부 장관 △2008년 부탄 총리 △2014년 벨기에 루뱅대에서 명예 학위 수여

실패가 만드는 예술

- 성공보다 과정의 즐거움을 찾는 사람이 역사를 바꾼다
- 실패한 사람이 재기할 수 있는 문화 만들어야

- 새라 루이스

"실패는 선물입니다"

미국 예술사학자 새라 루이스(Sarah Lewis)는 15회 세계지식포럼에서 '예술로 보는 창조'라는 주제로 강연대에 올랐다. 강의 전 대기실에서 만난 그는 "실패는 배움의 기회를 준다. 실리콘밸리는 실패 사례를 공유하는 회의 '페일콘(FailCon)'을 통해 성공을 이끌어냈다"면서 "혁신을 원한다면 실패를 공개적으로 이야기해야 한다"고 했다.

그녀는 미국에서 출간한 책《The Rise》에서 '실패론'을 집대성했다. 이탈리아 조각가 미켈란젤로부터 2010년 노벨물리학상을 받은 러시아 학자 안드레 가임까지 역사의 위대한 업적을 이룬 사람들이 실패를 견디고 창의력을 발휘한 과정을 추적했다.

"마틴 루터 킹이 어린 시절 웅변 수업에서 두 번이나 C를 받은 사실을

15회 세계지식포럼에 참석한 예술사학자 새라 루이스가
〈매일경제〉와 인터뷰를 하고 있다

아시나요? 세상이 칭찬하지 않더라도 무관심을 견디고 지금 일에 집중한 사람들이 세상을 바꿔왔죠. 부정적인 피드백을 견디고 내면의 힘을 믿는 능력이 창조의 비결입니다. 실패가 없었다면 위대한 예술은 불가능했습니다."

하지만 그녀의 인생은 '실패'와는 거리가 멀어 보였다. 하버드대 학사, 옥스퍼드대 석사를 졸업한 루이스는 최근 예일대에서 예술사 전공으로 박사학위를 땄다. 런던 테이트 모던, 뉴욕 현대 미술관 큐레이터도 역임했다. 이에 대해 묻자 그녀는 대답했다.

"작은 흑인 소녀였던 저는 무얼 하든 과소평가 받았어요. 그래서 어렸을 때부터 열악한 조건을 극복하고 업적을 이룬 사람에 대해 궁금해했고 그 호기심이 지금의 저를 만들었어요."

그녀는 '성공'이란 개념을 '통달(Mastery)'로 치환할 것을 제안했다. "성공이 어떤 지점이라면, 통달은 과정이죠. 예술가들은 통달에 집중합니다. 이들에게 완벽한 승리는 없어요. '거의 성공에 가까운(near win)' 것만 있죠. 그러기에 끊임없이 발전하는 거고요."

루이스는 한국 문화엔 '통달의 정신'이 녹아있다고 했다. "한국 양궁팀이 훈련하는 것을 본 적이 있습니다. 7점을 받더라도 계속 활을 쏘는 선수들의 끈기에 감동했어요."

2008년 버락 오바마 미국 대통령이 만든 국가예술정책위원회 멤버로 미국 예술 정책의 틀을 짜고 있다. '문화 융성'을 고민하는 한국 사회에 그녀가 조언을 남겼다.

"사회가 훌륭한 모델을 많이 발굴하고, 그들의 여정을 배워야 합니다. 정부는 실패한 사람이 재기할 수 있는 시스템을 마련해야 하고요. 실패를 인정하고 격려하는 문화가 창조산업의 첫걸음이죠."

"" 고용주와
고용인 사이에
동맹을 체결하라
""

벤 카스노카
와사비벤처스 자문위원

"이제 회사와 직원의 관계는 철저한 이해관계에 기반을 둔 '협력자(ally)'가 돼야 합니다."

벤 카스노카(Ben Casnocha) 와사비벤처스 자문위원은 15회 세계지식포럼에 참석해 혁신적인 기업의 비밀 열쇠는 "노사 간 동맹적 고용 방식에 적응하는 것"이라고 역설했다.

그는 고용주와 고용인 간 관계가 '동맹(alliance)'로 변화하고 있다면서 이것이 현재 미국 실리콘밸리에서 인정받는, 미래 인적 자원을 확보하고 관리하는 데 가장 적절한 모델이라고 주장했다.

기업은 직원의 안정적인 고용을 보장하고 연수를 제공하는 가족의 '가장' 역할을 하는 게 아니라 언제든지 상황에 따라 해고할 수 있는 자율성을 갖추어야 한다는 것이다. 반대로 직원도 회사에 대한 충성도보다는 1년이든 3년이든 정해 놓은 기간에 회사 혁신을 위해 이바지하겠다는 의지를 갖는 것이 더 중요하다고 했다.

13세라는 어린 나이에 소프트웨어 회사를 세운 카스노카 위원은 이후 15년 동안 벤처업계에서 크고 작은 성공을 거두며 이름을 알렸다. 2012년 《어떻게 나를 최고로 만드는가》라는 책을 펴내며 실리콘밸리에서 인사 전문가로 명성을 높였고, 현재 인재 양성 프로그램을 제공하는 재능개발 컨설팅 회사를 운영하고 있다. 올해 초 링크드인의 리드 호프만 CEO와 함께 《*The Alliance*》란 책을 내며 또 한 번 화제가 됐다.

그는 회사와 직원은 '안정성'에 기반을 둔 신뢰가 아닌, 변화하는 환경에 대한 '적응력'을 키워주며 신뢰를 바탕으로 관계를 유지하는 것이 최선이라고 설명했다. 그러기 위해선 서로의 이해관계에 대해 솔직하게 털어놓아야 한다고 했다. 그는 "회사는 직원이 언제든지 떠날 수 있다는 걸 인정하고, 그 직원이 앞으로 취업 시장에서 적응할 수 있도록 자신을 계발할 수 있는 환경을 제공해야 한다"며 "반대로 직원도 회사가 변하는 시장 환경에 잘 혁신하고 적응할 수 있도록 도와야 한다"고 말했다. 그러면서 속도 차이는 있겠지만, 이 같은 변화의 바람은 한국처럼 가족적 기업문화가 강한 국가도 결국 피해갈 수 없을 것이라고 경고했다.

카스노카 위원은 국내 벤처 환경에 대해 쓴소리를 던지기도 했다. 그는 기업가는 '리더'가 되고, 정부나 교육기관은 '피더'가 돼야 한다고 강조했다. 그는 "기업가가 가장 존중하는 사람은 다름 아닌 동료 기업가이고, 이들이 리더가 돼야 한다"며 "교수나 정부 관리는 기업가를 찾고 지원해 주는 피더를 자청해야 창조적인 벤처 생태계가 구축될 수 있다"고 설명했다.

아울러 실패를 용인하지 않는 사회 분위기도 개선돼야 한다고 꼬집었다. 그는 "한국을 포함해 아시아 국가에서 '실패에 대한 두려움'은 금전적인 문제보다 남들의 시선 때문인 것 같다"며 "창업자들은 스스로 동기를 부여하며 사회문제를 해결하려는 뚝심을 가져야 한다"고 당부했다.

1만 시간의 법칙은 틀렸다

- 먼저 재능을 찾아라, 그리고 훈련하라
- 1만 시간의 법칙을 맹신하면 위험하다
- 훈련과 노력은 성공의 아주 중요한 요소

    - 데이비드 앱스타인

"다양한 경험을 통해 자기 유전자에 맞는 분야를 먼저 찾아라. 그런 다음 죽도록 훈련하라."

미국의 저널리스트이자 《스포츠 유전자》의 저자 데이비드 앱스타인은 국내에서 많은 논쟁을 빚은 작가다. 그가 책을 통해 펼친 주장이 '노력은 필요 없다. 유전자가 모든 걸 결정한다'는 내용으로 알려졌기 때문이다.

<매일경제>가 주최한 15회 세계지식포럼에 참가하기 위해 방한한 앱스타인은 "내가 말하고자 하는 건 성공을 결정하는 요인 가운데 유전적 요인도 큰 역할을 한다는 점"이라며 "나는 유전자 결정론자가 아니며 성공을 위한 노력의 가치를 깎아내리는 것도 아니다"고 강조했다.

그의 주장을 요약하면 이렇다. 모든 사람은 각기 다른 유전자를 갖고 태어났다. 따라서 사람이 재능을 나타낼 수 있는 분야는 각각 다르다.

데이비드 앱스타인 《스포츠 유전자》 저자가 15회 세계지식
포럼에서 성공을 결정하는 요인에 대해 발표하고 있다

그러므로 어렸을 때는 자기가 어떤 재능을 타고났는지를 파악하는 게
중요하다. 운동을 해보겠다면 축구, 농구, 수영 등 다양한 운동을 경험해
보는 것이다. 그런 다음 본인이 가장 잘할 수 있는 운동을 선택해 연습에
시간을 쏟아 부으면 된다.

앱스타인은 "캐나다 퀸즈대학이 실시한 연구에서 미국의 프로스포츠
선수는 대도시 출신보다 시골 출신이 훨씬 많다는 결과가 나왔다"며 "치
맛바람이 세지 않은 시골 출신들은 어려서 다양한 종목을 경험하지만, 대
도시 어린이들은 여러 종목을 경험할 기회 없이 엄마가 정해준 종목에 올
인하기 때문"이라고 설명했다. 즉 대도시 어린이가 재능이 없는 종목에
시간을 낭비하는 경우가 많다는 뜻이다.

그는 어려서 시작할수록 좋다고 알려진 음악도 연구 결과 그렇지 않은
것으로 나타났다고 주장했다. 연구 결과에 따르면 성공한 음악가는 생애

처음과 두 번째 만져보는 악기를 연습하는 데 쓴 시간이 일반인보다 오히려 짧다. 대신 세 번째 악기를 접할 때부터 일반인보다 연습시간이 훨씬 많아지기 시작한다.

앱스타인은 "이처럼 적성을 찾는 과정을 '샘플링'이라고 부른다"며 "처음부터 하나의 악기에만 올인하면 실패할 가능성이 있다. 실패를 줄이기 위한 샘플링 기간을 갖는 일이 중요하다"고 말했다.

앱스타인은 또 다른 스타작가이자 저널리스트인 말콤 그래드웰이 저서 《아웃라이어》에서 언급한 '1만 시간의 법칙'을 논박한 것으로도 유명하다. 1만 시간의 법칙은 '성공한 연주자들은 그 위치에 오르기까지 평균 1만 시간 이상의 연습을 했지만, 성공하지 못한 연주자나 아마추어들은 그보다 적은 연습시간을 기록했다'는 이론으로 심리학자인 엔더슨 에릭슨이 처음 주장한 이래 유명해지기 시작했다.

앱스타인은 "에릭슨도 자신의 주장이 '언론에 의해 왜곡됐다'고 말한 바 있다"며 "이 주장을 '평범한 사람도 무슨 일이건 1만 시간을 훈련하면 전문가가 될 수 있다'고 단순하게 해석하는 건 잘못이다"라고 설명했다. 1만 시간의 법칙은 엘리트 바이올린 연주자 10명을 대상으로 한 연구로 일반화하기엔 무리가 있다는 것이다.

체스의 예를 들면 어떤 사람은 4,000시간만 연습해도 '명인'이 되지만 어떤 사람은 1만 시간 이상을 연습한 뒤 명인이 됐으며 어떤 사람은 2만 시간이 넘게 체스 연습을 했음에도 끝내 명인이 되지 못하기도 한다는 것이다.

그렇다고 유전자가 훈련보다 중요하다는 의미는 아니다. 그는 "훈련과 노력은 아주 중요한 성공의 요소"라며 "선천적인 재능을 발견했다 하더라도 훈련하지 않고선 최고의 자리에 오르는 게 쉽지 않다"고 말했다.

앱스타인은 "다만 '1만 시간'이라는 기준을 맹신하고 훈련만 강조하는 분위기는 문제라고 생각했다"며 "재능 있는 분야를 택해 훈련할 경우, 재능 없는 분야보다 훈련시간이 적어도 성공할 가능성이 커진다"고 말했다.

그는 자신의 주장도 스포츠 선수 중심으로 펼친 것이므로 모든 경우에 일반화시키는 건 무리라고 전제했다. 또한 "한국 등 아시아에서도 조기교육을 통해 어릴 때부터 한 분야에 지나치게 집중하는 경우가 많다고 들었다"며 "미국에서는 이런 분위기가 사라지고 있다는 점을 꼭 말하고 싶다"고 말했다.

지식의 가치를 보여준 세계지식포럼

하마다 고이치(浜田宏一) 예일대 명예교수

2014년 1월 저는 스위스 다보스에서 열린 '세계경제포럼'에 참석했습니다. 처음 참석하는 것이라 어떤 이야기가 오갈지 궁금했고 기대도 컸습니다. 세계 최대의 경제포럼답게 수많은 전문가가 모였고 공식적인 자리에서, 때로는 아주 사적인 자리에서 스스럼없이 대화를 나눴습니다. 치열한 논쟁이 오갔고 동시다발적으로 자신의 의견을 말하는 모습에서 '여기 오기를 잘했다'는 생각이 들었습니다.

하지만 분명한 것은 이번 매경미디어그룹이 주최한 제15회 '세계지식포럼'이 다보스에서 열린 세계경제포럼에 절대 뒤지지 않았다는 것입니다. 생각보다 엄청난 규모로, 체계적으로 잘 정리된 토론의 장이 마련된 것을 보면서 저는 한편으론 놀랐고, 한편으론 수준 높은 지식을 나눌 수 있다는 것에 무한한 기쁨을 느꼈습니다.

세계경제포럼은 비공식적인 자리에서 더 많은 대화가 오가는 경향이 있었는데, 매경의 세계지식포럼은 공식적인 행사에서 연사들에게 충분한 시간을 부여해 좀 더 체계적으로 자기 생각을 정리해 발표할 수 있었습니다. 질의응답을 할 시간도 충분히 마련돼 스스럼없는 토론이 가능했습니다. 이런 점은 세계경제포럼보다 높게 평가하는 부분입니다.

특히 저의 전공 분야이기도 한 경제 분야에선 그야말로 놀라운 수준의 토론과 논쟁이 벌어졌습니다. '아베노믹스'를 구상하고 펼치는 데 참여한 사람으로서 저는 이 부분에 대해 많은 이야기를 할 수 있었습니다. (제자이자 대립 관계에 있었던) 시라카와 마사아키 전 일본중앙은행 총재가 패널로 참여한 '중앙은행 총재 라운드테이블' 세션에선 일반 청중 입장이 돼 의견도 청취하고 질문도 던졌습니다.

물론 저는 양적완화를 기반으로 한 통화정책을 지지하는 사람이기 때문에 그 자리에 모인 중앙은행 총재들의 의견에는 동의할 수 없었습니다만, 그런 의견을 나눌 수 있는 자리가 마련된 것만으로도 큰 의미가 있다고 생각합니다.

또 '2015년 세계경제 전망 대토론회'에서 고령화 문제의 심각성에 대한 논의를 한 것은 아주 유익한 시간이었습니다. 이 문제는 한국, 중국, 일본이 모두 직면한 과제이며 여기서 제시된 다양한 해법이 분명 도움이 될 것이라고 믿습니다.

세계지식포럼의 재미는 다양한 사람이 초대되었다는 점입니다. 제이콥 프렌켈 JP모건체이스 인터내셔널 회장을 한국에서 만나게 되어 정말 반가웠습니다. 제가 MIT 방문연구원이었을 적에 만났던 노벨경제학상 수상자 로버트 머튼 교수를 30년 만에 다시 볼 수 있었던 것도 큰 행운이었습니다.

케네스 로고프 하버드대 교수 역시 한국에서 다시 만나니 감회가 남달랐습니다. 그는 이번에도 역시 통찰력 있는 강연을 선사했고, 나는 청중의 한 사람으로서 주의 깊게 청취했습니다.

지금은 지식 사회입니다. 지식의 중요성은 아무리 강조해도 지나치지 않습니다. 물론 이 지식을 활용해 정책을 펼치거나 의사결정을 내릴 때, 각자 견해차가 있을 수 있고 때론 갈등도 발생합니다. 그럼에도 불구하고 우리는 함께 만나 의견을 나누고 상대방의 다른 생각을 알아야 합니다. 따라서 저는 앞으로도 다양한 분야의 많은 전문가가 세계지식포럼을 찾아주길 바랍니다.

세계경제 미래를 여는 창

김준일 한국은행 부총재보

흔히들 '한국의 1년은 선진국의 10년과 같다'는 말을 합니다. 그만큼 변화의 속도가 빨랐고, 반세기 만에 식민국에서 원조제공국으로 변신한 것에 대한 경의의 표현일 것입니다.

바로 그 나라에서 탄생한 세계지식포럼이 이제 15주년을 맞이했습니다. 선진국 시계로 환산하면 150년, 얼마 전 100주년을 맞이한 미국 연방준비제도이사회보다 50년이나 더 오래 국제적 논의와 지식의 장을 마련한 셈입니다.

올해 세계지식포럼의 큰 주제는 '세계경제의 새로운 태동'이었습니다. 글로벌 금융위기 이후 세계적으로 경기 침체와 저성장이 지속된다는 점에서 모든 사람의 관심이 집중된 주제였습니다.

저는 운이 좋게도 현재 미국 하버드대 석좌교수이자 전 케네스 로고프 교수와 세계경제의 장기 침체 가능성에 관해 대담하게 되었습니다. 이론적으로 세계경제가 장기 침체로 진입할 위험을 시사하는 요인은 적지 않습니다. 위험 수위에 이른 선진국 국가부채 문제, 금융 규제 개혁으로 불거진 성장 위축 영향, 높은 불확실성으로 인한 투자 부진, 중국의 기조적 성장 둔화, 소득 불균형 심화에 따른 소비 부진 가능성 등이 제기되고 있습니다.

그러나 로고프 교수는 과거 금융위기에 대한 자신의 분석 결과를 토대로 지난 수년간 저성장이 장기 침체의 시작이라는 증거는 없으며, 금융위기에 수반되는 순환적 현상이라는 가능성에 무게를 두었습니다. 그럼에도 불구하고 장기 침체를 예방하기 위해서는 생산성 제고를 위한 구조 개혁이 필요함을 역설하면서 박근혜 정부의 창조경제에 높은 점수를 주기도 했습니다.

중국과 일본의 미래를 정확히 예측하는 것은 아시아는 물론 나아가 세계경제 흐름을 이해하는 데 필수적인 요소일 것입니다. 리커창 총리의 리코노믹스를 창시한 리이닝 베이징대 광화학원 명예원장과 아베노믹스의 대부인 하마다 고이치 예일대 명예교수의 토론은 양국 개혁의 유사점과 차이점을 비교·분석할 수 있는 실마리를 제공했습니다. 또 대니얼 앨트먼 뉴욕대 교수와 판강 중국 국민경제연구소장의 토론은 세계경제의 독립변수로 부상한 중국경제의 연착륙 가능성을 예측하는 데 유용한 시각을 제공했습니다.

사물인터넷과 로봇 기술은 창조와 혁신을 통한 성장의 구체적 사례로 그 의미가 크지만, 경제·사회적 파급 효과 역시 간과할 수 없는 노릇입니다. 제레미 리프킨 미국 경제동향연구재단 소장의 혜안은, 우리에게 인간의 노동과 그를 대체할 수 있는 기술의 관계를 어떻게 설정해야 하는지 해답의 실마리를 제공하고 있습니다.

'중앙은행 총재 라운드테이블'에는 장 클로드 트리셰 전 유럽중앙은행 총재와 시라카와 마사아키 전 일본중앙은행 총재가 참여했습니다. 글로벌 금융위기 해결과 세계경제 회복의 최전선에서 고군분투한 중앙은행의 역할과 한계에 대한 새로운 통찰력이 돋보인 자리였습니다. 특히 고령화 등 구조적 성장 하락 요인이 통화정책의 효과를 제약한다는 역사적 경험에 대한 논의는 우리 경제에 대해서 많은 시사점을 제공했습니다.

세계지식포럼을 참관하고 나서 저는 동력을 잃어가는 세계경제의 새로운 태동을 위해서는 결국 지식 창조를 촉진할 수 있는 경제·사회 시스템의 구축이 무엇보다 중요하다는 결론에 이르렀습니다.

세계지식포럼이 지향하는 바가 지식의 창조와 공유를 통한 인류사회 공동 번영이라는 점에서 이번 15주년 대회는 그 어느 대회보다도 의미가 크다고 하겠습니다. 우리나라의 중요 지식 자산으로 자리매김한 세계지식포럼의 성공적 개최를 축하하며 새로운 지식 창조의 역사를 계속 써나가기를 기대해 봅니다.

2014년 9월 세계지식포럼 사전행사인 '피케티와의 대화'로 시작된 대장정이 동장군이 맹위를 떨치는 초겨울《세계경제 새로운 태동》을 탈고하는 것으로 마무리되었습니다. 그러나 12월 현재 확산일로를 걷고 있는 에볼라 바이러스, 이슬람IS의 과격한 테러, 해결 조짐을 보이지 않는 홍콩 사태 등 글로벌 정치·경제를 둘러싼 위험은 오히려 커져만 가고 있습니다. 디플레이션의 망령에 시달리는 유럽, 하향곡선을 그리는 중국과 일본 경제도 세계경제에 경고등을 울리고 있습니다. 엔저의 공포에 시달리는 한국도 예외는 아닙니다.

그러나 우리는 모두 희망을 보았습니다. 교육과 지식기반 확대를 통해 양극화를 해소할 수 있다는 토마 피케티 교수의 목소리, IoT 혁명과 공유경제 시대를 선도함으로써 추락한 국가경쟁력을 회복할 수 있다는 제러미 리프킨의 혜안, 과감한 국가개혁을 통해 한국이 아시아의 리더로 거듭나야 한다는 니콜라 사르코지 전 프랑스 대통령의 조언까지……

15회 세계지식포럼에서는 많은 해외 석학과 전문가들이 한국의 잠재력에 대한 긍정적 전망과 함께 따끔한 질책을 아끼지 않았습니다. 이들의 지식과 혜안을 공유한 3,600여 명의 청중이 한국경제 부활을 위한 작은 밀알이 될 것임을 믿습니다. 세계지식포럼이 '세계경제의 새로운 태동'을 위한 마중물이 되고 있다는 데 큰 자부심을 느낍니다.

저희의 대장정은 앞으로도 계속됩니다. 2015년 10월 다시금 새로운 주제로 청중과 독자 여러분을 만날 16회 세계지식포럼에 아낌없는 성원을 부탁드립니다.

세계지식포럼 사무국

세계경제 새로운 태동

초판 1쇄 2014년 12월 23일

지은이 매일경제 세계지식포럼 사무국
펴낸이 전호림 **편집총괄** 고원상 **담당PD** 이승민 **펴낸곳** 매경출판㈜
등 록 2003년 4월 24일(No. 2 – 3759)
주 소 우)100 – 728 서울특별시 중구 퇴계로 190 (필동 1가) 매경미디어센터 9층
홈페이지 www.mkbook.co.kr
전 화 02)2000 – 2610(기획편집) 02)2000 – 2636(마케팅)
팩 스 02)2000 – 2609 **이메일** publish@mk.co.kr
인쇄 · 제본 ㈜M – print 031)8071 – 0961

ISBN 979 – 11 – 5542 – 199 – 4(03320)
값 16,000원